中共海南省委宣传部与海南师范大学共建马克思主义学科基地项目

海南省省级A类特色重点学科马克思主义理论专项基金项目

Research on the Realization Mechanism of the Contemporary
Chinese Farmers' Land Rights

当代中国农民土地权利的
实现机制研究

刘英博　著

人民出版社

导　　论

"务农重本，国之大纲。"

近期，习近平总书记在江苏考察农业工作时，引用《晋书·齐王攸传》中关于描述农业地位的名言，再次彰显了党和国家领导集体对农业基础性地位的认识。以国之根本的高度对农业进行评价是丝毫不过分的，因为农业不但是生产资料的来源，而且九亿农民在各行各业都为国家发展贡献着力量。自改革开放以来，虽然农民在政治地位、经济收入和社会资源利用能力上都有了很大提升，但农业整体发展仍旧缓慢——很多地区还保持着原始的耕作状态；农民受教育程度不高，参与工业生产的能力有限；农民经济实力薄弱，难以应对农业市场经营的风险；农民个体影响力有限，很难在对抗国家行为中维护个人利益等。这些问题不但导致了农民发展的滞后，而且引发了诸多的社会矛盾，迟滞了国家城市化和现代化的发展进程。随着社会科学理论的发展和个体权利意识的上升，越来越多的学者和农民意识到"三农"问题的产生并不仅仅是因为经济收入的差距、社会地位的区分和社会保障的不公平，而核心根源是农民作为一个社会群体的基本权利的整体性缺失。从这个角度上讲，农民问题的解决已经超出了经济学、社会学、政治学和法学等单一学科的理论范畴，原有对"三农"问题的治理经验已难以应对新形势下更深层次的社会矛盾，新时期问题的复杂性和紧迫性都要求对"三农"问题的认识必须提高到比以往更高的水平上，即构建以"实现农民土地权利、实现农民职业化"为核心的,涵盖经济、政治和社会保障等多方改革理论的新型制度体系。这一制度体系的关键在于国家权力在农民权利领域的退出和农民权利体系的构建。

类似的制度尝试已经通过中国农民在土地经营方面的伟大实践而得以证明——政府权力在土地具体经营方面已实现"控制——让步——放权",这一去"行政化"、"权力化"的过程,就是农民经营土地这一"私权利"得以彰显并予以实现的过程。因此,"权利——权力"的制度框架,完全可以成为实现农民权利、实现农民职业化的可行选择。基于此,本书选择实现农民最重要的土地权利作为研究课题,并以此作为推动实现农民权利现代化的整体制度改革和重构的突破口;对农民现有的主要土地权利进行逐一研究,在实现农民土地权利"私权属性"的大前提下,对制度弊端进行分析,提出权利重构的初步设想;在实现农民"职业化"的大目标下,提出相关制度的配套完善机制。

一、选题缘起与研究意义

（一）本选题的选择原因

农业始终是一个靠天吃饭的脆弱产业。在 2014 年,全国北方地区在春夏两季遭遇了大范围的干旱,根据国家防汛抗旱总指挥部统计,全国作物受旱面积 3.4 亿亩、受灾面积 1.8 亿亩、成灾面积 8516 万亩、绝收面积 2227 万亩,造成粮食损失 2006 万吨、经济作物损失 276 亿元、直接经济总损失 910 亿元。[①] 虽然从统计数据来看,这次旱灾造成的总体损失不算严重,但对于每个普通的农户来说农作物年收入一般要减少 30% 左右。农业本来就是个保障性不足的风险性行业,在受到灾害的时候农民应当如何保护自

---

① 刘彦领:《2014 全国旱灾情况公布:直接经济总损失 910 亿元》,北方网,http://news.enorth.com.cn/system/2014/12/25/012352946.shtml,2014 年 12 月 25 日。

己的利益？有什么途径可以提高收入的稳定性？有什么方法可以多元化农民的收入来源？政府在保护农民土地权利和提升农业生产水平方面能起到什么作用？

我党始终坚持将"三农"问题视为党的工作的"重中之重"——中共中央在 1982 年至 2014 年间共发布十一个以农业、农村和农民为主题的中央"一号文件"，对农村改革和农业发展做出了总体部署。2013 年的中央农村工作会议，以习近平总书记为核心的党和国家领导人提出了一系列农村改革的新思路，确立了在农村制度改革中我党政策导向的主体地位。

理论界对于"三农"问题同样给予了高度的研究热情，学者们从经济、政治、法律、人权和社会学等多个角度对求解"三农"问题提出了各种理论。在综合研究的基础上，"农民问题"是"三农"问题的核心的观点得到了多方认可。农民在国家政权建立、经济初步发展时期为国家做出了巨大的贡献和牺牲，但是在改革开放以后，国家进入到市场经济转型期时，农民的生活改善的步伐还有待加快，特别是由于征地问题引起的社会冲突，严重侵犯和伤害了农民的权利和感情。学界从社会学角度分析认为，现行的城乡二元社会制度和户籍制度是阻碍农民实现权利的主要障碍；从经济学理论角度看，长期实行的工农业剪刀差和分散的小农经济是阻碍农民增产增收的原因；从法学角度分析得出的结论是：农民所享有的不充分、不平等的基本权利是农民问题的根本原因，需修改《宪法》赋予农民平等权。

土地问题千百年来始终是农民最关心的问题，农民的土地权利是改变农民现状、解决"三农"问题的核心。这一理念已经得到学界的认可，并已有大量的著作论述如何完善农民的集体土地所有权、土地承包经营权、宅基地使用权等几项主要权利，对单项权利的完善起到了推动作用。但这仍旧不是本论题所期望达到的最终目的——对某一制度进行修改，只是对单一制度缺陷的针对性调整，要触及制度的核心——将农民彻底从土地上解放出来，成为可自由选择的职业，必须要对其他关联制度进行修正，以形成相对完善的一整套制度体系。这对于从根本上解决农民问题将更有意义。

(二)当前的研究价值

"三农"问题是我国面临的重要问题,关系到国家政治的稳定、经济的发展和社会的和谐。在众多社会关系中,处理人的问题始终是最复杂的,随着社会政治的进步,个体或群体享受的权利更加丰富,相应的需求愈加突出,社会联系更加复杂,一个社会问题的引起往往无法通过其表象进行单一性的判断。

学界当前对农民权利问题的研究视角大多是片面、割裂的,在各学科和学说之间,缺少必要的联系和互动。如针对农民选举权和城市居民不平等的现象,要求给予农民平等的政治权利,以此作为提升农民主体地位的制度选择;如针对农民社会保障不足,则要求完善农民工的社会保障制度;如针对农民社会权利不足,则要求对农民实现平等的受教育权、迁徙权等等。个体权利随着社会生活的复杂将变得种类繁多,如就每个单项权利都进行研究,将把科学研究蜕变成一种查缺补漏式的制度修订工具,同时割裂了各学科和制度之间的关系,也很可能导致其研究成果根本无法实现,这对农民这一需要解决现实生存问题的群体来说,将毫无意义。

从我国农村制度形成和发展的角度上讲,相对于西方发达国家的制度体系,我国的各现行制度之间缺少足够的联系和协调,不能发挥制度整体的效力和作用;对于社会问题的形成,缺少整体的研究视角,不能综合其他学科的力量;虽然土地问题是我国社会制度的根本问题之一,但还是不能以主观意志排斥客观社会科学理论的指导作用,借鉴国外的科学理论和有效经验对于我国尽快解决农民问题,实现农村现代化是具有积极意义的。

本书坚持理论与实践相结合,坚持制度的历史贯穿性和现实应用性的结合,注重国外先进经验的批判性移植和本土化,通过从"权利——权力"的视角对农民各项土地权利进行研究,拓展到对实现农民从土地解放的配套制度研究,形成了在不同理论之间的联系和支持,以期通过这些研究和探索为党和国家解决"三农"问题提供有益的智力支持,拓展对农民权利研究的新思路,实现新时期党对解决"三农"问题所制定的发展方略。

二、研究现状及简评

到底应当如何实现农民的土地权利并最终解决"三农"问题,学者们提出了很多理论,基本观点集中于解决农民的权利缺失这个大前提并已经成为学界共识,但如何实现农民权利却有着仁者见仁、智者见智的说法。

(一)国内研究现状及简评

国内学者普遍从解决农民的表面问题入手,从改革单一制度的角度着眼,重点在于解决农民某一方面急需解决的问题,虽然很多有助于农民现实问题的解决,但在应对根本问题方面,部分学说还是夸大了研究的作用。

1. 从解放农民身份开始解决农民的权利问题

农民的身份问题开始于国家二元社会结构的发展,城市居民和农民的最根本区别在于户口上的农业与非农之分。这种简单的文字区分却带来了巨大的社会变革,直接后果就是农民不能离开自己的土地、不能更换工作、不能随意迁移户口、不能享受到同等的公民待遇等,而这些恰恰是《宪法》赋予公民应当享有的基本权利,由此得出二元户籍制度的出现就是导致"三农"问题出现的根本原因,取消二元户籍制度可以使农民享受到完整的公民权利,"三农"问题也就会得到解决的结论。坚持这一理论的代表学者有张英洪、周作翰、温铁军等。其中张英洪所著的《农民、公民权与国家——1949—2009 年的湘西农村》①、《农民公民权研究》②和《农民权利论》③是比较有代表性的著作,他的主要观点就是通过解决农民身份上的不平等、赋予他们平等的公民权利,来实现"三农"问题的解决。

2. 赋予农民长期的土地使用权或者是建立永佃权制度

农民的基本生活保障来源于土地产出,如果剥夺农民耕种土地的权利,

---

① 张英洪:《农民、公民权与国家》,中央编译出版社 2013 年版。
② 张英洪:《农民公民权研究》,九州出版社 2012 年版。
③ 张英洪:《农民权利论》,九州出版社 2013 年版。

农民也就失去了生活的基础。目前,我国实行的是以家庭为单位的承包经营制度,这种制度实际上是赋予了农民长期使用土地的权利。但该制度是农民自发形成的,其建立过程也是经过了国家和农民之间的反复博弈,最终得以"先试行、再推广",并由国家规定、承包内容、期限甚至拟定承包合同的方式确定下来的——在第一轮承包开始时,由于政策不完善、制度不健全,就出现过在承包期内侵犯农民承包权的情况;而承包期限过短,也引发了农民掠夺式的经营,没能从根本上解决国家的粮食问题。在这样的基础上,第二轮承包规定期限延长为三十年,但部分农民还是认为不够长。我国台湾地区实行永佃权制度,该制度就是赋予农民永久性耕种土地的权利。因此,学界对赋予农民较长的土地使用权或者构建永佃权,以改良承包经营权的呼声一直比较高。学者陈卓雷、彭兴庭所著的《房地产市场的政府管制及民生问题研究》①其中就永佃权进行了专章论述,并认为永佃权必将是我国土地物权的重要组成部分。

3. 将实现农民权利问题置于《宪法》保护框架下

根据《宪法》规定,我国的公民权利分为政治权利、经济权利和社会权利等三个大方面,要解决农民问题,可以从列举农民各项权利的问题方面入手,对权利构造进行逐一的修正,这是大多数学者的研究角度。刘云生、任广浩编撰的《农民权利及其法律保障问题研究》②,就是通过分别研究农民的政治、经济和社会权利等方面入手,对各项权利提出完善的建议;中国(海南)改革发展研究院的《中国农民权益保护》③,从农村公共政策与农民权益保护、农村劳动力转移的制度安排及农民工的权益保护、农村基层政权组织发展与农民权益保护等议题入手,讨论对农民权利的保护;刘永佶著的《农民权利论》④,系统考察了中国农民的权利变化,分析了现代中国农民的权利现状、农民素质技能的提高与发挥的影响,对中国经济和政治、文化的

---

① 陈卓雷、彭兴庭:《房地产市场的政府管制及民生问题研究》,线装书局 2010 年版。
② 刘云升:《农民权利及其法律保障问题研究》,中国社会科学出版社 2004 年版。
③ 中国海南改革发展研究院:《中国农民权益保护》,中国经济出版社 2004 年版。
④ 刘永佶:《农民权利论》,中国经济 2007 年版。

制约,明确提出应保证农民权利;张英洪的《农民权利论》①重点提出了对农民的平等权、农民的生命权、农民的人身权、农民的迁徙自由权等具体权利的研究。

国内研究的主要特点是分类明细、理论对象多样化,学界将农民的各项权利进行了穷举式的剖析,研究对象的分类包括农民、农民工、农村妇女、农场职工或是完全失地与不完全失地的农民,基本囊括了国内农业劳动者的现状。在中国知网上进行农民权利搜索,从期刊、论文等角度均有大量的关于农民权利,特别是承包经营权方面的研究。但国内研究的主要问题在于研究理论片面化,研究缺乏全局观念,实用性和可操作性不强。学者王卫国就曾对这样的研究理论给予了一定程度的批判,他主张学者研究土地问题,不能够只追求理论的新颖和创新,还应当注意理论的实际应用,特别是制度创新要有利于国家政治、经济和社会保持稳定。

(二)国外研究现状及简评

西方国家的土地权利研究比较成熟,其特点相对于国内也非常突出。首先,西方国家大多施行土地私有制,国家土地基本属于私人所有,政府只占有有限的公共土地并且用途大多限于公共服务。这些国家确立的价值取向就是充分保护私人对土地的所有权。如施瓦兹著《美国住房政策》②、约翰·维特著《宗教与美国的宪法实验》③等,是近期介绍美国土地立法价值理念的著作。其次,西方国家在立法中,对农民是从职业划分的角度进行定义的——从事农业生产并从农业生产中获取利益的职业群体。这种定义方式将农民的社会地位与西方国家社会中的工人、手工业者和其他脑力劳动者平等起来,这被我国学者译为"职业农民"。在这种定义视角下,农民被视为一种只和财产性权利有关的普通职业,土地权利也并不具有身份权特

---

① 张英洪:《农民权利论》,九州出版社 2013 年版。
② [美]阿列克斯·施瓦兹:《美国住房政策》第 2 版,黄瑛译,中信出版社 2008 年版。
③ [美]约翰·维特:《宗教与美国的宪法实验》第 3 版,袁瑜琤译,中国法制出版社 2012 年版。

征,而真正拥有土地所有权的人,却可能不是西方职业体系中的农民。有代表性的著作有阿尔蒙德著《比较政治学:体系、过程和政策》①、巴林顿·摩尔著《民主和专制的社会起源》②、阿马蒂亚·森著《以自由看待发展》③等。最后,土地权利被视为财产权利的一种而被西方法律理论视为公民人格权的一部分予以保护,在这个价值理念下,土地是财产之母的观念深入人心。在土地征用问题上,西方国家的立法显得尤为谨慎。西方国家不但采用了严格立法、遵守程序和听证制度,而且在补偿标准上坚持完全补偿原则,最大限度保证土地所有人权利的实现。由国土资源部土地整理中心编撰的《农用地定级评估与农地流转》④、朱伟一的《智慧来自不同声音》⑤、朱道林主编的《土地资源利用与政府调控》⑥等众多文献,都详细对国外的征地制度进行了研究。

总结起来,西方国家对农业劳动者的关注更集中于权利保护和对土地权利的利用,将土地作为一种财产,土地所有权当然可以被用来进行抵押、质押等设定他项权利。土地所有人通过土地进行融资、入股、合伙等行为受到鼓励,不但提升了市场经济发展的速度和规模,而且提高了土地的价值,使这种不会消亡的不动产进入到财产运行的金融市场。对于农民利益的保护,西方国家也采用了更积极的态度,如美国的农业补贴制度和法国为老年农业劳动者发放补贴的做法。但对西方学者研究我国土地问题的相关结论,由于视角不同而应当以批判性的态度进行审视,如何·皮特的《谁是中国土地的拥有者》⑦,对我国部分制度定义为空制度,将行政权力调控视为国家故意的制度留白的观点,其合理性有待探讨。

---

① [美]加布里埃尔·A.阿尔蒙德等:《比较政治学:体系、过程和政策》,东方出版社2007年版。
② [美]巴林顿·摩尔:《民主和专制的社会起源》,华夏出版社1988年版。
③ [印]阿马蒂亚·森:《以自由看待发展》,任赜译,中国人民大学出版社2002年版。
④ 国土资源部土地整理中心、国土资源部国土整治重点实验室:《农用地定级评估与农地流转》,中国农业大学编2009年版。
⑤ 朱伟一:《智慧来自不同声音》,江西人民出版社2008年版。
⑥ 朱道林:《土地资源利用与政府调控》,中国农业大学出版社2011年版。
⑦ 何·皮特:《谁是中国土地的拥有者》,林韵然译,社会科学文献出版社2008年版。

三、研究思路与方法

（一）本书研究的一般思路

土地权利是伴随人类历史发展的一项必要性权利，无论是在什么社会形态之下，其形成过程和内涵概念都是一国政治、经济、社会文化共同作用的产物，反映了一国自有的特点，这是土地权利在研究领域体现出来的个性。土地权利又是一国核心制度的一部分，是任何国家都必须设立的基础性权利，调节着国家和农业劳动者之间的权利义务关系，这又是土地权利表现出的一般共性。所以，研究土地权利就是对一国政治历史、社会习惯和人民意志等的综合研究。

在总结我国土地权利发展历程的基础上，通过将农民现有的各项土地权利进行分项研究，在尊重现代法律科学和社会发展现实的基础上，提出对农民土地权利的改进和完善，以此为基础构建一个以农民集体土地私权属性为核心的土地权利体系。恢复农民的土地权利属性只是改变现行不合理制度的初步探索，未将农民从土地上彻底解放出来；要实现农民的人格的自由和独立，将农民作为一种可以选择的职业，还需要从社会制度的其他方面进行相应的调整。就当前我国的现实来说，政府权力是侵犯农民土地权利的最重要因素，从制约政府权力的角度开始，探索中央政府、地方政府、官员对农民土地权利侵犯的动力，根源是地方财政和政绩的指标要求等；而出现地方上财政问题的原因则来自于国家的税制改革，因此，从税制改革的调整开始，将政府对于财政的注意力从买卖土地转向刺激工商业发展，以此带动全社会整体经济发展，提供更多的劳动力转移机会和就业岗位，通过现代工业对农业的反哺再提升农业的发展水平，劳动力的转移和农业的发展将使农民失去固定在土地上的意义，这就给农民实现职业化提供了理论和现实的基础。

（二）研究应用到的具体方法

本书拟采用多学科的综合研究与渗透,辅之以资料查询、纵横比较、实证分析等方法,做到材料具有丰富性、分析具有科学性、观点具有创新性、对策具有可操作性。

1. 文献研究法。本书将对近年来出版的与本论文相关的资料进行整理、归纳,并作比较研究,在对这些资料研究的基础上,筛选其中可借鉴的经验,为研究奠定理论基础。结合实际情况,提出促进农民土地权利实现的合理化建议。

2. 比较分析法。力求通过对西方土地权利理论、土地制度,特别是土地征收理论的研究,探索适合我国国情的科学的研究成果。

3. 历史研究法。本书将通过梳理和总结中西方土地权利发展的历史经验,探讨能为以后的研究和实践带来启示的有益要素。

4. 实证研究法。本书将在文献研究、比较研究和历史分析研究的基础上,设计研究方案,以土地所有权、承包权、增值收益权和平等交易权等现实运行的权利和土地权利的特别主体作为研究切入点,选取上述权利运行具有代表性的地区作为实证研究的地区,探索在政治、经济转型的特殊时期土地权利实现的改革路径和框架构建,以促进社会和谐、农民富裕、农村进步。

第一章

土地权利的基本理论

　　土地是人类生存和发展的基础,人类的文明就建立在农业发展的基础上;农民是贯穿人类历史而存在的劳动群体,作为农业的直接参与者,其权利的存在具有历史性和唯物性;农业制度和农民土地权利作为国家制度的重要构成部分,虽内容各具特点但仍旧遵守几个共同的核心价值。要实现农民的权利,就有必要先弄清到底哪些是农民的应有权利。通过对世界各国土地制度和权利结构的考察,以下将对土地权利的一般共性和特点展开研究。

一、世界主要发达国家土地制度及权利研究

　　土地制度和土地权利反映着人类不断追求社会和个体发展的过程,各国之间的土地制度虽有不同,但究其发展历程可以找寻到人类在土地制度确定过程中所遵循的价值准则和权利观,而这也是人类社会得以存续、发展的基础。

(一)英国的土地制度及权利演变过程

　　考察英国的土地法律制度及土地权利应当以 1066 年诺曼征服英国的封建社会为起点,以如此长时间的历史背景予以考察,说明英国的土地法律

制度变迁是具有连续性的,它以"过去"为基础,立足于满足当时的需要和未来的变革。正如马克思评价:"在英格兰,现代农业是十八世纪中叶出现的,然而生产方式由以发生变化的基础,即土地所有权关系的变革还要早得多。"①

1.封建土地法律制度下的采邑制所有权和领主占有权

(1)采邑制土地所有权

1066 年 9 月,征服者威廉在著名的黑斯廷斯战役后逐渐征服整个英格兰,并最终加冕称王,为英格兰带来了欧洲大陆的封建主义。他通过封土封臣制将土地分封给跟随其作战的骑士贵族作为回报,同时在这些土地上建立起对国王的军役、效忠、财政等一系列封建义务,使这种"回报性"的地产具备了封建属性,土地的受封者在人格上成为封主的臣属。② 这片土地即被称为"采邑"。在封建英国,土地所有权是由封建上层拥有并建立在"采邑"的封建属性上的,由于对土地的绝对控制力是源自于封建隶属关系和封建等级的权力控制,因此又被称为采邑制下的土地所有权。各级领主通过实现封建义务,以保有权的形式实现事实上的土地所有权,而国王是土地的绝对所有人。

这种所有权形式与将所有权视为一种对世权、绝对权的《罗马法》来说,有着本质的区别。《罗马法》中的土地所有权,是一种绝对权,也是一种对世权,凡享有土地所有权者必然对土地的占有、使用、收益和处分拥有绝对的权利,不受其他权利的限制和干涉;脱离了所有权而在土地上存在的其他权利,也只能受到有限的保护。而对封建英国土地上的权利义务来讲,对土地绝对控制的效力不是来源于《罗马法》意义上的所有权,而是这块土地上存在的封建隶属关系和封建等级之间的权力控制。然而这样的土地制度,与英国政治上的分封制和经济上的庄园制是相适应的,各级领主通过实现对上级领主和国王的封建义务,以保有权的形式实现了事实上的土地所

---

① 马克思:《资本论》第 1 卷,上海三联书店 2009 年版,第 532 页。

② 付夏婕:"论英国土地法律制度变迁与经济转型",中共中央党校博士学位论文,2011 年。

有权,并受到王权的节制。而国王,通过与下级领主共同订立的"索尔兹伯里誓言",这种近似于契约的、受到王室法和教会法的双重肯定的双向关系,确认了作为法律上的最高统治者和对土地绝对所有权人的地位。

采邑制土地所有权一方面确认了保有权人实现土地所有权权能的实际形式,包括占有、使用、收益和一定程度上的处分权;另一方面,在土地处分权能上,如继承、流转和回收上设置了一定的限制。尽管封建法律逐步协调着保有权人和实际所有人之间的矛盾,但由于受到"封建附属关系"的制约,土地所有权制度下的各类权益主体,无论是国王,还是居间封主,还有作为土地直接保有人的各级领主,在封建土地制度下,所有权权能的完备性始终都还是受到限制的。①

(2)领主庄园制土地占有权

采邑制土地所有权决定着封建土地所有权的实现方式和权能种类,而领主庄园制则基于封建特权决定着封建土地占有权的权能内容,因为每一块被占有的土地上附加的封建权利和封建义务,都是由上层阶级的封建特权决定的,而并非土地权利本身。这里,英国封建地权上占有权的含义仍和《罗马法》相去甚远。在《罗马法》中,占有本身是一种事实状态,而在符合法律允许的条件下,占有这种状态就可能转变为占有权,例如长时间和平地占有某物,就能取得其所有权的先占原则;在《罗马法》上,占有权可以依附于所有权,也可以对抗所有权。英国封建土地法上的占有,则是基于封建特权而造成的一种产权分割制度——所有权人对土地、依附于土地上的农民,以及对土地财富的控制和利用,都根源于土地所承载的封建权利和义务。

土地占有权作用的客体是庄园,庄园是封建英国最典型的生产单位,集政治、经济、社会功能于一体,庄园经济是实现领主特权经济的途径,庄园的土地也就成了封建依附关系的载体。典型的庄园的土地权利,根据权利属

---

① 付夏婕:"论英国土地法律制度变迁与经济转型",中共中央党校博士学位论文,2011年。

性不同而有所区别,其中领主自营地完全属于领主私人所有,土地由依附于庄园的农民耕作,收益全部归于领主;自由农持有地,则在自由农民承担相应的封建义务和责任后,有条件地占有土地;公地是庄园领主所有的土地,但并不为任何人占有,由于多数属于尚未开发的、贫瘠的土地、沼泽、森林和荒野,则赋予了穷人天然的使用权,尽管公地不属于任何个人所有,但使用公地的权利始终受到领主所有权的限制;农奴份地,威廉征服后,将几乎所有的盎鲁格撒克逊人都变为了维兰,也就是农奴,农奴份地上的保有权属于领主,农奴只能享有土地占有权、部分收益权和有限的处分权,而其付出的代价则是领主赋予的不确定的劳役、税费等封建义务,具有强烈的封建奴役色彩,农奴本身也被视为庄园的财产而不具有人身独立性。

庄园土地作为封建英国最主要的土地权利形式,表现出保障与限制相结合的特点:一方面,英国施行习惯法,附着在土地上及农民及农奴的封建权利义务都要符合习惯法的规范,这就保障了最底层的劳动者,在承担义务满足领主的经济需求的同时,但也不能在没有合法理由的情况下被领主进行肆意剥削;另一方面,底层劳动者的土地权能在受到沉重的劳役、税费的限制和剥削的同时,也逐渐催生农民作为一个阶级发展出自己独立的经济。封建英国的土地权利就是通过采邑所有权和领主占有权,分别在政治和经济领域共同作用而形成的,稳定支持着英国"国王—居间封主—直接保有权人"的权益分割模式,直到社会前进引起制度变迁的来临。

2.近代土地保有制的确立阶段

随着封建义务被货币义务取代,在君主封建权力被削弱的同时,反而促使领主作为一个经济人在法律上稳固了土地关系,以至于在 14 世纪的英国,"采邑的转让须经领主同意的原则很快就进入普遍恶化的过程,最终的结局就是保有权变更税的法律化。"①资本经营的崛起,不但促使土地转让权作为私有权的权能在英国土地法中确立下来,更推动了庄园经济衰败和农奴制的废除。在交换利润的刺激下,封建制度下封闭的自给经济被逐渐

---

① [法]马克·布洛赫:《封建社会(下卷)》,商务印书馆 2007 年版,第 697 页。

替代,在黑死病、下层农民大起义等历史事件的助推下,封建制度无可挽回地走向解体。依赖于封建权利义务的土地保有权制度名存实亡,但"土地保有权"这一概念却留存下来。封建时代的土地保有权,对于封主来说是自主享受利益的权利,而对于依附于封主的农民或者农奴来说,封建保有权却是一种应付出的义务,是一种他主权。可见,土地保有权的法律性质从封建向近代转化的关键就在于下层土地保有权的性质变化。

14 世纪末期,维兰的身份关系在资本义务代替封建义务、大部分农奴得到人身解放的情况下,被逐渐淡化和替代,取而代之的是公簿持有人(tenant by copy of court-roll)这一称呼。维兰曾经的份地被称为公簿持有地,这种法律关系上的变化在英国土地法中被称为"依法庭登记副本为依据的保有制(tenure by copy)"。15 世纪末,公簿持有保有权作为土地保有权的一个类别受到法律的保护,成为英国近代土地法律中重要的组成部分,无论是身份高贵的统治者,还是身份低微的底层公民,对土地的各种法律关系都统一到土地保有权的框架下,近代意义上的土地保有权至此才真正确立下来。

3. 土地私人所有权的建立

近代土地保有权的确立,最先改变了英国社会阶层的结构,无论是原来穷苦的农民还是富足的贵族,都致力于在土地上致富并产生了共同语言。农民阶层在土地价值增长、农产品价格增加的环境下产生了两极分化,其中通过经营土地而致富的一部分人组成新的阶层——纽曼;而贵族阶层也派生出一个亲自致力于农牧经营而致富的阶层——乡绅。无论是哪个阶层,都代表着英国土地制度变迁中近代保有权的巨大作用,而占有大量土地利益的阶层反过来又成为进一步推动制度变迁和经济转型的主导力量,成为现代农业资产阶级的前身的重要组成部分。

为满足新的阶级对土地权利产生的要求,英国在 16 世纪就开始了一次针对广大的敞田、正规的公地和森林、沼泽等荒地的圈地运动。这次运动虽然在强度、规模和范围上无法与 18 世纪的圈地运动相比,但所体现出的对私有产权进行争取的意义是空前的,是未来资本主义世界实现的明显预兆,甚至有学者说它已经是"一场土地所有权和生产方式的革命。"[①]在这次革命后,土地变成了稀缺的资源,土地的使用权变得重要而有价值;在土地增值的刺激下,公簿保有制最终被地租取代。17 世纪发生的内战和革命,则促成了一次"变上不变下"的土地所有权性质的革命——除了名义上的"国王所有",领主与国王之间再没有任何实质的产权关系,土地保有权人在其领地上建立了相对独立、自由和完整的土地私有制。

4. 圈地运动后,现代土地产权制度的确立

18 世纪由英国议会主导的圈地运动,推动了英国历史上最深刻的土地制度调整。虽然 17 世纪领主贵族们建立了土地私有权,但敞田共耕和公地制度仍限制了土地权利的发挥空间;所有权的独立性和对经济利益的追求,刺激着大土地所有者们发动了这次制度变迁,敞田制度和公田共享最终被彻底废除,私有权利获得了完整发挥的空间。

进入 19 世纪,英国完成了向现代社会形态的转变,同时,旧有的公簿保有制通过改制协议和领主放权的方式进一步改造,改传统的土地继承制度为自由继承制,最终将英国土地法律中复杂的权利关系简化为自由保有权和租赁保有权。尽管现在的英国土地法律制度仍旧是只有保有权而没有所有权,但其保有权是建立在具有全部所有权权能的基础上的,现代土地产权体系在"现代土地保有制"的框架下最终在英国全面确立。

(二)美国的土地立法、权利构成与制度特点

美国是资本主义国家中典型的土地私有制国家。自 1776 年独立后,美国即开始着手处理其丰富的土地资源。在长达 200 多年的历史中,美国政府通过对其他国家土地制度的分析和选择,制定了极具特色而又实用的土地制度,形成了完备的土地立法和权利体系。

在土地制度的选择上,美国政府在 20 世纪 30 年代前,通过公有土地拍卖、出售甚至是免费赠送的方式,创立了全新的私人所有土地制度,这一历

---

① 侯建新:《转型时代的西欧与中国》,高等教育出版社 2005 年版,第 281 页。

史过程使得私人企业和个人占有美国国土总面积的50%以上。这一方针政策是美国当今土地产权制度和土地经营方式的基础,也就形成了美国独特的土地权利体系。

从土地产权和土地经营的角度来看,美国的土地所有权模式为土地国有和私有并行,国家虽然掌握着国有土地的所有权,但不直接进行经营和处分,而是通过由农场主以租佃形式进行经营,主要的经营、使用和部分处置权由农场主享有;私有土地直接由私人农场主拥有完整产权,尽管其土地所有权受到国家征地权、规划权和土地税收权的限制,但其土地权利是稳定且受保护的;如受到侵犯,甚至还可以通过农场局这一自发组织制衡国家权力,以保障自身利益。

在土地权利的立法上,调整耕地的主要规范虽是由各州的法律和政策规定的,但主要核心都比较相似。以华盛顿州为例,法律承认并对土地占有权、占有取得权及其产生收益的合法归属,保护并承认土地及地上房产的地产所有权,以共同租佃(Joint Tenancy)、占有不动产(Tenancy In Common)、管理(Condominium)和婚姻关系等方式维系的共存所有权等占有方面的权益;关于土地非占有性的权利,包括他人土地的通行权(Easments)、土地转让权(Conveyancing)及土地登记权、抵押权及合理利用水流和相互支持的土地上其他相关权益。

基于土地作为财产之母的特性,美国法律对于土地权利的保护十分重视,相关土地立法和政策的制定体现出十分鲜明的特点:

首先,土地立法和政策的出台,有着科学的制定机制和完备的立法程序:立法和政策的决策过程除有行政官员参与以外,几乎所有能受到政策和法律影响的个人和团体都能有机会充分表达自身的立场,使得利益在各方的争论和妥协中得到平衡,减少了立法的失误和冲突;在特殊的政治体制下,各利益团体均能通过自己的组织对立法者和政策制定者施加影响,使立法听证不流于形式;通过法律程序将立法过程透明化,减少了政策和法律出台实施所可能诱发的震荡,维持了社会和经济的平稳发展。

其次,从土地立法和政策的关联性上看,政策的出台往往以法律为依据,每一项土地立法都由专门的机构负责制定实施细则,这就将政策与法律有机联系起来,确保了政策的合法性和执行力。由于美国特殊的立法体制,法律和政策的弹性并不是表现在制定和执行的过程中,而是表现在允许联邦与州、州与州之间存在立法差别,极大提高了土地立法和政策的地方适用性。

再次,土地立法和政策制定体现出全面性和稳定性。美国的土地制度从其建国起发展至今,虽已历经 200 余年,立法政策不断变化,但核心始终围绕着巩固和发展土地私人所有的家庭农场制度和土地资源的开发保护、减少水土流失、增强土地肥力、改革耕作方式和提升农业发展水平这两个主旨展开,加上和平宽容的法律实施环境保证了美国农业发展的连贯和稳定。土地立法和政策涵盖了土地所有权、使用权、租佃权、转让、抵押、继承甚至是利益相关主体之间的土地关系等方面的内容,实现了关于土地行为的有法可依,保证了以土地关系为中心形成的稳定社会关系,促进了农业的稳定长久发展。可以说,私有产权制度确立、家庭农场的组织模式、法制化及规范的社会管理和调控,以及始终如一的立法和政策目标是美国农业现代化的重要条件。①

英美法系土地立法的特点侧重点在于对土地及其价值的利用,而非局限于作为实体物的土地。为实现将土地权利转化为财产权利,创设出重在调整人地关系的、明确土地所有者享有权利和承担义务的核心制度——地产权,其呈现出以下几方面的特征:

1. 地产权基于占有行为而产生。英美法的土地产权建立在对土地的占有之上。英国法学家梅特兰认为,所谓占有(seisin)是指对土地公开和平地占据、管理、耕种收割以及与之相关的一系列活动。② 根据这一定义,占有其本质就是对土地和平地使用、管理和收益的一系列活动。当个体占有一

---

① 中国海南改革发展研究院课题组:《美国土地立法和土地政策》,经济研究参考 1999 年第 41 期,第 11 页。

② F.Pollock, F.William Maitland, *The History of English Law before the Time of Edward I*, Cambridge University Press.

块土地而没有其他权利进行反对时,个体就拥有了土地的地产权,他人由于不能证明对在土地权利上享有优先权而自然就排除了对地产权的干涉,也就是说保护地产权的重要措施就在于保护对土地的占有。这与大陆法系强调对土地所有权的物权保护方式是不同的。

2. 地产权具有抽象性。地产权的权利标的不是实在的土地,而是附着于土地上的各项权利,权利人通过主张或行使权利能够获得与土地相关的利益,但权利本身是看不见摸不到的;地产权反映出英美土地法更侧重的是对土地的利用,而不是如大陆法系的所有权那样更强调对土地的所有和掌控,因此在英美土地法上才能出现一地多权且和平并存局面。

3. 地产权各项权利之间具有平等性。地产权是一个权利束,是地上其他权利的集合和统称。土地上的各项权利都是平等存在的,不同的权利人对应不同的权利客体。这和大陆法系上土地其他权利均来源于所有权的概念是不同的,因此对于地产权,英美法都采用的是平等保护的态度。

4. 地产权的取得应具有相对性。地产权的取得必须以付出一定的义务为条件,通过对英美土地法历史的回顾不难得出结论,地产权的取得均是以付出一定的代价为基础的,无论是以封建的劳役还是资本性质的货币,都让地产权人和土地所有人形成了一种相互的制约关系。同时,地产权存在的时间和期限也不如大陆法系上的所有权具有长期性和绝对性,在地产权理论中,地产权的区别并不在其内容或“质”,而在“量”,权利的大小随保有时间的长短而变化。[①] 由于地产权具有平等属性和共存性,因此它不具有如所有权一般的排他性,在同一块土地上不同的权利人可以同时享有不同性质的地产权,这一特性正是英美法偏重土地权益利用这一特点的体现。

英美土地权利的代表——地产权,是具有很大弹性的法律术语,可以被理解为某一项或几项具体的权利,也可以理解为权利束,它取代了作为实在物的土地成为财产权的客体。而整个英美法地产权制度的演变和发展历史就是一部不断拓展土地用途和将这些用途所产生的用益在不同的权利人之

---

① 任庆恩:“中国农村土地权利制度研究”,南京林业大学博士学位论文,2003 年。

间进行不同分配的历史。[①] 大陆法系国家在所有权理论统摄下,通过成文法制度明确规定了与英美法相区别的土地制度和权利构成,形成了大陆法系国家的自有特点。

(三)法国的土地制度及土地权利分类

作为欧洲大陆传统的农业大国,法国因其自身历史、政治及经济的发展,形成了一套独具特色的土地制度及完备的土地权利体系。历史上,法国同其他欧洲国家一样实行的是封建领地制,封建领主既是土地的所有者,也是领地的统治者。到了 13 世纪,当英国随着货币经济、工商业的发展和农奴的解放,而逐渐走上大资本主义土地所有制的道路时,法国因中央集权对土地租佃税收的依赖,仍支持着以小块地租经营为特色的小农经济,"法国农民一直痴情地迷恋着他那一小块土地,迷恋着他的纯粹名义上的占有权,于是法国农民就陷入了同产业工人阶级相对立的极可悲的境地。"[②]这浓厚的乡土观念和对土地投资的重视,都阻碍了法国工商业的发展,导致法国仍旧保持着封建性质的个人所有制。

农民小生产者在法国大革命中起到了重要的作用,雅各宾派迎合了他们渴望获得小块土地的愿望,废除了封建特权的压榨和剥削,同时将没收的小块土地出卖给农民,从全国范围来看,被确定为穷苦人者总共 1546 人,得到了 1552 法亩土地,这对于一个拥有 2000 万人口的国家来说,是微不足道的[③]。因此,可以说,法国大革命并不是造成法国小农所有制的形成,而只是完成了法国土地所有制由封建向资本主义的演变。拿破仑的《民法典》才是最终形成近代法国小农所有制的原因。作为一部继承《罗马法》精髓的最完备、最全面的资产阶级法典,它以法律的形式肯定了大革命中关于土地斗争的成果,详细规定了土地所有权、用益权和役权等各项权利,特别是以资产阶级平等的思想打破了长子继承制度,使得土地所有权变得更加细

---

① 任庆恩:"中国农村土地权利制度研究",南京林业大学博士学位论文,2003 年。
② 《马克思恩格斯选集》第 3 卷,人民出版社 1995 年版,第 221—222 页。
③ 马生祥:《大革命与现代化》,中国档案出版社 1998 年版,第 176 页。

碎,无法像英国一样促使更多的劳动力投入到工商业的开发中,工业发展也就缺乏大量自由雇佣的劳动力。

法国小农经济长期大量存在不仅"剪断了农村资本主义的翅膀",而且严重地阻碍和拖延了从传统农业国转变为现代工业国的历史进程——英国在 19 世纪中期、德国在 19 世纪末期、美国在 20 世纪 20 年代分别实现了工业化和城市化,法国在 20 世纪 30 年代才达到这一水平;到 1955 年,法国农用土地仍旧具有每户平均耕地面积小、地块细小零碎的特点。为加速推进农业机械化和现代化的进程,戴高乐政府痛下决心,相继制定出台了一系列土地改组和农业产业结构调整的法律政策,通过兼并与破产的途径促使土地集中和资本化经营,其中最重要的举措就是通过了《农业指导法》,通过将购买的零碎的、"不生利农户"的小块土地集中整治为标准农场,再转卖给大农场主或有经营能力的农民;又通过《农业指导补充法》以国家给予退休金的形式交换老年农民的土地;通过改革土地继承权给一个子女的方式,保证了土地产权的完整过渡。上述举措,都是在平等交易的基础上,获得的农民私人土地所有权,国家不仅掌握了对出售土地行使优先权,并且遏制了土地交易市场中的过度投机行为,逐步建立了农民与土地分离的退出机制和社会养老保障体系。再加上法国政府积极推行农业生产工具现代化、低价租赁土地鼓励农场扩大经营等经济举措,都是改造小农经济、小农私人土地所有权为现代化农业的重要举措。可以说法国农业之所以能在较短时间内实现现代化,关键在于长期奉行国家干预主义的财政金融政策,不断加强对农业、农村、农民的支持力度,促使工农、城乡之间的协调可持续发展。

在土地权利体系上,法国作为典型的大陆法系国家,深受《罗马法》影响,以成文法的形式规定了本国的土地权利体系。《法国民法典》对所有权的标的物根据自然和社会属性进行了动产和不动产的分类,明确规定土地是不可移动性的自然不动产,附着其上并作为不动产使用的物也被视为是不动产。这两种权利其本质就是所有权,与用益权和役权一起被列于法典第二卷"财产及对所有权的变更";具有代表性的担保物权和占有制度被规定在第三卷"取得财产的各种方法"中。在法国的法律文献中,土地物权分为主物权和从物权,前者指《法国民法典》第二卷中规定的各种权利,后者则指《法国民法典》第三卷中规定的各种权利①。具体有以下几种:

土地所有权——由于深受《罗马法》影响,土地所有权始终被视为土地各项权利的核心和基础。《法国民法典》第 544 条为所有权概念进行了经典的定义,即"所有权为对物完全按个人意愿使用及处分的权利,但法律及规定所禁止的使用不在此限";在第 552 条明确了土地所有权存在的范围,即"土地所有权包括该地上及地下的所有权";在第 553 条规定了所有权效力的推定范围,即"……地上及地下的一切建筑物、种植物及施设物,如无相反的证据,则推定为土地所有人以自己的费用所设置并归其所有"。但随着社会的发展,原来《罗马法》奉为至尊的"上至天空,下达地心"的支配力的观点,受到了"禁止权利滥用"这一法学理念的挑战。更多的法学家认为,为了解决土地所有权的独占性的特点与土地利用的社会化需求之间的矛盾,法律总是不断致力于对所有权作合理的界定,②主要表现在对所有权可以支配的空间、对所有权内容本身这两个方面的限定上。尽管在法国民法上,所有权尤其是土地所有权在基本物权中处于中心的位置,而其他基本物权则常常被看作是对所有权的限制或所有权的负担,③但法国对"权利滥用禁止"理论加以体系化,并成为在民事权利行使中的一项基本原则。

用益权、使用权及居住权——《法国民法典》第 578 条规定:"用益权为对他人所有物,如同自己所有,享受其使用和收益之权,但用益权人负有保存该物本体的义务。""用益权人享有地役权、通行权及一般所有权人所享有的权利,且其享有的方法与所有人本人相同"(《法国民法典》第 597 条)。用益权同样被视为可流转的财产权利,《法国民法典》第 595 条规定:"用益权人得由自己享受,或租赁与他人,或出卖以及无偿让与其权利。……"

土地使用权和居住权的权利范围仅限于为自己和家庭的必需之用,《法国民法典》对其采取了不得出让或出租的限制性立法态度,尽管在《民

---

① 尹田:《法国物权法》,法律出版社 1998 年版,第 24—26 页。
② 陶云燕:"农村土地权利研究",西南政法大学博士学位论文,2004 年。
③ 王为国:《中国土地权利研究》,中国政法大学出版社 1997 年版,第 26—27 页。

法典》立法体系中被单独立法,但从权利性质上讲实际仍为用益权,只是效果有所减弱。

役权或地役权——《法国民法典》第637条的役权专指地役权,"指为供他人不动产的使用或便利而对一个不动产所加的负担。"同时,《民法典》规定了役权发生的三种情况,"役权发生于地点的自然情况,或法律所定的义务,或数个所有权人间的契约"(《法国民法典》第639条),并分节进行了详细的论述。

担保性物权——法国民法虽没有使用担保物权这样的术语,但并非意味着其不接受担保物权的概念,在法典的第2071条、第2092条分别规定了质权和抵押权。担保物权不是一种直接对物的权利,而是一种对于物的经济价值的权利。[①] 在西方土地为基本财产的情况下,担保性物权自然被视为土地权利人的一项基本权利。

占有——《法国民法典》第2228条规定了占有制度:"对于物件或权利的持有或享有,称为占有;该项物件或权利,由占有人自己保持或行使之,或由他人以占有人的名义保持或行使之。"可见,在占有制度的规定上,法国民法既承认占有是一种事实状态,又确认占有具有的权利属性,和英美法与《罗马法》都相区分,且更多受到法国司法实用主义影响,形成了具有特色的占有权利体系。

(四)德国土地制度及权利构成

地处欧洲中部的德国在农奴解放之前,和其他欧洲国家一样在土地制度和生产方式上都采用了庄园制度和领主制度。较其他国家有所不同的是,德国始终处于分裂的状态,在神圣罗马帝国的统一名称下,有300多个大大小小的邦国存在,封建势力较为顽固,经济和政治发展缓慢。在这样的历史背景下,德国封建领主对于土地和农民的人身控制更为强烈,农民的保有地被没收,领地上农民只能世代为奴。直到拿破仑征服时期,农奴制才得

---

① 尹田:《法国物权法》,法律出版社1998年版,第25页。

以废除,并由普鲁士率先开始打破领主对农民的人身控制,无偿解散永佃农并允许农民获得土地所有权,获得了大量自由的劳动力,促使农业走上资本主义道路。

在法律结构上,德国在潘德克吞法学理论的影响下于 1896 年制定并出台了《德国民法典》,秉承着德国人严谨的思维逻辑,该民法典其对土地物权的界定,与土地相关的财产关系都进行了周密的规定;工业社会条件下的土地财产关系由《地上权条例》及《住宅所有权和长期居住权法》进行调整;《农业法》用于鼓励小土地所有者通过出租或出卖土地及相关权利,促进农村土地规模经营。

在学理及立法表述上,德国的土地权利被视为对物的基本权利,统摄于物权法框架下,分为自物权、他物权和类物权。其中,土地所有权为自物权,占有权为类物权,役权、用益权、先买权、抵押权和质押权等多项权利统归于他物权框架之下。《德国民法典》将用益权列为单独一章进行编撰,体现了德国物权制度和土地权利"从归属到利用"的发展趋势,其主要土地权利有如下几项:

土地所有权——《德国民法典》第 903 条详细规定了所有人对土地所有权的取得、丧失和处分权,即"物的所有人,只要不违背法律和损害第三人的利益,可以根据自己的意愿处分该物并排除他人的干涉"。在农村土地立法上,德国对于土地的转让和出租采取了不予干预、自由放任的态度;为了避免因农村土地随意流转可能产生的对农村土地保护不利、限制农业的经营规模和效益等问题,德国自 1915 年起建立了土地交易的国家监督制度,主要的法律文件有《土地租赁法》《土地交易法》《土地租赁合同申报及监督法》和《耕地合并法》等,相应地确立了农村土地转让许可制度、农村土地租赁许可制度、耕地合并制度等。

《德国民法典》单独列举了土地负担一章,其规定的内容在于保护所有权人以外的权利人定期收获土地所生利益的权利,是所有权收益权能的他人享有权。

役权——《德国民法典》关于土地役权体系的规定集中体现于第五章:

第 1018 条规定了地役权,即一块土地为了另一块土地的现时所有权人的利益,可以此种方式设定权利,使该所有权人可以在个别关系中使用该土地,或者使在该土地上不得实施某种行为,或者排除由供役地的所有权对需役地所产生的权利;第 1090 条规定了限制性的人役权,土地可以此种方式设定权利,使因设定权利而受利益的人有权在个别关系中使用该土地或者享有其他可以构成地役权的权限;第 1030 条规定了用益权,即物上可以此种方式设定权利,使因设定权利而受利益的人享有收取物的收益的权利。可见,役权规定的本质在于提升土地的使用效率,扩大了土地使用人的范围和权利。

担保物权——《德国民法典》规定了抵押权、权利质权、动产质权等担保物权。另外《德国民法典》还规定了土地债务与定期金土地债务这一特殊的担保物权,明确规定这两种担保物权的权利人对土地仅享有看管权,权利若得实现仅得请求法院判定出卖土地。与抵押权为"担保一项债权"而设立不同,土地债务不具有附随性,亦即土地债务的设立不需要任何法律上的原因和前提条件,因而土地债务可以作为独立的权利被转让,而且土地债务也可以作成土地债务证券,以利于流通,土地债务是一种极具生命力的土地担保物权。[①]

占有——《德国民法典》将占有列为第一章,并详细规定了占有的取得、保护和各种形态。德国民法中占有不但被给予法律上的保护,而且还可以转让和继承。

(五)日本的土地制度及土地权利

日本农业发展的特点,是在小规模分散的土地上开展以家庭为单位的经营,无论在土地资源禀赋和经营方式及规模上,都与我国有相似之处。尤其是两国农业发展环境相近、面临着相同的农业发展问题,因此考察日本土地制度的演变和土地权利的构成,有利于我国农业发展的改革。

---

① 娄进波:《德国民法典的发展及其评述》,《中外法学》1994 年第 2 期。

日本自大化革新后实现了奴隶制向封建制度的过渡。646年颁发的革新诏书,贵族豪强私人占有的土地以及附着于土地上的人民全归国有,所有过去由大奴隶主贵族占据的屯仓也一律收归国有,这被称为公地;农民人身自由获得解放,成为公民,对农民的统治采取计口授田的班田制。大化革新后推行职田分封制,并出租给公民耕种,封建生产关系初步建立起来。但随着土地成为重要的生产资料和财富象征,贵族、地主及官僚纷纷兼并土地、开垦私有,最后导致公元十世纪时班田制被彻底废除,之后因封建私有经营的大庄园迅速发展起来,封建土地制度日趋完善。这一过程与中国井田制的解体极为相似。

明治维新后,日本走上工业化道路,废除了旧的封建体制,逐步改革德川幕府时期的土地产权制度,为配合社会经济的发展并改革落后的生产关系,明治政府在1873年颁布"地税改革令",在之前确认土地农民私有的基础上规定税收以现金的方式支付而非以农作物的方式支付,满足了资本主义发展对农业资本和土地的需求。但由于改革没有关注到土地租佃问题,使得全国三分之一将土地典当、抵押的农民最终被迫沦为佃农,催生了寄生地主阶级成为农村经济的主导,成为阻碍日本资本主义经济发展的重要原因。

战败后,经过1945年、1946年两次农地改革,日本政府通过强制手段从地主手里买取土地,并将其廉价卖给佃农,建立了"耕者有其田"的自耕农私有制度。1952年日本将所有涉及农地权利转移管制、转用管制、佃耕地所有限制、租赁关系调整、未开垦地处理等合为一体,并将涉及农地的所有、利用、交易、转让等各个领域问题都一并规定在《农地法》中,该法成为当时日本农地制度的核心和基本法。自1962年开始至2000年,《农地法》历经六次修改,最终在日本农地制度中确定了保护优良农地、放松土地流转、明确农地权利转移管制审批、放宽对农业生产法人的条件要求、农地转用基准法制化及修改农业生产法人制度等主要原则。由于这一时期,日本农地流转的重心逐渐从促进农户之间的流转,转向农户与农业生产法人之间的流转,并允许股份公司参股农业生产法人从事农地经营,因此,该阶段又被称为"权利移动统制"时代的农地制度改革。

2005年,为了促进撂荒农地的开发利用,日本将"农业特区"的特殊农地流转政策进行总结提炼,在《农促法》的框架下,开设了"特定法人出租事业",使非农业生产法人也有权利参与农地流转,标志着日本的土地制度进入到"参入规制"时代。2009年,日本对企业通过土地租赁参与农地改革实行"原则自由化",标志其开展新一轮的土地制度改革。根据日本农林水产省资料显示,从2009年12月到2010年6月底,近7个月的时间里共有144家企业参与农业,经营土地总面积504公顷。与2009年农地制度修改之前相比,参与企业数增长33%,经营面积增长37%。尽管日本的土地制度改革取得了一定的进展,但在其土地价格的二重制背景下,农地法出现根本变革仍旧十分艰难。

日本土地制度发展的脉络,反映出日本现代农业土地产权制度由所有权和使用权两项重要的土地产权构成。国家、公共团体、个人和法人等各种法律主体都有权成为土地的所有者,其中主要的土地所有人是具有民事权利性质的个人和法人;国家和公共团体拥有的是不易被开发利用或者对国家整体战略发展具有全局影响的林地、水流和山地等,与农民的土地所有权相比地位是平等的,不具有任何优先权。在法律上,土地权利主要体现在《日本民法典》和《土地租用法》等法律文件中,其权利分类与规定较德、法相似:

土地所有权——《日本民法典》第207条将土地所有权在所有权理论的框架下做出了如下规定:"土地所有权于法令限制的范围内,及于土地的上下。"在这个定义中,日本土地法律承认了土地所有权应享有的绝对权利,同时也暗示了土地所有权的行使应受到一定的约束,在《日本民法典》中,对于土地所有权的限制首先来自于相邻关系,也就是相邻权人对土地的使用和所有权的限制,其次来自于土地所有权与利用分离理论,还有来自于公法对土地所有权的限制。土地利用权,在法律中主要规定了地上权、永佃权和地役权等物权和土地租用权,这些权利对土地所有权均构成法定的或约定的限制。日本民法关于该理论的规定,极大提高了土地利用人的法律地位,充实了土地利用的相关权利内容,甚至赋予了土地利用人抗衡土地所有权人的权利,凸显了近代日本土地制度重在利用的特色,最典型的是土地租用权对所有权的限制。根据《土地租用法》的有关规定、立法,收回土地之正当理由为"土地所有人需要自用土地";而判例则将其扩大解释为,判断土地所有人有无收回土地的正当理由,应将土地所有人与土地租用人双方对该土地使用的必要程度加以比较,并参酌其他具体情况。以后判例的发展,使这一标准变得极为严格,只要土地租用人无严重不履行债务的情形,土地租用权几乎不可能终止[1];另《土地租用法》第9条第2项、第3项规定,即使没有土地所有人的承诺,在一定条件下,经法院许可,土地租用权也可转租或转让。土地租用权的永续化和优先性都制约了土地所有权人的权利行使,由于租用关系不能随着所有者意愿解除,造成了所有者土地财产的无形损失,学界称之为土地租用权的"债权物权化"。

地上权《日本民法典》第265条规定,地上权人使用土地的权利。通过第268条规定地上权存续期间相对较长,对于所有权人的限制也较大;同时地上权的权利对象不仅限于一般意义上的建筑物,还包括工作物或者竹木等。根据270条规定的地上权标的物的范围,说明了地上权的行使范围在理论上具有空间性。

永佃权——永佃权产生的根本目的在于维护佃农与土地所有人之间稳定的租佃关系,以保证日本农业的健康发展。在明治维新之前,封建日本的土地所有权归属于封建领主所有,农民依靠出卖劳动力生存,只能得到土地使用权。封建地主往往依仗自身特权破坏佃耕关系,导致佃期不稳、损害佃农权利。这是一种不平等的封建关系,永佃人完全是一个无权者,这种关系是完全违反近代民法精神的。明治政府上台后,土地关系改革逐步展开,支持农民占有农村土地的政策和农民实际占有土地的事实逐步形成,民法典的出台正是为解决佃耕权不稳、租佃期不定、地主常常破坏租佃关系损坏佃农权利的社会现实,《日本民法典》在第五章明确规定了永佃权,此时永佃

---

[1] 任庆恩:"中国农村土地权利制度研究",南京林业大学博士学位论文,2003年。

权已经不是基于封建特权关系而存在的剥削性权利,而是根据土地权利分离的民法理论而存在的平等民事权利。但由于现在日本实行土地私人所有制,佃耕失去了现实存在的环境,因此,永佃更多意义上作为一种历史的存在,而非调整现实的土地权利。

先取特权——日本民法上的先取特权,是指先取特权人,依本法及其他法律的规定,就其债务人的财产,有先于其他债权人受自己债权清偿的权利。其本质与一般民法规定的优先受偿权相似。先取特权分为动产与不动产先取特权,不动产的先取特权的产生源于债务人在特定不动产上因保存、工事、买卖的原因而取得先取权利。先取特权是一种限制性权利,尤其是限制了特定情况下所有权人对土地等不动产财产的处分权。

担保性物权——《日本民法典》在第九章和第十章分别规定了质权和抵押权。该项权利与其他大陆法系规定的担保性物权没有本质上的差别,但由于《民法典》第357条规定:"不动产质权人,应支付管理费用,并负不动产的其他负担。"致使实践中不动产质权人实现权利成本增加,而导致质权人不能获得最大收益,因此不动产质权几乎不被使用。

此外,《日本民法典》也在第六章规定了地役权,其内容与德、法在原则与规则上基本相近,无特殊规定,在此不再赘述。

二、马克思主义理论下的土地制度与权利

马克思主义理论将土地视为整个社会经济发展的最基本的物质条件。规范土地基本权利归属的土地制度,反映了人类社会生产关系的古老内容,贯穿于人类文明历程的每个阶段。作为对资本主义制度的批判和对社会主义制度的引领,马克思主义理论是我国土地制度和权利体系的重要思想理论基础。

(一)马克思土地理论的内涵及其价值

马克思主义理论认为,土地是农业生产最重要的生产资料,是农村及整

个社会经济发展的最基本的物质条件。关于土地基本权利归属的土地制度,是反映人类社会生产关系的古老内容,贯穿于人类文明历程的每个阶段,是社会经济制度的基础性组成部分。在研究论述人类生产关系和生产方式诸多演变的理论中,马克思主义理论的独到之处在于,将农村土地制度视为农业生产关系的基础部分,是有效协调和处理农村经济主体的相互关系、促使各种潜在生产能力转化为有效生产力的重要动力。在此基础上,马克思主义理论将土地制度进行系统梳理和分析,形成了包含所有权理论(产权理论)、地租理论和土地改革理论(土地公有是社会主义农业的所有制形式)等理论体系,被称为马克思主义土地理论。

正如道格拉斯·C.诺斯对此高度评价:"在详细描述长期变迁的各种现存理论中,马克思的分析框架是最有说服力的,这恰恰是因为它包括了新古典分析框架所遗漏的所有因素:制度、产权、国家和意识形态。"[①]作为典型的社会主义国家,要科学处理我国农村土地的制度和产权问题,马克思主义政治经济学的分析方式是必须要予以借鉴的,但在此之前,首先有必要对所有权理论进行详述。同时,马克思关于农村土地产权的思想就是他的与土地所有制相联系的土地所有权思想,所有权是土地制度的核心,所有权理论自然也就是马克思主义土地理论体系的基础。因此,这里有必要对所有权理论进行详述。

1. 所有权基本理论

所有权基本理论是马克思农村土地产权思想形成的基础。法制史上早就存在着两种不同的所有权模式:《罗马法》模式和日耳曼法模式。根据众多法学家们的观点,最能体现《罗马法》所有权观念的词是 proprietas,其所表示的含义为,所有权是在法律许可范围内对于物的占有、使用和滥用权(即对物的绝对的支配权)。主要的大陆法系国家都采用《罗马法》模式构建民法典,诚如"国际私法之父"巴特鲁斯所言,依照《罗马法》模式构建的

---

① [美]道格拉斯·C.诺斯:《经济史中的结构与变迁》,上海三联书店 1994 年版,第68 页。

所有权制度,是一种"完全的、绝对的支配物的权利"①,这是近代物权法"一物一权"法律原则的基础。日耳曼法模式是为适应农业社会需要的日耳曼部族,在教会法的影响下,在建立国家的过程中效仿《罗马法》的成文法典而建立的物权体系,其特点是以利用为中心、以团体为本位。

《罗马法》模式和日耳曼法模式的所有权具备某些相似的特征,就是所有权人对物的"据我所有"的意志性和主观性的体现,这是所有权人对所有物表现出的最内在、本质的要素,也可以说,所有权的构成本质是由外在的"占有行为"和内在的"我的"、"据为己有"、"所有"的理性共同构成的。正如托马斯·C.格雷所言,"这个外物事实上不是在我的占有中,如果别人动用它时,我可以认为这是对我的侵害,至此,这个外在物才是我的。"②因此,只有包含这种理性的占有才是真正的所有权,否则,占有的行为仅仅是一种事实,缺乏成为权利的特性。就所有权的精神特性而言,日耳曼法的所有权制度与封建观念紧密相连,其所体现并主张的所有权精神掌控、权利本身的世袭性和可继承性,赋予了权利人对物的归属感和安全感;所有物与主体之间的联系不仅仅是物理层面的接触和占有,而是在权利人代际和家庭成员之间的世代相传之中,被打上了具有精神依附性的意志的烙印,这个物就不再是自然的物、无主的物,而最终成为具有所有权客体意义的物。总之,《罗马法》模式和日耳曼法模式的所有权,都是以主观意志为内在要素、以实体物的归属为核心价值、对物进行支配的权利,该权利包括占有、使用、收益、处分,但并不限于此四项权能,而是基于对物的支配而形成的一个庞大权利束。③

尽管两种法律模式在本质上具有共性,但《罗马法》模式极具鲜明特色的个人主义和绝对所有权的精神与日耳曼法模式是存在着较大差异的,注定两种法律模式将使欧洲各国经历一次深刻的变革和选择。

---

① 王利明:《民商法研究》,法律出版社 2001 年版,第 278 页。

② [美]托马斯·C.格雷:《论财产权的解体》,高新军译,《经济社会体制比较》1994 年第 5 期。

③ 马新彦:《罗马法所有权理论的当代发展》,《法学研究》2006 年第 1 期。

土地是最重要的财产,无论是欧洲处于奴隶制时代还是在封建时代,还是在资本主义时代的今天,土地都被称为"财产之母"。在《罗马法》通行于欧洲大陆之前,土地的所有制度就能代表当时所有制的选择模式——"整个中世纪的土地制度实际上采纳的是日耳曼人的所有权制度。"①这是因为日耳曼法的所有制理念与封建制度在观念上是一脉相承的。因此,在整个欧洲大陆处于封建时代的时期,德国的所有权制度、物权制度就是日耳曼所有权制度的个体表现。法国的大部分土地被教会等团体控制,属于不可转让且无法进入商业环节的团体财产,同时,土地上背负着封建领主名义上的所有权和农地劳动者实际上的产权,伴随着货币经济的兴起,这种权利也逐渐变为封建领主的经济特权;英国的不动产制度也受到日耳曼法的影响,全国的土地都在名义上属于国王所有,大庄园经济框架下封建领主形成了特殊的土地保有权,农民能够耕种土地所必须负担的义务都属于封建意义上的人身性义务。

随着生产力的发展和社会的进步,货币经济的兴起和封建义务的消减促使政治自由、社会平等和财富增长的信念逐渐增强,个体利益强烈要求得到满足,个人对财产的所有权得到认可和增强。在这样的背景下,土地作为处分的客体开始进行流转;在法律模式的选择上,强调个人所有观念、崇尚个人权利的《罗马法》受到青睐,日耳曼法已成为资本主义商品经济的发展羁绊。1789年法国大革命期间的纲领性文件《人权宣言》第17条,对私有财产做出了具有历史意义的规定:"私有财产是神圣不可侵犯的权利,任何人的这种权利都不可剥夺。"这一基本原则,伴随着资本主义生产方式在欧洲大陆的普及和《罗马法》被广泛认可,在欧洲各国的资本主义性质物权法立法中都得到了完整的体现,法国大革命后,为了从根本上摧毁封建特权对所有权的束缚,赋予私人所有权至高无上的地位,法国在借鉴《罗马法》的基础上制定了《法国民法典》,并明确规定所有权为"对于物有绝对无限制地使用、收益及处分的权利"。这一倡导自由、平等和私有权保护的法律思想传至德国,导致《普鲁士普通邦法》和《奥地利民法典》在此基础上编撰而成,随

---

① 王利明:《民商法研究》,法律出版社2001年版,第286页。

着德意志德国的成立,《德国民法典》与 1896 年颁布,这标志着《罗马法》对于日耳曼法在欧洲继受的完成,带领着欧洲大陆走进了近代私法的新阶段。

《罗马法》取代日耳曼法绝不是历史的偶然,相比之下,《罗马法》所有权模式体现出了超越日耳曼法模式的特点:

(1)完整性。《罗马法》的绝对所有权打破了封建土地分封制,将所有权的权能完全掌握在权利人手中,所有权的客体之上不可能存在两个以上的所有权。尽管所有权中的某些权能可能从所有权中分离出来被他人使用,使所有权的行使受到某些限制,但权能分离的本质就是对所有权的处分,也正是所有权人独享所有权的一种反映;当限制所有权行使的条件解除以后,被分离权能还是回归到所有权人。在所有权共有的情况下,虽然所有权人行使权利需要通过分割所有权或者共同行使,但所有权人在自己的份额内的权利完整性不会因共有关系而受到影响,相反,各所有人能够在自己的权限范围内拥有完整的所有权。权利的完整性使《罗马法》所有权对其他存在于所有物上的权利具有天然的排斥性。

(2)自主性,又称为绝对性。《罗马法》崇尚个人主义、自由意志至上,所有权人可以按照自己的意志、以自主自愿的方式对物进行处分,这是《罗马法》成为商品经济尊崇的永恒法的根本原因。所以,这种所有权人对所有物依其意愿可为各种行为,这一权利特性也被称为绝对性。

(3)弹力性。正因为所有权具有自主性、绝对性,也就赋予了所有权人将权利的一部分授予他人行使的权利,也就是说"只有在个人完全占有和支配某一实体物的情况下才有可能产生他人利用的问题。"[①]这在大陆法系中被称为他物权。他物权理论与所有权的完整性并不矛盾,当他物权设定的条件消失或存续期限届满,他物权便归于消灭,原来占用的所有权的权能即完全归于所有权。所有权的这一弹力性的特征,正是与《罗马法》对物具有绝对所有权的根本价值是相符的。

---

① 梅夏英:《当代财产法的发展及财产权利体系的重塑》,王利明主编,《民商法前沿论坛》,人民法院出版社 2004 年版,第 80 页。

（4）抽象性。《罗马法》学家认为，所有权对物表现出的权利是一般性的、单一的、恒定的权利，其权利特性的恒久性是不因时间、地点的不同而产生变化的，一般所说的占有、使用、收益和处分权能只是所有权权能的主要内容而不是全部，只是体现其特性的主要部分；法学家们对所有权做出的定义本身就是抽象、概括的，是因为个人对物使用的自由是无法列举清楚的，而中世纪注释法学家和近代自然法学派采取"抽象概括主义"对所有权进行定义，避免了因无法穷举权利内容而在对权利概念定义上容易出现的偏差和束缚，这一立法技巧被中世纪注释法学家和近代自然法学派所认同并发扬，并最终被《德国民法典》所吸收。

《罗马法》的所有权模式在推动人类文明的历史上起了不可磨灭的作用：首先，《罗马法》体现出了对人的本性和意志的尊重。封建时代的所有权作为封建权利的一种体现，对资本主义生产关系的发展和独立人格的产生没有任何益处，"人的最基本的自然欲求是隐而不彰的，财产权利无法成为对人的基本诉求的表达。"[1]这样的所有权其实是封建权利的一种体现，对资本主义生产关系的发展和独立人格的产生没有任何益处，从而缺少成为真正意义所有权的根本内涵。《罗马法》所有权在赋予所有人基本权利的同时尤其注重独立人格的构建，符合了近代资本主义的发展要求，推动了社会经济的发展和政治的进步，并在19世纪最终成就了所有权自由发展的伟大时代。其次，在确立独立人格的同时，《罗马法》激发了人们对财产的渴望和追求。《罗马法》通过保护个体利益来激发人们对财富不可遏制的追求，在封建时代，由于人格和财产缺乏独立性，不可能激发人们对财产的追求，因此整个社会的生产发展是缓慢的、自给自足的。当《罗马法》激发了人们对财富不可遏制的追求，个人追求利益就会促使社会总体利益的增长和实现，经济规律代替封建命令促使经济发展在一个新的环境下自由运行，近代的市场经济才开始兴起，也就是个人利益和公共利益在经济规律这只看不见的手中实现了和谐发展。最后，《罗马法》奠定了当今大陆法系的

---

[1] 肖厚国：《所有权的兴起与衰落》，山东人民出版社2003年版，第35页。

主流法律体系。所有权主义和在此基础上建立起来的一物一权主义,都成为大陆法系物权法颠扑不破的原则,无论现代法治在程序和实体方面对《罗马法》进行怎样的修正,都严格遵守并保留了《罗马法》确定的所有权主义和一物一权主义,这是《罗马法》对后世法律的深远影响。

2. 马克思主义所有权理论

《罗马法》是马克思主义所有权理论的一个重要来源。马克思接受了《罗马法》关于所有权含义的论述以及所有权主体独立、人格自由的思想,并将此视为资本主义生产方式的理论基础。但马克思认为这种"完整"并不是所有权理论发展的常态和终点,通过以唯物史观为指导,批判地继承前人的研究成果,马克思和恩格斯指出了《罗马法》在所有权本质方面理解的缺陷,再辅以马克思所有制理论为新的研究基础,建立了全面、科学、系统的马克思主义所有权理论:

(1)马克思区分了所有权理论的内部层次

要研究马克思主义所有权理论,就必须要对所有权、终极所有权和产权等概念进行区分。

马克思和恩格斯认为所有权有广义与狭义之分。狭义的所有权就是生产资料所有者对生产资料的直接的、归属性的所有权,特点是不管所有权权能的多少和权能的结合与分离状况,以及实际运行状况如何,其客体无论是从法律或者意志上来讲,最终都属于终极所有权主体所有。广义的所有权是包含狭义所有权及占有、支配、使用等其他的各种权利。通过辨析概念可知,马克思理论中的所有权是取广义的概念,是包含几项权能的权利束,而一般意义上对物的实际控制和归属的权利被称为终极所有权,是广义所有权中一项权能的体现。一般学者认为,这样的所有权概念与产权概念在渊源、内涵、起源、存在形式、功能、变化规律、改革方向等方面都是相同的,因此,产权和所有权大体是可以通用的,①而两者的差别在于:所有权的概念

---

① 吴宣恭:《产权理论比较——马克思主义与西方产权学派》,经济科学出版社 2000 年版,第 16 页。

较多使用于动态分析领域,是产权具体形式的总体概括,是适用于宏观历史分析领域;而产权概念则是所有权的具体表现形式,多用于微观经济分析中。因此,本书在研究所有权概念时,采用的是广义的概念。

(2)马克思指明了所有权理论的基础与本质关系

马克思和恩格斯明确提出所有权的基础是经济关系——"财产是和一定的条件,首先是同以生产力和交往的发展程度为转移的经济条件相联系的,而这些经济条件必然会在政治上和法律上表现出来"[1],"私有财产在历史上的出现,决不是掠夺和暴力的结果"[2],这说明所有权的真正基础只能是经济条件或生产关系。所有权本身是一种意志关系,是人对自然生产条件视为私有所体现的一种意志,这种意志关系要靠法律和权力予以保护;权力虽是实现所有权这一意志的必要条件,但却不能说明权力是所有权存在的根源。因此,马克思对所有权理论的研究重在强调"法对于生产关系的依存性",提出了经济关系决定权利关系的政治经济学分析框架,为研究所有权和所有制在不同生产关系下的不同表现奠定了基础。

既然所有权是由经济关系或生产关系决定的,那么其体现的实质就不是单纯的人与物之间的关系,而是人与人之间的关系。马克思认为英文中"property"一词即指代"财产",它是指一定社会生产资料所有者对生产资料的所有、占有等法权关系,它本质上反映的是一种人与人的经济关系。在阐述财产是人对物的关系时,马克思进一步指出,"人对他周围的自然界的所有权,就总是事先通过他作为公社、家庭、氏族等等成员的存在,通过他与其他人的关系(这种关系决定他和自然界的关系)间接地表现出来"[3],"实物是为人的存在,是人的实物存在,同时也就是人为他人的定在,是他对他人的人的关系,是人对人的社会关系。"[4]因此,所有权虽然表现为人与物的关系,但随着社会分工的进一步发展,所有权则成为人与人资源分配关系的

---

[1] 《马克思恩格斯全集》第3卷,人民出版社1995年版,第412页。
[2] 恩格斯:《反杜林论》,人民出版社1999年版,第168页。
[3] 《马克思恩格斯全集》第26卷,人民出版社1974年版,第416—417页。
[4] 《马克思恩格斯全集》第2卷,人民出版社2005年版,第52页。

基础,因为孤立的个人是不需要所有权存在的。在马克思主义者看来,所有权是确定人与人之间经济资源分配关系的制度性工具,在不同性质的社会生活中,反映了经济关系和政治关系之间的变化规律。在奴隶社会中,所有权的政治属性高于经济属性,它的内容甚至包含了人身权利;在封建社会中,社会地位、身份阶层及封建特权是所有权归属的标准,也是生产资料所有者无偿占有他人劳动力及生产成果的权力依据;到了资本主义社会,马克思认为,"所有权对于资本家来说,表现为占有别人无酬劳动或产品的权利,对于工人来所说,则表现为不占有自己的产品"①,即他将资本主义社会的所有权明确归结为资本家与雇佣工人之间的剥削关系,这说明以所有权为基础的分配关系与劳动价值并不一致,马克思认为所有权给人与人之间的关系带来的结果就是不平等的。因此,分析所有权本质的意义在于,只有将所有权理论从单纯的经济关系分析中抽象出来,引入政治分析视角及唯物史观,才能在真正意义上的政治经济学理论中对其加以分析,否则对于所有权的研究就只能停留在以"等价交换"为基础的"纯经济学"分析中。

（3）马克思认为所有权理论最终决定于所有制形式

在马克思看来,"每个历史时代中所有权以各种不同的方式、在完全不同的社会关系下面发展着。……要想把所有权作为一种独立的关系、一种特殊的范畴、一种抽象的和永恒的观念来下定义,这只能是形而上学或法学的幻想"②,只有历史的、具体的所有制关系才是决定所有权理论的根本因素。

第一,所有制的性质、内容决定所有权的性质、内容。根据马克思"经济基础决定上层建筑"的理论对所有权和所有制的关系进行分析,就不难得出所有制决定所有权的结论——生产资料的归属是社会关系中最重要的部分,反映了所有制关系;马克思认为所有权是一种法权,而法权"是一种反映经济关系的意志关系。这种法的关系或意志关系的内容是由这种经济

---

① 马克思:《资本论》第 1 卷,人民出版社 1975 年版,第 640 页。
② 《马克思恩格斯全集》第 4 卷,人民出版社 1958 年版,第 180 页。

关系本身所决定的。"①因此,所有制是基础,所有权是所有制的表现形式。

第二,所有制的发展变化决定所有权的发展变化。在人类经历的社会形态中,只要自然界的物品对于人类有使用价值并且被人类占有,所有制就自然形成了。在原始社会,虽然没有个人所有制的出现,但以部落或家庭为单位,对物进行有效的占有——"私有财产的真正基础,即占有,是一个事实,是不可解释的事实,而不是权利。只是由于社会赋予实际占有以法律的规定,实际占有才具有合法占有的性质,才具有私有财产的性质"②——原始社会的社会规则并未赋予这种占有以民法上所有的意义,因此可以认定,所有制的出现在历史进程中早于所有权的出现。马克思认为,在资本主义所有制和所有权确立之前,人类历史上除原始公有制以外,还存在着以劳动者自己劳动为基础的私有制和私有权、以无偿占有他人劳动为基础的资本主义以前的私有制和私有权,而资本主义的私有制无论是在历史进程上,还是在发展模式上最终都取代了前述所有的所有制形式,资本主义的所有权也随之替代了之前的所有权模式。因此,在所有制和所有权的动态关系上,所有制具有决定性的地位。

第三,相同的所有制模式下,所有权也具有相对的独立性。马克思指出,"虽然一定所有制关系所特有的法的观念是从这种关系中产生出来的,但一方面同这种关系又不完全符合,而且也不可能完全符合"③,也就是说主体对生产资料的所有形式,必须经过法律的确认才能成为所有权,而法律的形成却又与每个国家的历史背景、文化环境、世俗习惯甚至和法学家的思想意识息息相关,因此不同的国家即便经历了相同的所有制形式,由于其自身特点都可能造成所有权规定的不同。从这个横向比较的角度上讲,所有权又有其独立性。

3. 马克思产权理论与土地产权

对于产权理论的基本概念,学界有不同的理解。西方经济理论对于产

---

① 马克思:《资本论》第 1 卷,人民出版社 1975 年版,第 102 页。
② 《马克思恩格斯全集》第 1 卷,人民出版社 2001 年版,第 382 页。
③ 《马克思恩格斯全集》第 30 卷,人民出版社 1975 年版,第 608 页。

权的定义也有多种理解。其中极具代表性的,也是影响较大的西方新制度经济学派,将新古典经济学的理论最大化目标修正为效用最大化,将产权安排与资源配置最优化目标联系在一起,核心范畴使用"产权"、"交易费用"、"外部性"等关键词来表示,对非市场经济条件下的种种经济实际提供了较强的解释;相比于新古典经济学来说,新制度经济学的理论更重视历史分析和人类一般的生产方式,其研究方法也在国家、意识形态、政治斗争等方面有较深入的借鉴和指导意义,而这些与该派的学者们借鉴了马克思主义的研究成果有相当的关系。

　　从西方有关产权的理论对产权所下的基本定义可以看出,西方产权理论意识到产权本身是一种权利关系,虽然产权是通过人对物的关系表现出来的,但反映的却是人与人之间因物而发生的关系,且通过契约性质的、表面平等的交换来隐含人与人之间实际存在的巨大的不平等。"这是由于西方产权学者限制于资本主义私有制的视野内,因此产权学派对产权的定义偏重于排他性和可让渡性特征的论述,关注可交易的权利,而对产权的暴力分离或被称为纵向分割的那种'一物多主'的产权模糊的现象关注较少。"①这些理论的核心和研究视野的局限,正是和马克思主义产权理论有着本质区别的地方。

　　马克思在论述产权问题时,虽然没有专门使用过"产权"这个词,但在其与所有制分析相联系的所有权理论中,已经完整体现了他的产权理论思想。土地产权是马克思产权理论在土地研究领域的具体体现。

　　(1)产权是所有制关系的法律表现。马克思的产权理论是基于生产资料所有制而产生的一系列人与人之间的利益关系问题的研究。马克思特别强调所有制问题,他认为所有制的本质是人们在生产过程中对物质资料的占有关系,是一种事实,也是一种经济存在,最终反映的是人与人之间的关系。所有权是所有制的法律形态,是所有制在法律范畴内的制度体现,而广

---

　　①　石莹、赵昊鲁:《马克思主义土地理论与中国农村土地制度变迁》,经济科学出版社2007年版,第90页。

义的所有权包含着占有、使用、收益和处分等多种权能,这也符合西方经济学对产权的定义。具体到土地产权,土地产权是生产关系的一种表现,是和社会生产方式相适应的、具有历史性的存在形式。正如马克思所说:"土地所有权的正当性,和一定生产方式下的一切其他所有形式的正当性一样,要由生产方式本身具有的历史的暂时的必然性来说明,因而也要由那些由此产生的生产关系和交换关系具有的历史的暂时的必然性来说明。"[1]

(2)产权的基本形式及特性。马克思系统分析了历史上出现过的各种产权形态后指出,产权不是一项单一的权利,而是一组权利的结合体,也就是权利束。在这个权利束中,包括所有权、占有权、使用权、支配权、经营权、索取权、继承权和不可侵犯等其他权利。细化到土地产权领域,土地所有权是指狭义的所有权,也称为土地终极所有权,是被社会公认的、自由支配土地并排斥他人的权利;土地占有权是权利主体实际掌握和控制土地的权利;土地使用权是指土地使用者依据一定的规则对土地加以实际利用的权利;土地处分权是指土地所有者在事实上或法律上决定处分土地的权利;土地收益权是指土地产权主体依据自己享有的相应权能而获得的一定收益的权利。

产权的数个权能可由一个主体独立享有并行使,也可从中分离出一项或其他几项交由不同主体分别行使,对此马克思进行了举例说明:"在苏格兰拥有土地所有权的土地所有者,可以在君士坦丁堡度过他的一生。"[2]马克思重点考察了土地产权权能统一和分离在不同历史条件下所表现出来的不同形式和特征。产权集中于同一主体是一种与自然经济相适应的产权形态,以自给自足为主要生产方式的独立农民和个体生产者都属于这种产权形态,土地所有者即为产权主体,个人占有土地是这种经济形式独立发展的基础;在资本主义生产方式条件下,土地产权的所有权和占有权能够得以实现分离,就是"资本和土地的分离、租地农场主和土地所有者的分离"[3],地

① 马克思:《资本论》第3卷,人民出版社1975年版,第702页。
② 马克思:《资本论》第3卷,人民出版社1975年版,第697页。
③ 《马克思恩格斯全集》第25卷,人民出版社1974年版,第435页。

租才能成为实现土地所有权人从土地中获取利益的主要方式。在土地私有制中,土地所有者和使用者是分享同一经济利益的、独立的不同权能主体,其经济运行目的相同点在于实现土地所有者的权益。在马克思看来,土地所有权不可能为土地所有者创造任何地租,但这种所有权使土地所有者有权不仅不让别人去经营他的土地,直到经济关系能使土地利用给他提供一个余额为止,而土地所有者必须和资本家共分这个剩余①。

(3)产权形态的变化应当与社会生产方式相适应。生产力作为社会生产中最活跃的因素,始终是处于不断的发展变化之中的,它的发展正是推动着生产关系变革的不竭动力,也就是"社会物质生产力发展到一定阶段,便同它们的意志在其中活动的现存生产关系或财产关系发生矛盾。于是这些关系便由生产力发展形式变成生产力的桎梏。那时社会革命的时代就到来了。"②马克思认为,产权具有经济与法的两重性,从产权变化的先后来看,是先有财产性的经济关系变化在先,然后才有相对应的法律表现和法权,而最终推动这一变化的动力则在于先进的生产力取代落后的生产力、新的生产关系取代原来的生产关系。由于产权是所有制和所有权的反映,因此,一个时代生产方式的变化必将引发相应的产权形态的变化。

(4)多种方式实现社会主义的产权公有。马克思系统研究了西方发达资本主义国家和落后的东方国家的土地产权形式,强调了土地产权公有制原则是社会主义农业的基本所有制形式,他认为小土地所有制不适应社会化大生产,是孤立的自然经济的体现,严重阻碍了社会财富的积累和生产的扩大,延缓了城市化进程。在实现公有产权的方式上,他认为,"这种以同一基本关系(即土地公有制)为基础的形式,本身可能以十分不同的方式实现出来。"③在具体方式的选择上,马克思提出了将小生产方式改造为大生产方式、把小土地所有制通过合作社的方式引导到集体所有制的两种方法;在土地国有的情况下,产权仍然是可以分离的,"如果不是私有土地的所有

---

① 马克思:《资本论》第3卷,人民出版社1975年版,第853页。
② 《马克思恩格斯全集》第2卷,人民出版社1972年版,第82—83页。
③ 《马克思恩格斯全集》第46卷,人民出版社1979年版,第472—473页。

者,而像在亚洲那样,国家既作为土地所有者,同时又作为主权者而同直接生产者相对立,那么,地租和赋税就会合为一体,或者不如说,不会再有什么同这个地租形式不同的赋税。……在这里,国家就是最高的地主。在这里,主权就是全国范围内集中的土地所有权。但因此那时也就没有私有土地的所有权,虽然存在着土地的私人的和共同的占有权和使用权。"①

4. 马克思主义土地理论对我国土地理论发展的价值

(1)坚持马克思所有制基本理论为我国土地理论改革坚定了方向。生产资料公有制作为我国基本的经济形式,决定着所有权和产权等上层建筑的实现形式,也是区别于西方经济模式和资本主义生产关系的根本标志。在我国当前开展相关土地制度和土地权利改革的关键时期,必须要坚定地巩固和发展土地公有制的主体地位,坚持有中国特色的社会主义的产权改革,不能盲目照搬西方的私有化理论。

(2)马克思主义产权分离理论是土地权利改革的理论基础。马克思主义产权理论,为推进产权分离与主体多元化改革提供了思路,伴随着生产社会化和社会城市化,产权中的所有权、支配权、使用权和收益权等权能必然发生分离。马克思特别论述了劳动力所有权和支配权、使用权的分离,资本所有权和使用权的分离,土地所有权和经营权的分离等,这三个产权分离的典型模式。权利的分离既是经济发展的结果,又是推动经济发展的动力,为我国农村土地"三权分立"奠定了理论基础,在保持公有制主体地位不动摇的前提下,促进了土地权利的实现和流转。

(3)产权的二重性和多样化理论有助于我国农村土地权利改革。受现代西方产权理论影响,有学者把产权关系等同于抽象的法律权利,把产权中的使用、收益和分配等权能视为对所有权权能的分割,从而不能正确理解和认识产权的经济和法律二重性,对实现产权的多样化理论产生了质疑。正确理解产权的多样化理论,可以在坚持我国产权公有的前提下,实现集体所有制下的土地公有制与个人占有的和谐共存,这对我国社会主义初级阶段

---

① 《马克思恩格斯全集》第25卷,人民出版社1974年版,第891页。

土地经济的发展有巨大的推动作用。

(二)列宁解决土地问题的理念

列宁的土地理论是马克思主义在俄国革命中活的应用,是在继承了马克思主义土地理论基础之上的再发展,其土地纲领始终服从于无产阶级为争取社会主义而进行阶级斗争的利益。列宁认为俄国建设的首要问题是农民问题,土地是农民问题的核心,土地制度的变革对俄国民主主义革命、社会主义革命和建设都有巨大的影响。列宁关于俄国农村土地制度的思想涉及了土地国有化、土地家庭经营的合理性和农业合作化思想等诸多方面,其核心内容集中在国家土地所有权和农民土地使用权的实现。

1. 国家土地所有权的实现

早在1903年举行的社会民主党第二次代表大会上,列宁就提出了土地国有化的理念。但由于土地国有化无法适应当时的革命环境并承担民主运动的任务,因此在当时的专制制度和半立宪君主制下,土地国有化的要求是完全错误的。就此,列宁在《党的土地纲领及其在第一次革命中所受到的检验》一文中专门进行了论述,将土地国有化理论失败的原因归结于缺乏有关农民运动的性质、规模和深度方面的检验。至1905年,农民运动的革命形势和布尔什维克在俄国的增长,使得列宁意识到社会民主工党第二次代表大会通过的土地纲领在当前的革命条件下已经显得狭隘了。基于此,列宁在1906年俄国社会民主工党第四次代表大会上专门研究了党的土地纲领,表述了没收全部地主土地和实行土地国有的要求,这一要求被明确体现在《土地纲领草案》中。

为深刻论述俄国的土地问题,列宁对世界主要资本主义国家如何建立新的土地关系进行了深入的研究,总结了资本主义发展农业所经历的"普鲁士改良"和"美国革命"式的两条道路——前者是条改造地主经济的道路,即农奴制地主经济转化为资产阶级的容克式经济,这是普鲁士的改良道路,其特点为通过对农民的暴力剥夺,将国家农业转向地主经济和大地产,虽然走上资本主义的道路,但发展速度极为缓慢,广大农民阶层始终是受奴役和剥削的对象;后者虽然革命的手段同样是采用暴力剥夺,但摧毁的却是地主土地占有制,革命使农民成为农业生产中的唯一代表并转化为资本主义农场主。

列宁将马克思主义土地国有化理论在结合俄国国情的基础上进行了继承和发扬,充分论证了俄国进行土地国有化的可行性和必要性。通过研究美国的发展历史和俄国国情,列宁认为美国革命式的道路能够最大限度地自由、迅速地发展生产力,符合农民阶层的利益,"应该支持的不是地主式的资产阶级演进,而是农民式的资产阶级演进。"①在列宁看来,在资本主义关系下实行土地国有化,从理论上说就是把级差地租交给国家,就是消灭了绝对地租,也就是废除了土地私有制。列宁同时论述了土地国有化实现的条件和原因,他在《社会民主党在俄国第一次革命中的土地纲领》中,引用了马克思在《剩余价值理论》中的论述,分析称由于俄国施行的地主、农民土地占有制都最大限度地保留了中世纪的封建残余,这与工业中的资本主义发生了巨大的冲突,这冲突推动着人们去进行最深入的资产阶级革命并为农业生产的资本主义改革创造条件。任何形式的改良都没有土地国有化对农业改革的推动来得迅速;这同时驳斥了只有在资本主义高度发展的情况下才能实现国有化的观点;实行土地国有化的最终原因也就是为了摆脱农奴制传统的小农业,最大限度地调动农民参与改革的积极性并争取农民对于革命的支持。

到1917年4月,结合俄国的革命形势和布尔什维克对于中农的团结政策,列宁进一步丰富了土地国有化理论,通过其草拟的《论无产阶级在这次革命中的任务》(史称"四月提纲")一文,明确阐释了在俄国进行土地国有化的具体措施:"把国内一切土地收归国有,由当地雇农和农民代表苏维埃支配。单独组织贫苦农民代表苏维埃。把各个大田庄,建成示范农场,由雇农代表进行监督,由公家出资经营。"②由于在二月革命中未能有效解决土

---

① 《列宁全集》第4卷,人民出版社1988年版,第209页。
② 《列宁全集》第29卷,人民出版社1985年版,第115页。

地问题,所以俄国社会主义革命阶段的首要问题就是要没收地主土地和执行土地国有化政策。对于该政策的重要性,列宁做出了相当高的评价:"土地国有化不仅是资产阶级革命的'最高成就',而且是走向社会主义的一个步骤。"①因此,土地国有化在资产阶级革命转变为社会主义革命阶段起到了重要的促进作用。

十月革命的胜利是列宁将土地国有化理论付诸实践的历史时刻,在苏维埃俄国通过法令将土地、工业和基本生产资料都收归国有以后,列宁对土地国有化再次进行了系统的阐述,集中于以下几个问题:

第一,土地国有化并不能使贫苦农民和雇佣工人马上摆脱艰苦的生活状态,也并不能使其生活得到改善。列宁分析,虽然土地归于贫苦农民和雇佣工人,但他们没有资本、没有农具和牲畜去进行生产,他们获得生活来源的途径甚至还是要回到被雇佣的状态,因为资本和货币的权力始终存在。从根本上捍卫贫苦人民权益的方法是将农业雇佣工人和贫苦农民组织起来,逐步把土地交给劳动者,并且将大农场和地主土地改造成示范农场,国有化地主的劳动工具和牲畜帮助农民组织共同耕种。

第二,列宁强调将农业雇佣工人和贫苦农民组织起来,是战胜富农和农村资本主义的必要方式。组织农业雇佣工人和贫苦农民的目的在于联合农村无产阶级反对城乡资本主义,这一时期的布尔什维克在农村中的基本路线是:"在一切情况下,在民主土地改革的任何情况下,党的任务都是:始终不渝地争取建立农村无产阶级的独立阶级组织,向农村无产阶级说明他们的利益和农民资产阶级的利益是不可调和地对立的,提醒他们不要迷恋于小经济制度,在商品生产存在的情况下,小经济制度是永远不能消灭群众的贫困的,最后,指出进行彻底的社会主义变革的必要性,说明这是消灭一切贫困和一切剥削的唯一手段。"②

第三,申明了国家土地所有权。土地国有化虽然将土地分配给农民及

---

① 《列宁全集》第16卷,人民出版社1988年版,第396页。
② 《列宁全集》第29卷,人民出版社1985年版,第493页。

农民组织使用,但从本质上讲全国土地的所有权都被收归于中央政府所有,各种各样的土地占有权都被废除,土地的支配权和使用权交给农民组织和农民。农民可以根据国家分配使用土地,但绝不是私有土地。全部土地属于苏维埃俄国全体人民所有,每个人的土地都是从全体人民那里租来的,这意味着土地的绝对地租被消灭,而级差地租归属于国家所有。这是列宁对马克思主义土地问题理论在俄国的创造性应用,通过土地法令,俄国农民无偿取得了1.5亿俄亩的土地,免除了向地主交纳的5亿卢布租金。

第四,阐明了土地国有化是实现社会主义的步骤。列宁说:"实行土地国有化、把一切银行和资本家的辛迪加收归国有或至少由工人代表苏维埃立刻加以监督等等措施,绝不是'实施'社会主义。应当绝对坚持实现这些措施,并尽量用革命方式来实现。这些措施只是走向社会主义的步骤,在经济上完全可以实现。"①列宁的表述很清晰地阐明了土地国有化只是建设社会主义的一个方法或者说一个过程,实现土地国有化并不等同于实现社会主义。遗憾的是,这一论断在我国特殊的历史时期并没有得到重视,反而将土地收归国有与实现社会主义直接等同起来,最终导致了我国农业生产的落后并形成了严重的社会问题,而其所带来的负面影响至今并没有完全清除,给我国的农业发展、农民生活水平提高和社会进步都带来了消极的影响。

综上所述,列宁土地理论中最重要的部分就是土地国有化理论,也就是国家土地所有权的实现并取代地主所有权的过程。这一过程不但是农民土地使用权实现的基础,也为俄国无产阶级专政土地纲领进一步制定和实现奠定了基础。

2. 农民土地使用权的实现

列宁土地理论的另一个重要内容就是在土地国有的基础上,赋予农民自由的土地使用权,同时还包括生产资料所有制和农民劳动组织形式的自由选择权。最终目的是在农户自愿的基础上,通过循序渐进和国家大力扶

---

① 《列宁全集》第29卷,人民出版社1985年版,第167页。

持相结合的方式,引导农业实现马克思所设想的合作社模式,进而实现农业的现代化。

(1)战争期间的共耕制土地理论

作为新兴的社会主义国家,苏维埃俄国的农业发展注定不会在和平的环境中自由发展,国内外反动势力始终试图颠覆苏维埃政权,因此,俄国自将地主的田庄及一切皇族、寺院和教会的土地,连同所有耕畜、农具、农田建筑及其附属物,一律收归国有并转让给农民使用后,爆发的战争就要求列宁不得不在新形势下创新发展俄国农业改革。1918年夏,苏俄进入国内战争时期,战争的形势及现阶段的革命任务都促使列宁产生了共耕制的思想。农村中的阶级斗争形势十分尖锐,富农和其他反革命分子拒绝将粮食卖给苏维埃政府,并且积极配合反动势力企图颠覆新兴政权;急迫的革命形势促使列宁必须选择余粮收集制作为战时共产主义的核心土地政策,这是列宁共耕制思想得以实践的现实基础;而有些学者分析的,列宁实行共耕制是激进的改革思想,这显然是割裂了列宁提出该理论和当时时代背景之间的联系。

共耕制的本质是苏俄农村一种尚在实践中的合作社性质的农民集体经济组织,也就是集体农庄,其基本形式包括农业公社、农业劳动组织和共耕社,其主体一般为雇农、士兵和从城市里逃荒出来的工人,是最纯粹的无产者。由于他们没有生产资料和生活资料,因此必须采用集体劳动、合伙吃饭、平均分配的方式才能得以生存。由于无产者占苏俄人民的绝大部分,因此这种方式最为基本,也最具有"战时共产主义"色彩。农业劳动组合的组成主体相对来说拥有农具和牲畜,通过对生产资料实行公有化,允许成员拥有一定数量的私产,以劳动的实际天数分配劳动成果。共耕社的组成方式类似于农业劳动组合,最大的区别在于共耕社的公有制含量是三种方式中最低的,因为其成员不但拥有生产资料的私有权,而且还拥有对土地的私人占有权。这种结合方式,和我国建国初期实行的初级社性质类似。可以说,共耕制就是列宁对马克思土地理论中关于合作社思想的具体实践,并明确表述了其在革命斗争中所起到的重要作用:"分地只在开始的时候是好的,它是要表明土地从地主手里转到农民手里。但这是不够的。只有实行共耕制才是出路"①,"只有依靠共同的、劳动组合的、共耕的劳动才能走出帝国主义战争把我们驱入的绝境。"②

关于列宁共耕制思想还有一个问题必须要进行阐述,那就是列宁对推进共耕制的措施和态度问题。"实现由个体小农经济到共耕制的过渡,显然需要很长时间,绝不可能一蹴而就"③,"只有事实上向农民表明了公共的、集体的、协作的、劳动组合的耕种制的优越性,只有用协作的、劳动组合的经济帮助了农民,才能真正向农民证明自己,才能真正可靠地把千百万农民群众吸引到自己的方面来。"④这样的论述明确表明了列宁希望用稳妥、逐步、长期的方式来推进共耕制在全国的实现——到 1920 年,俄国全国只有 0.5% 的农户参加了共耕制,这就说明苏俄政府没有利用国家暴力强制推行共耕制,而列宁关于主张共耕制和严厉打击城乡资本主义的观点,是根据战争的需要而不是针对俄国开展社会主义建设提出的,是符合恩格斯关于合作社发展模式理论的。这一时期,农民享有充分的土地使用权,可以自由决定分配的土地如何经营,可以决定是否加入共耕制,而这恰好遵循了俄国农民的历史习惯和经济发展的一般规律,这种推行政策的科学态度是应当被我国在建国初期改造社会主义阶段所借鉴的。

(2)社会主义建设时期的土地使用权理论

国内战争后,苏俄进入了社会主义建设时期,农村经济进入了和平发展阶段。1920 年,俄共(布)十大提出全面实行新的经济政策。1923 年,列宁在病中口述了《论合作社》一文,在总结新经济政策以后发展消费合作社和农业合作社实践经验的基础上,对农业合作化原理、对农业进行社会主义改造的计划和设想及如何使农民小商品经济过渡到社会主义道路等问题进行了系统论述,主要观点如下:

第一,发展农业合作社经济模式是必要的,与社会主义建设休戚相关。

---

① 《列宁全集》第 35 卷,人民出版社 1985 年版,第 174 页。
② 《列宁全集》第 37 卷,人民出版社 1985 年版,第 306 页。
③ 《列宁全集》第 35 卷,人民出版社 1985 年版,第 352 页。
④ 《列宁全集》第 4 卷,人民出版社 1972 年版,第 106 页。

列宁不但认为发展合作社经济是促进经济复苏和发展的必要手段,而且将
发展合作社提升到建设社会主义制度的高度上,"在生产资料公有制的条
件下,在无产阶级对资产阶级取得了阶级胜利的条件下,文明的合作社工作
者的制度就是社会主义制度。"①在社会主义公有制的框架下,由于合作社
占用的是整个国家提供的生产资料与生产资源,合作社的发展就必然要服
从于整个国家的经济发展方向和社会主义发展规律,大力发展合作社经济
也就是发展社会主义经济。列宁认为,在城乡中发展各种类型的合作社经
济,能够逐步将全体人民纳入到合作社集体经济中来,克服小农经济和资本
主义经济,才是最终实现国家社会主义经济模式的必要方式。

　　第二,合作社是小生产过渡到社会主义的最好形式。② 原实行的由国
家统一供应和分配,在农业领域组织生产资料共有、集体劳动、统一分配的
农业公社和劳动组合式的集体农庄经济形式,经过实践证明不但没有完成
预期的经济目标,而且遭到了农民的抵制和消极的反抗,事实证明集体农庄
经济模式及推行是失败的。直到新经济政策的出台,苏俄才找到了一个既
能够让农民了解和接受,又能够适度中和国家利益、私人利益的经济模式,
这就是列宁在马克思土地理论中关于合作社理论基础上根据俄国实践而形
成的消费合作社(供销合作社)和农业合作社等多种形式并存的合作制。
这种合作社制度发挥核心作用的还是消费合作社,是指允许社员仍旧以个
人或家庭为单位进行生产并占有劳动成果,只是通过合作社进行彼此与城
乡之间的交换。这种低程度的合作化适应了当时俄国的生产力水平和农民
群众的觉悟和习惯,起到了稳定农村、推进农业生产的作用。

　　第三,推进合作化应遵循生产力发展规律,在客观、自愿的基础上,逐步
推进。从这一时期列宁关于合作社的思想体系上来看,他并非倡导并强制
推行整齐划一的合作社形式:首先,他认为所有的合作社形式都能在社会主
义改造中发挥相应的作用,可以根据合作社发展的不同阶段,采取与之相适

---

① 《列宁全集》第43卷,人民出版社1987年版,第365页。
② 汤德森:《列宁关于农村社会经济改造的思想》,《社会主义研究》2002年第5期。

应的形式;其次,他认为坚持稳步推进、吸引农民自愿加入的原则,逐步培养农民对合作社的信任和感情,才能把农民小商品生产联合为大规模的社会生产;最后,党和政府对农民及合作社有系统的领导和组织引导工作,是贯彻合作化自愿原则的先决条件。在生产力水平较低的俄国,农民具有私有者和生产者的双重性,在工人阶级当权的国度里自然不能用强制的方式强行推进合作制,不但有损于工农联盟的稳固,也严重影响着国家政权的稳定。另外,列宁还创造性地指出国家对农业的政策扶持、财政投入和提供大量的农业生产资料也是推进合作制不可忽略的内容。

排除了战争的外因,列宁在和平时期为俄国农民土地使用权的行使创造了自由的、多样的历史环境,他主张调动国家力量对农业基础设施进行投入以解决农业生产的物质问题;通过提高农民的文化水平和思想觉悟,让他们自愿加入合作社和集体化;为合作社的最终确立给予了相当宽泛的时间,是真正尊重了农民的历史习惯和遵循了俄国生产力发展的现实。可以说,在列宁时期,苏俄实现了农民的土地使用权,给予了他们占有、经营土地的自由,尊重了个体利用土地的意思选择。这是该时期俄国农村土地改革的最大特点。可以说,列宁的土地理论至今仍具有重要的参考价值:

首先,列宁在实践中继承、发扬了马克思主义土地理论。

列宁对俄国社会主义进行探索时俄国所处的现实环境,并未如马克思所设想的那样,在世界上其他几个主要的资本主义国家同时发生无产阶级革命,反之,当时的俄国还处于军事封建帝国主义阶段,欧洲主要的帝国主义国家都相继爆发了资产阶级革命,资本主义的生产方式在欧洲确立了统治地位。在俄国爆发的二月革命使资产阶级民主革命两个政权并存,在西方帝国主义和国内反动势力的进攻下,苏俄正处于内忧外患的矛盾中。这就注定了俄国农村土地改革不可能如马克思理论所设计的那样完全转入公有制的模式中,因为完全公有制不符合俄国农民的传统习惯。因此,列宁虽然实现了土地国家所有,但在土地的使用和经营上还是赋予了农民相当大的自主权,这为缓解工农联盟之间的矛盾都起到了巨大的推动作用。

在组织形式的变革上,马克思主义主张通过合作社的方式推进农业改革,列宁在实践中不断探索适应并促进当时生产力发展的具体方法策略,在1921年初实行的新经济政策促使不发达的俄国过渡到社会主义,在生产领域实行全民和集体所有制两种基本生产形式。列宁通过《帝国主义论》一文论述了社会主义无产阶级可以充分利用资产阶级一切有利的东西来建设社会主义;通过《论合作社》一文表述了合作化作为农民个人、集体与社会三者利益的契合点来发展大规模、有组织的社会主义农业的思想。如果说马克思主义理论实现了社会主义从空想到科学的历史变革、使社会主义思想产生了质的飞越、科学论述了社会主义农业的发展道路的话,列宁的理论则是更多地侧重于具体细节的实现,是针对当时俄国具体情况的现实的指导。他最值得学习之处在于对不切实际的理论予以修正的勇气和用实践来检验真理的态度,只有通过实践检验的理论才能指导俄国农业改革的成功,并为无产阶级在世界范围内的发展起到了鼓舞和推动作用。不拘泥于现有理论的框架并通过实践探索不断丰富和发展理论的严谨态度,正是列宁在其理论体系形成中最值得称道的地方。

其次,列宁的土地理论强调遵循基本规律。

列宁对于俄国农村土地的改造所遵循的模式,是从确立国家土地所有权开始,将土地分配给劳动农民无偿使用,然后再通过展示公有制优越性的方法,采用吸引、鼓励的方式引导农民自愿加入到合作社当中。由于俄国农业始终处于贫穷、落后的状态,更需要以国家为主导,对合作社进行帮助和扶持——通过将合作社分为不同的级别最终实现全国性的公有制程度较高的合作社,以实现对农业的彻底改造。在经济改造的过程中,列宁还主张要相应地对农民的思想觉悟和认识水平进行改造,团结可以团结的阶层和力量,培养全社会对农业的帮助和互助,培养广大农民参与集体经营的积极性以自发地提升合作社的生产水平和公有制级别。

尽管在推行合作社过程中出现了“余粮收集制”这样的插曲,但是列宁对于推行共耕制和合作社始终都保持着清醒和冷静的态度,也正是这种态度才能够在战争时期果断采用严厉的“战时共产主义”模式来保卫胜利果实,也正是这种态度在和平时期果断放弃了不适合社会生产力和人民需求的战时经济模式,可以说,列宁对于在经济文化落后的国家引导小生产者,特别是个体农民过渡到社会主义生产方式的态度和方法,对在全世界推行共产主义具有深远的历史和现实意义。作为一个坚定的共产主义者,列宁将马克思主义理论的核心在俄国改革中用活了,将马克思的唯物主义理论、政治经济学理论同土地理论联系起来,贯彻了经济基础决定上层建筑的基本原则。然而在列宁逝世后,苏维埃国家的领导人没有深刻认识到列宁土地理论与经济规律的关联性,也没有深刻领会和认识推进合作社的核心思想,在社会主义建设中出现了许多失误,影响十分深远。

最后,列宁的土地理论最终目的在于国家建设与维护人民根本利益相结合。

相比于马克思主义理论的壮阔,列宁的土地理论则以人为本、以维护最广大人民根本利益为出发点和落脚点,理论视角更加细微。列宁在推行共耕制、合作社甚至是余粮收集制的过程中,都将农民是否能够接受制度、是否损害了农民的利益作为重要的衡量标准。余粮收集制这种强制的生产方式,虽然能够快速推进俄国社会实现公有制全面铺开,但在战后失去了其存在的现实环境和必要性,列宁为了不挫伤农民改革的积极性,将"余粮收集制"改为"粮食税制",让农民在交纳粮食税后能够有权利自由处置余粮,一方面保证了国家用粮的需要,另一方面也是保障了农民的基本生活需求,体现了尊重人权的理念,获得了广大农民的支持。可以说,列宁的土地理论将国家土地所有权的实现和农民土地使用权的实现科学地结合在一起,是"从现实生活中找出路",实现了国家制度转变和农民政治觉悟提升的双重作用,是以实践方式丰富马克思土地理论的一次伟大尝试,而其所起到的另一重大作用则是为毛泽东、邓小平等中国共产党人正确把握社会主义建设规律提供了重要的思想渊源。

(三)斯大林的土地理论及实践

作为列宁的继承人和第一个无产阶级专政国家的领导人,斯大林没有完全贯彻列宁关于农民、农业和农村的理论,他的"集体化思想"和"集体农庄"甚至在一定程度上变更了列宁的基本理念,而作为社会主义阵营的"老大哥",他的理论和做法几乎被新型社会主义国家全盘照搬,谬误的余毒至今仍无法清除。

斯大林通过《论列宁主义基础》的第五节较完整地表达了他的土地理论,其题目就是"农民问题"。在这一节当中,他主要提出了资产阶级革命时期的农民问题、无产阶级革命时期的农民问题和苏维埃政权巩固后的农民问题等等,只有在文章结尾处援引了列宁逝世前夕在"论合作社"一文中关于无产阶级对农民的领导有了保证以及这是建成完全社会主义的一切的论断、关于国家要从财政上帮助合作社的论断。这段文字可以看作是其个人关于农民问题思想的总结。在土地的所有制问题上,斯大林和列宁的态度是完全一致的,并且前者用行政、司法等国家权力在其统治期间对此予以巩固和加强;斯大林的土地理论集中体现在他的集体化思想和集体农庄中,这是与列宁土地思想根本不同的地方。

1. 斯大林通过集体化剥夺了农民的土地使用权

斯大林推行农业集体化的目的在于急速完成社会主义建设的原始积累。为解决发展工业化所面临的资金短缺问题,以苏联经济学家普列·奥布拉任斯基的"社会主义原始积累"理论为基础,斯大林提出了"贡税论",即国家通过对价格市场的垄断、剪刀差和暴力征粮等非常措施对农民财富进行榨取的行为,是农民为实现国家工业化应予承担的义务并缴纳的"贡税",这完全不同于列宁关注农民个人生活水平的观点;为了实现这一目标,斯大林着手建立了一种使"非常措施"常态化的农业生产和农村社会生活体质,即集体农庄。他要求全国按编制的计划通过行政命令和暴力手段将整村、整乡、整区,甚至整个专区地加入集体农庄,在生产领域就将农民组织起来,取消农民的独立地位,成为为农业生产服务的"无产者"。列宁曾经认为:"为了通过新经济政策使全体居民个个参加合作社,还须经过整整一个历史时代,在最好的情况下,我们度过这个时代也要一二十年。"①但斯

---

① 《列宁全集》第 4 卷,人民出版社 1984 年版,第 684 页。

大林急于求成,他要求全国范围内的集体化运动必须要在三年内完成。1933 年,即全面完成农业集体化的时候,斯大林干脆下令取消了供销合作社、信贷合作社,完全放弃了列宁建立合作社网的设想。如果说列宁的合作社是赋予农民土地使用权的话,那么斯大林的集体化就是用国家权力收回农民个体的土地使用权。

2. 斯大林侵犯农民的私有财产权

1928 年出现粮食收购危机后,斯大林即采取了军事共产主义时期的余粮收集制这一"非常措施",通过固定粮食价格、强制余粮上缴,结合国家暴力机关的审判、逮捕等行为对富农和有余粮的农民予以镇压,强制搜查并封闭粮食市场、阻断粮食运输,采用了完全军事共产主义时期的余粮收集制,完全限制了粮食贸易自由。由于不能从根本上解决粮食收购困难,非常措施也就成了集体化的导火索。集体化过程还同时贯穿了斯大林消灭富农阶层的思想意识,在集体化的过程中,他认为富农是集体农庄的死敌,剥夺富农是建立集体农庄的一个必要过程,鼓励对富农采取不受限制的暴力措施就是其消灭富农阶层思想意识的深度贯彻;斯大林也借此机会打击了全体农民——全体农民的土地、农具、牲畜全部被充公。可见,无论是在理论上还是具体做法上,斯大林的集体化不仅不符合马克思、恩格斯关于引导农民走社会主义道路的基本理论,而且与列宁的合作化思想也有所区别。

3. 斯大林剥夺了农民的独立人格

斯大林认为:"过渡到全盘集体化的经过并不是表现于基本农民群众简单而和平加入集体农庄,而是表现于农民群众同富农进行斗争","全盘集体化就是消灭富农"①,"通过无产阶级的残酷的阶级斗争来消灭阶级。"②以此为目的,斯大林将内部经济改造性质的集体化升级成为阶级斗争,将农民阶级视为这次斗争的对象。历史证明,苏联在集体化阶段所针对的富农不是苏维埃建立初期列宁引导、改造的对象,而是通过新经济政策和

---

① 《苏联共产党(布)历史简明教程》,人民出版社 1975 年版,第 402 页。
② 斯大林:《论联共(布)党内的右倾》,《斯大林全集》第 12 卷,人民出版社 1955 年版,第 31 页。

劳动富裕起来的普通农民，但苏联仍旧采用了相当残酷的方式，将大量的"富农"和私藏粮食的农民采用没收财产、逮捕和驱逐的方式从肉体上进行消灭，有些地区将斗争对象扩大到不愿意参加集体农庄的中农阶层。据不完全统计，受迫害非正常死亡的人口在 400 万—500 万人左右，他们都集中在苏联边远、荒无人烟的地区。对此，斯大林认为："按照捐献原则实行的粮食收购方法"[1]和"有时候同对富农采取非常措施的办法结合起来是必要的和有意义的。"[2]但对于农民阶层来说，比失去财产更严重的是他们因这次集体化运动失去了享有普通公民身份的权利，因为 20 世纪 30 年代苏联实行的身份证制度，就没有赋予农民享有身份证的权利，也就是说农民无法平等享有普通公民的迁徙、流动，甚至是选举权，以致整个农民阶层都沦为二等公民。

斯大林土地政策所产生的历史经验，对于我国来说有着重要的借鉴意义：

集体农庄最重要的职责是保证国家能够及时地获得粮食，所以在 30 年代的大饥荒中，苏联的国家粮食出口却成增长态势。1928 年全国通过"非常措施"只能收购到 5 亿普特粮食，但在 1933 年集体化完成后，国家通过"义务交售制"反倒收购到 11.3 亿普特商品粮，而支付的购粮款还低于生产成本。这说明集体农庄并不保证农民的生活，这种毫无效率的制度实际上是变相的农奴制，以至于在 50 年代，苏联的农业生产水平还没有达到1913 年的沙俄时代。反观斯大林对农民的态度，他在致肖洛霍夫的回信中将农民和苏维埃政权的关系形容为一场"无声的、殊死的战争"；在他临死前发表的《苏联社会主义经济》一书中，还坚持要扫清商品经济残余，并把集体农庄从集体所有制提升为全民所有制水平。

斯大林推行的集体化在短时间内确实保障了国家工业的发展和整体安

---

① 斯大林：《论联共（布）党内的右倾》，《斯大林全集》第 12 卷，人民出版社 1955 年版，第 78 页。

② 斯大林：《论联共（布）党内的右倾》，《斯大林全集》第 12 卷，人民出版社 1955 年版，第 80 页。

全的需要,正是因为这一点使得新兴的社会主义国家纷纷效仿。但斯大林的集体化运动从理论上讲背离了马克思和列宁主义土地理论:第一,脱离了社会发展的一般规律,企图脱离市场经济、脱离市场机构而将国家经济带回到自给自足的封闭的经济状态中,迫使农民成为政府的集体佃农;第二,在实践当中完全违背了社会主义国家平等、公平的治国理念,通过暴力和行政命令人为造成了公民的等级划分和权利缺失;第三,没有遵循马克思、列宁所坚持的循序渐进、引导的合作制发展理论,采用了一刀切的暴力方式,造成了人民内部、不同阶级之间的矛盾,影响了国家的整体稳定;第四,完全忽略了民主、法制和理论引导的作用,没有如列宁所期盼的通过提高整体认识和文明程度的方式,引导农民自愿加入合作社性质的组织;第五,严重损害了农民的个体利益和个人意志,造成了即便是形式上实现了集体化生产,但实际上成员出工不出力、生产效率极低,加之无法短期内实现农机普及,集体庄园根本就处于亏损状态,根本就无力支持工业建设,也就形成了一个国家经济的恶性循环。

在我国启动经济体制改革以前,由于我国效仿了苏联的发展道路,农业、农村和农民问题恶化根源盖出于此。在经济体制改革启动之后,我国的农村进步、农业发展和农民生活改善都应该归功于农业发展走上了一条遵循客观规律、遵循市场经济和尊重农民意愿的改革道路,但对于实现农业现代化的目标来说,还是远远不够的。因此,下大力气探索农业发展改革的道路,打造新型农业和新型农民是摆在理论工作者面前的重要任务。

三、我国目前土地权利的构建及其特点

我国以农业立国,执政者自古以来就非常重视对农业和农民的管理,我国历史上的朝代更迭都与没能处理好与农业、农民的关系有关。我党是从农村中走出来的政党,从成立伊始就关注着土地问题;我国是典型的大陆法系成文法国家,党在土地权利理论研究上的探索历程都以立法的方式予以实现,这是研究我国农民土地权利的理论起点。

（一）我国农民土地权利理论的立法体系

1.《宪法》对农民土地权利的纲领性规定

《宪法》不但是我国的根本大法，在法律效力上处于最高级，而且还是一部浓缩的国家历史和革命历程，反映了党和国家的领导人对我国政治、经济发展的探索过程，也是我国土地权利相关研究的起点。

《宪法》第九条、第十条确认了国家土地所有的基本制度，明确我国实行国家土地所有权和集体土地所有权，其中第九条规定：矿藏、水流、森林、山岭、草原、荒地、滩涂等自然资源都属于国家所有，即全民所有；由法律规定属于集体所有的森林和山岭、草原、荒地、滩涂除外。第十条规定：城市的土地属于国家所有，农村和城市郊区的土地，除由法律规定属于国家所有以外，属于集体所有；宅基地和自留山、自留地，也属于集体所有。第十条第三款则赋予了国家对任何性质土地的终极处分权：国家为了公共利益的需要，可以依照法律规定对土地实行征收或者征用并给予补偿。在集体劳动者使用土地的权利上，《宪法》第八条给予了明确的保护：参加农村集体经济组织的劳动者，有权在法律规定的范围内经营自留山、自留地。为维护土地权利的合法转让，《宪法》第十条规定：任何组织或者个人不得侵占、买卖或者以其他形式非法转让土地。土地使用权可以依照法律的规定转让。

总体来说，《宪法》通过确认性、义务性及政策性的规定，在总纲中对我国的土地权利结构做了总括性划分，明确规定的所有权形式只有国家所有和集体所有两种；区分了国家土地和集体土地的界限，确认了矿藏、水流和部分森林等资源为国家所有；对土地使用的方式，《宪法》做出了"一切使用土地的组织和个人必须合理地利用土地"的原则性规定；通过1988年的《宪法第二修正案》，明确了土地使用权具有可流转性和财产属性，最重要的是明确了土地所有权和使用权的权利分离理论，为土地用益这一新型物权的构建提供了法律基础，为下位阶法律关于土地权利的立法起到了提纲挈领的作用。

2. 行政法律、法规构建农民土地权利体系

新中国成立后,我国的土地立法工作在《宪法》的框架下,在不同的历史阶段中不断调整,经历了独特的发展轨迹和不同的演变阶段,包含了土地所有权制度、使用权制度、地籍管理、土地征用、保护、开发复垦整理、房地产整理等多个层面,形成了我国土地立法的基本框架。

1986年,我国开始构建以《中华人民共和国土地管理法》为核心的土地管理法律体系,该法是我国土地法律管理的基本法,主要目的是为加强土地管理、解决乱占滥用土地问题;确立了保护耕地和基本农田的土地国策,明确了对耕地进行"一占一补、占补平衡"的保护制度;规定了国土规划、整治和开发的问题,严格控制建设用地规模和"农转非"等;国家建设土地征收制度、土地分类及权属登记、权属纠纷解决办法也在该法中予以体现。作为我国土地管理的核心法律规范,该法根据时代的发展也在土地权利内容上作出相应的调整:1988年,随《宪法修正案》规定了土地使用权可以依法转让的内容;1998年,规定了最为严厉的耕地保护政策,确立了以用途管制为手段的土地管理制度;2004年,土地管理法也在规定上根据《宪法》对土地征收征用制度进行的修改做了相应调整。《土地管理法》的颁布是中国土地法治建设的开端,标志着土地由单纯的行政管理手段向行政、经济、法律等综合措施转变,是土地制度、农村管理制度和土地权利制度改革的风向标。

《农村土地承包法》是土地立法方面的又一重要法律规范。我国农村的土地权利在建国后历经多次变革,在不同阶段政治运动的影响下,土地所有权完成了从农民土地所有权到集体土地所有权的根本转变,但"人民公社化"的生产方式也被"家庭联产承包责任制"所取代。事实证明,家庭联产承包责任制是中国农民的伟大创造,但从1978年开始该制度就一直以政策形式存在,直到1993年的《宪法修正案》才将其正式写入法律。为解决实践中出现的一些问题、稳定承包关系、促进农村市场经济的发展、规范土地流转行为,我国于2002年正式出台了《农村土地承包法》,该法主要规定了集体经济组织成员合法的土地承包经营权,明确了各类土地承包、流转的

方式、权利和义务。通过该法的实施,在我国农业改革的道路上,首次实现了列宁的土地所有权和使用权剥离的理论;为农村生产经营中,以家庭为基础、统分结合的双层经营体制提供了明确的法律规范;以法律的权威,对农民的土地使用权进行了明确和保障;通过尊重农户的市场主体地位,稳定承包合同的法律关系和承包方的基本权利,促进了土地资源的流转,加速了农村土地市场的形成;改造不合理的村规民约,保障妇女的土地权利。

为充实土地管理、使用等法律内容,国务院颁布了《土地管理法实施条例》《中华人民共和国城镇国有土地使用权出让和转让暂行条例》《外商投资成片开发经营土地暂行管理办法》《土地复垦规定》等行政法规,颁布了《土地违法案件处理暂行办法》《出让国有土地使用权审批管理暂行规定》《划拨土地使用权管理暂行办法》《土地登记规则》等行政规章。此外,各省颁布了大量的地方法规、规章,作为中央各项规定的有益补充,构建了相对完备的土地管理体系。

3. 民事法律规范对农民土地权利的相关规定

随着人民公社的消亡,土地被赋予的政治属性被作为生产资料的物的属性所取代。1986 年颁布的《民法通则》在 1982《宪法》的基本制度框架下从土地所有权和使用权两个方面确立了民事土地权利体系——在所有权方面,第七十四条第一款重述了《宪法》关于农村、城市和城市郊区的土地所有权,明确规定集体所有的土地、森林、山岭、草原、荒地和滩涂依法受到保护,其所有权禁止任何组织和个人侵犯。在土地的使用权上,第八十条、第八十一条赋予了集体所有制单位依法使用国有土地、森林、山岭、草原、荒地、滩涂、水面和集体土地的权利,同时明确保护集体土地所有者的土地承包经营权,并保护其收益权,管理权和合理利用的权利。但在集体土地流转的规定上,其第八十一条第四款仍规定:法律规定属于集体所有的林地、山岭、草原、荒地、滩涂不得买卖、出租、抵押或者以其他形式非法转让。2007年施行的《物权法》因被认为是私有财产权保护在 2004 年写入《宪法》以来对公民财产权保护最重要的一项民事法律,而受到社会各界的广泛关注。该法规定了 22 条与农民权利密切相关的条文,设置了 21 条旨在全面保护农民权利的法条,特别是将农民最重要的土地承包经营权和宅基地使用权单独列章以彰显作为物权的法律地位。特别是土地承包经营权被列为物权以后,承包人可以在司法上获得基于物权行使物权请求权、基于承包合同行使违约责任请求权、基于法律规定行使侵权行为请求权或不当得利请求权;增强了农民抵御来自发包方、地方政府和其他组织和个人不正当干涉和侵害承包权利的能力,承包行为结合合同法相关规定共同发挥维系农村土地承包经营关系的作用。具体来讲,在稳定土地承包关系方面,该法第一百二十六条、第一百三十条、第一百三十一条规定了耕地、草地、林地的具体承包期限,特别强调在承包期限内发包人不得调整承包地、不得收回承包地,如确需调整按相应法律法规办理,这就给农民提供了足够长且稳定的承包期。

在征地补偿方面,《物权法》第四十二条第一款规定:"为了公共利益的需要,按照法律规定的权限和程序可以征收集体所有的土地和单位、个人的房屋及其他不动产",第四十二条第二款规定:"征收集体所有的土地,应当依法足额支付土地补偿费、安置补助费、地上附着物和青苗的补偿费等费用,安排被征地农民的社会保障费用,保障被征地农民的生活,维护被征地农民的合法权益"。这两条表明了国家对农地保护的决心和对被征农户相关权利的保护,使征地和补偿行为都有章可循,特别是第四十二条第三款还规定:"任何单位和个人不得贪污、挪用、私分、截留、拖欠征收补偿费等费用。"并明确指出,违反规定的要依法承担法律责任。

在维护农民成员权和集体利益的规定上,该法第五十九条规定:"农民集体所有的不动产和动产,属于本集体成员集体所有。下列事项应当依照法定程序经本集体成员决定:(一)土地承包方案以及将土地发包给本集体以外的单位或者个人承包;(二)个别土地承包经营权人之间承包地的调整;(三)土地补偿费等费用的使用、分配办法;(四)集体出资的企业的所有权变动等事项;(五)法律规定的其他事项。"由于物权确立了农民在农民集体中的成员权,个体农民便有了根据所有享有的成员权维护合法权益的有效渠道。在集体利益和个人利益相冲突的时候,《物权法》给予农民维护自身利益的权利,第六十三条第二款规定:"集体经济组织、村民委员会或者其负责人作出的决定侵害集体成员合法权益的,受侵害的集体成员可以请求人民法院予以撤销。"这是对少数以权谋私、借集体之名损害个体利益的集体管理人员滥用权利的限制,同时赋予了集体土地成员以个人名义就侵犯集体权益向人民法院提起诉讼的资格。

《民法通则》《物权法》和《合同法》的配合实施,确保了农地的集体所有权,明确了承包人和发包人各自的权利义务,维护了承包关系,最终给农业生产提供了一个安定的外部环境和法律保护,可以说在推动农业改革和农民土地权利的维护上起到了重要的作用。但上述法律并不是完美的,比如《民法通则》和《物权法》规定了农地所有的主体为"农民集体"、征地的基本前提条件为"公共利益"等核心概念,但并没有对这些概念进行细化,以至于在应用当中引起诸多歧义,反而为法律运行带来了障碍。尽管法律还需进一步研究改进,但赋予农民土地权利充分保护的观念通过民事立法得到了增强。

4. 对农民土地权利的终极立法保护——刑法规范

之所以说《刑法》是对农民土地权利的终极保护,是因为刑法对法律规定的所有权利的保护都是终极的——违反其他法律规范的结果可能承担民事、行政责任,而违反刑事立法的责任所带来的后果是最为严重的刑事责任,可以剥夺人身自由甚至是生命。我国刑事立法将非法占用农用地,非法批准征用、占用土地及非法低价出让国有土地使用权等三项行为视为犯罪,是因为这三种犯罪行为都对国家的农地安全、征地规范及国有土地的保护造成了巨大的危害,用民事和行政立法追责已不足以达到震慑和预防犯罪的效果;也从另一个角度反映了国家在保障农地、规范征用行为上的决心。

(二)影响我国农民土地权利体系形成的因素

1. 国家发展的历史过程

自我国历史上出现国家形态以来,中央集权的观念就已深刻植入当政者的理念。所谓"普天之下莫非王土,率土之滨莫非王臣"就是强调一切为国家所有的最高所有权,不管历经朝代变化还是政权更迭,至高无上的皇权永远对天下的土地拥有着最终处分的权力。虽然历史上经常出现"官田"与"民田"并存的情况,但和今天民法所讲的所有权理论相去甚远——中国古代所有权的本质是涵盖中国古代国家土地所有权与古代私人土地所有权这两个概念的复合概念,"国有"与"私有"并没有绝对的界限,在复杂的社会形势中互相变化、交织。因此,无论所有者是皇室贵胄、地方豪强还是普通百姓,只要最高统治者的意志下达,私人所有者失去土地权利的命运是无法改变的。各朝各代所推行的土地制度,本质都是更适应本国农业阶段性发展和维护社会安定的一种生产资料分配制度,是寻求推动农业发展的一种尝试,并没有动摇基本的土地为国家所有的理念。我国的中央集权的政权模式和权力至上的理念是如此根深蒂固,以至于在整个封建时期,农民都只能是为统治阶级进行农业生产的工具。

由于效法西方,在半殖民地半封建时期,交替登台的南京临时政府、北洋政府、广州武汉国民政府和南京国民政府等政权的土地立法,都承认了土地私人所有权,也涉及了动用国家权力为无地、少地的贫苦农民分配土地的内容。特别是《中华民国宪法》《中华民国民法》和1936年《土地法》都明确规定了保护私人所有权,但也都保留了中央政府对土地的管理权。但我国从来不具备土地完全私有化的土壤,中央权力一直是主导土地权利发展变化的根本;我国也未将土地完全统一于国有的单纯形态,国家往往在许可的范围内通过鼓励有限度的土地私有来推进农业的发展。因此,我国农业发展的历史就决定了我国的土地所有权只能是"公有"和"私有"的并存,不可能由一种所有权完全主导。

2. 传统的小农经济意识和生活方式

在漫长的封建时代,在我国这样一个以农业立国、以家庭为生产单位的传统国家内,极具封建性质的、自给自足的小农经济发展得十分充分,自春秋时期商鞅"坏井田、开阡陌"始,农业生产便以农户家庭为主导。通过占有土地,农民可以获得大部分的生活资料,只要通过辛勤劳动就能从土地上获得财富,而且无论王朝如何变化,土地都是不会消亡的,是可传于后世而永恒存在的,是能养活自己的最终保证。因此,占有属于自己的土地成为农民阶级天经地义的想法。作为处于统治地位的地主阶级,也因传统的"重农抑商"政策而没有将多余资本投入到流通领域的想法,还是通过买宅置地的方式囤积财富,这是封建社会小农经济的典型特征。占有土地便是占有财富的想法一直延续到今天——现在大部分农民保留着祖上传下来的"祖宗地",而城市居民的首选则是购房,土地(房产)就这样作为财富的承载方式不断传承。传统的经济方式和思维方式就决定了我国农民不可能轻易放弃土地而如资本主义国家农民一样成为产业工人,也就是说农民对土地私有理念将长期存在。

3. 意识形态和社会形势的共同选择

我国是人民民主专政的社会主义国家,党的最高理想和政治目标是实现共产主义。作为马克思主义政党,中国共产党初期将在全国范围内实现土地公有化视为经济发展的主要方式,所以在社会主义改造阶段,我国即开始引导农民加入合作社。但因朝鲜战争爆发及国内粮食危机,我国效仿苏联走上了快速集体化、优先发展重工业的道路,人民公社取代了合作社经济,所有的农业土地都转变为国家所有,但经济发展受到了影响。在农业最困难时期,农民的承包实践挽救了国家经济,农地再次回归"私有",而这种私有不是个体所有,而是农民作为一个阶级对农地的所有。这一光辉的历史已浓缩记录在我国的《宪法》中。

(三)我国农民土地权利呈现出的特点

1. 反映了国家与农民的相互关系

国家与农民关系的核心就是土地问题,土地问题的核心就是土地的所有和利益的分配,农民土地权利的状况是国家与农民关系的晴雨表。长期以来,国家政权与农民权利的平衡,就是依靠国家对土地权利的划分和调整来维系的。

阶级解放阶段,为夺取政权、巩固新生政权、解放劳动阶级,中国共产党发动土地改革摧毁了封建地主所有制,建立了农民土地所有制,满足了千百年来农民"耕者有其田"的基本诉求;作为对新生政权的支持,农民阶级承担了几乎全部的军需供给并支援了大批兵源,有力地支持我党我军夺取国家政权。在这一阶段,农民在经济上分得了土地,在政治上翻身做了主人,在文化上获得了话语权,在情感上有了依托。原压迫剥削农民的反动地主及官僚资本家,被作为一个阶级整体消灭了,而农民则作为一个阶级和工人阶级结成了巩固的政权同盟,翻身成了国家的主人。新生政权领导的土地革命是一场剧烈的社会变迁,通过自上而下的方向在有组织、有秩序地对原有秩序"破旧立新":在农村中构建了以农会为主体的农村基层组织,改变了农村的政治结构和格局;建立了农民自治组织,改组了基层政权,稳固了国家和农民的政治联系;吸收了先进的农民阶级成员加入共产党,扩大了党的基层组织力量;通过宣传党的基本政策、维护农民的基本权利、对农民所受的迫害进行补偿等方式,加强了工农联盟的凝聚力。正是土地改革的伟大社会实践,将国家与农民紧密联系在一起,而这一阶段也是国家和农民关系的"第一次蜜月期"。

改造"磨合期"——在社会主义探索、改造和发展阶段,由于农民阶级的小生产模式不断造成的贫富分化,使原本均衡的农村社会结构出现了变动。我党的领导者认为通过土地买卖富裕起来的中农有资本主义发展的倾向,农业的土地私有和小农经营方式与社会主义改造的要求格格不入,失地的农民进入城市带来了社会结构稳定的隐患,确保工农业化、城市化的发展战略对农村稳定和农业生产提出了较高的要求。在这种历史背景下,党中央开始引导农民走合作化的道路。但合作化在快速推进的过程中,一方面没有遵循马克思、列宁关于引导进入合作社的理论,另一方面没有顾及农民的感受并造成了农民对合作社的抵触和消极的反抗,这触动了新生政权关于阶级斗争尚在的敏感神经。中央认为,要彻底铲除农村中的资本主义毒瘤、保证向工业提供稳定的生产资料、确保对农民的控制,只能采取集中程度更高的人民公社体制。人民公社的推行对农民来说不仅是对富裕中农的"阶级斗争",更是土地私人所有权的彻底丧失,这是一个所有权强制剥离的过程,其中执政党暗含的逻辑就是:"土地获得并不是农民从市场中购买的,那么土地的失去就无须遵循市场的平等规则;土地既然是国家通过土地改革分给农民的,那么国家就有权利用政治手段随时从农民手中收回。"①
这一阶段,农民的核心权利——土地权利被完全剥夺;同时还失去了将农副
产品进入市场流通的权利,失去了人身流动的权利,失去了政治上的自主管
理的权利;在政治地位上沦为被管理、被改造的对象,无论在政治、经济还是
文化上,都被迫依附于国家意志。人民公社运动最后的结果是破坏了农业
生产,影响了农村社会的稳定,甚至是大量农村人口的非正常死亡。国家与
农民关系在多领域的不和谐,再次刺激了农民用自己的方式寻求制度突破。

第二次"蜜月期"——国家对安徽凤阳县小岗村的"分田单干"的"自
救"行为采取的态度经历了"否定—逐渐肯定—完全肯定—全面推广"的过
程,土地政策的演变深刻反映了国家与农民之间的利益博弈。改革开放之
后,中央工作的核心再次回归经济建设,给予了农民自发创造和国家提升推
广相结合的最佳机遇——邓小平说:"农村搞家庭联产承包,这个发明是农
民的。农村改革的好多东西,都是基层创造出来的,我们把它拿来加个提高
作为全国的指导。"②家庭联产承包责任制虽仍具有强烈的国家公权属性,
但重新构建了国家、集体和农民之间的生产关系,让农民获得了土地使用
权、经营权、有限制的人身流动和职业选择权、集体自治权等基本公民权利,
另外享有国家政策和财政的积极支持,农业生产处于积极的恢复阶段,农民
生活水平提高、农村社会稳定,国家和农民的关系进入了新的稳定发展
阶段。

"城乡二元"社会结构的偏差、集体土地私权属性的欠缺等主要问题还
没能得以解决。特别是20世纪90年代地方各级政府权力和资本合谋的征
地活动威胁着农民生存的底线,导致国家和农民的关系在征地领域异常
紧张。

2.土地权利体现出时代性特征

农民的土地权利,从无到有,从单一到多样,从单纯的所有权发展到所

① 陈世伟、尤琳:《国家与农民的关系:基于执政党土地政策变迁的历史考察》,《社会主
义研究》2012年第4期。

② 《邓小平文选》第3卷,人民出版社1993年版,第382页。

有权、土地承包权和宅基地使用权等权利并存,都经历了时代的不同和法制理念的发展,这说明土地权利是一项处于不断发展变化的权利,是具有鲜明时代特征的权利。

以土地承包权为例,1980年9月中共中央下发了《关于进一步加强和完善农业生产责任制的几个问题》的通知,只允许土地承包到户,不准买卖土地,也就是说土地使用权也是不准许转让的。中央于1984年发布的1号文件规定了土地承包期一般应在15年以上。1993年4月,八届全国人大将"家庭承包经营"明确写入《宪法》,将家庭联产承包责任制和统分结合双层经营体制,确立为我国农村基本制度。1998年10月召开的十五届三中全会,将农民的土地承包期在原基础上再延长30年,同时去掉了以前的"联产"限制,将农村土地制度正式确定为以家庭承包经营为基础、统分结合的双层经营体制。2003年10月中共十六届三中全会召开并通过的《中共中央关于完善社会主义市场经济体制若干问题的决定》,提出:"要长期稳定并不断完善以家庭承包经营为基础、统分结合的双层经营体制,依法保障农民对土地承包经营的各项权利;要完善土地流转办法,确保农户可依法、自愿、有偿流转土地承包经营权;要改革征地制度,完善征地程序",较之前最大的改变是提出土地承包经营权的依法、自愿和有偿流转。十七届三中全会进一步明确提出:"要加强土地承包经营权流转管理和服务,建立健全土地承包经营权流转市场,按照依法自愿有偿原则,允许农民以转包、出租、互换、转让、股份合作等形式流转土地承包经营权,发展多种形式的适度规模经营。"可见,从无到有、从期限较短到不断延长、从不能转让到科学流转、从家庭经营到适度规模经营,土地承包权都在随着时代的发展而发展。

作为保障农民基本生活权利的宅基地使用权也经历着不断的变化。1962年通过的《农村人民公社条例修正草案》赋予了生产队在单位范围内的土地所有权、规划管理权、宅基地使用权设立的规划审批权,剥夺了社员宅基地租赁或买卖权。1963年,中央下达《关于社员宅基地问题做一些补充通知》,对宅基地使用权的内容、设立、流转等问题作了翔实的规定,特别强调对宅基地使用权流转的保护,但赋予了社员买卖房屋或租赁房屋的权利,承载着房屋的宅基地随之移转使用权,宅基地的所有权仍旧归集体所有。该《通知》是我国宅基地使用权形成过程中的具有里程碑意义的文件,标志着我国宅基地使用权制度真正形成,特别是其确定的"地随房走"的原则在当时的历史条件下具有突破性意义,深刻影响了我国未来房地关系的物权立法。

3. 当今的土地权利仍具有身份权特征

身份是自然人在私人关系或者社会关系中,与生俱来或后天获得的处于其关系中的资格或地位,身份性权利是指民事主体基于某种特定的身份而享有的民事权利。在我国,农民基于特定身份而享有与市民有别的土地权利,是从1958年的《户口登记条例》明确城镇与农村人口在户籍上的法定隔离开始的;1963年公安部将是否吃国家计划供应的商品粮作为户口划分为"农业户口"和"非农业户口"的依据,从此将城市和农村人口划分为截然不同的两个社会群体。

从农民土地权利上来看,享受土地权利的主体为农民集体,就直接排除了城市居民享有土地权利的资格;从农民权利的客体上看,国有土地与集体土地有着明确的区分,城市居民无权使用集体土地。在土地承包权上,只有作为集体成员的农民才能承包本集体范围内的土地进行生产耕作,而非集体成员只享有集体土地以外的"四荒"地的承包权;从宅基地使用权上看,法律明确规定只有集体成员才能使用宅基地,且不能转让给集体以外的成员,因此城市居民无权占有宅基地。在土地经营、增值收益及非农业使用上,这些权利也都是法律明确赋予农民的。

四、土地权利的本质及核心地位

土地权利在不同国家、不同时期、不同阶段都具有鲜明的特点和个性,但土地权利的本质却体现出强烈的共性,并在各国的权利体系中居于重要地位。因此,研究土地权利就必须通过纷繁复杂的表象,分析其内在的本质。

(一)土地权利的本质

1. 土地权利是代表不同利益的阶级相互博弈的产物

马克思主义法学家认为权利是以相对自由的作为或不作为的方式获得利益的一种手段,权利的行使和实现主要在于权利主体的个人意志的体现;而意志是为了达到某种目的而产生的自觉的心理状态和心理过程,是支配和影响他人行为或者思想的精神状态。当这种意志通过国家机关以一定的方式制定为法律、法规等规范性文件,其本质即上升为国家意志,也就是法。

从本质上讲,法是占据国家统治地位的阶级整体意志的反映。因此,一国的土地权利主要是由统治阶级的意志决定的。为了稳定统治、维护社会平衡和经济发展,统治阶级往往会适当将部分利益和权利让渡给被统治阶级;被统治阶级的意志和建议也会因有利于统治而被适当考虑。经过反复的交锋和博弈,最终在两个阶级之间寻找到的平衡点便作为权利被确认下来。土地权利也是遵循这样的规律。纵观古今,土地权利一直都是在国家和民众之间被反复争夺的焦点,从英国的"圈地运动"到法国的《拿破仑法典》,从美国的"西部拓荒"到德国的《德国民法典》,从日本的《农地法》到苏俄的"余粮收集制"和新经济政策,所有对土地权利的争夺都是为了维护本阶层利益的需要和稳定国家统治的需要。土地权利本身并不固定属于某个阶级,国家合理享有土地权利可以主导整个社会的经济发展和规划,人民享有相应的土地权利也有助于推动自身发展。因此,对土地权利的适度分配既是制定一个国家合理的土地政策的基础,也反映一个国家发展的基本方向。

2. 土地权利是由当时的生产力和生产关系决定的

社会物质生活条件是指人类生存相关的地理环境、人口和物质资料的生产方式。其中物质生活资料的生产方式是决定性的内容,生产方式是生产力与生产关系的对立统一,生产力代表人和自然界的关系,生产关系代表生产过程中发生的人与人之间的关系。

土地权利不但反映出人与人因对土地的利用而发生的相互关系,而且根据生产力决定生产关系原理,土地权利也反映着社会生产力的变化——英国由于较早产生资本主义萌芽,因此小块的封建领主土地所有制就制约了资本主义经济的发展,就必须要通过类似"圈地运动"这样的方式来打破封建势力对土地的占有模式;法、德地处欧洲大陆,由于资本主义发展不够充分,所以在相当长的时期内一直保持着土地私人所有制,导致资本主义的发展较英国略有延后;美、日本身起步较晚,但为了尽快赶上老牌资本主义国家的步伐,直接采取了改良或全部移植的办法,自上而下改革生产关系;最明显的就是列宁时期苏俄土地权利的变动,在革命之前沙俄的土地是由地主占有的,这符合当时俄国的封建制生产关系,在革命之后列宁采用均分土地和引导开展合作社的方式重新构建了无产阶级的土地权利,促进了国家的农业发展并在严酷的革命战争中巩固了国家政权。因此,任何国家土地权利的变化都受制于其生产力的发展情况,反映着当时国家的生产关系,也勾勒着国家未来的发展方向。

　　3.土地权利是一国综合特性的反映

　　一国的政治发展情况、立法水平、历史文化、人民习惯、政权建立,甚至是执政党的执政理念,交织构成了该国的综合特性,也深刻影响着土地权利的分配情况——如英法两国在封建时期的发展情况十分相似,但在向资本主义迈进的过程中,由于法国人特有的浪漫、容易满足和对私有土地特别珍视的性格,就导致了私人土地所有权和小农经济的盛行;而英国由于王权强大并支持了资本主义的发展,就早于法国摆脱了小农经济和小土地所有制,这是典型的由于历史习惯和人民性格造成的土地权利的差异。在普鲁士统一德国后,原多个邦国对土地权利的规定或多或少影响了《德国土地法》的制定:美国作为一个相对最纯粹的资本主义国家,全盘接受了英国土地私有的理念,加之国土辽阔,土地立法自然与德国相异。新兴国家和社会主义国家,一般采用了土地国家所有、人民占有使用权的办法,这和国家政权的建立过程和执政党的执政理念是分不开的——社会主义政党将全体人民共同富裕作为初级目标,将实现共产主义作为终极目标,因此主张作为最重要的土地资源必须公有化,这与主张土地私有化的资本主义政党形成了鲜明的差别。

土地权利本身没有"姓资姓社"之分,它是一国历史与现实、主观与客观的真实反映;判断一个国家的土地权利体系是否先进,唯一标准就是看它能不能促进国家经济发展和农业进步,是不是提高了人民,特别是农业劳动者的生活水平。因此,只有寻找到符合本国发展方式的土地权利分配模式才是促进国家经济、农业发展的根本。

综上所述,土地权利并不是一项单纯的权利,也不能够从经济、政治和法律等某一个角度进行简单的定义。一方面,土地权利反映国家的政治特性,所体现出来的是国家的政治体制及国家对待农业和农民的态度;另一方面,土地权利包含着多种实体权,如所有权、使用权、地役权等,反映着社会经济的发展水平;随着社会权利研究的崛起,土地权利还反映着一个国家基本人权的状况。所以说,对于农民主体而言,土地权利应被理解为含有多种权利的权利束,是在一国经济发展水平的基础上,反映着本国的阶级情况与综合特性的各种与土地的所有、使用和收益等行为相关的权利的集合体。

(二)土地权利呈现出的一般特点

1. 土地权利体现出鲜明的时代性特征

作为上层建筑的一个部分,土地权利的产生、演变和发展是和时代的变化分不开的。在原始社会的狩猎时代,由于土地耕作技术没有成为人类生存的技能,稀少的人口也不用为占有土地居住而发愁,土地在那个原始的时代根本就不被人类重视;由于生产力低下和原始的共有制度,没有人有私人财产,也就更谈不上对于土地的权利。因此,私有财产的出现才是土地成为有价值的物,并产生相应土地权利的开始。历经奴隶、封建社会的发展,人口的膨胀、农耕技术及定居的出现,土地的价值才被人们重视,特别是占有土地成为大多数封建领主拥有财富的象征;进入到资本主义社会,马克思发现并阐述了地租理论,才揭示了土地进入生产领域并作为生产要素的新身份;社会主义国家有别于资本主义国家的土地权利又改变了关于土地的生产方式,也彰显着不同的国家性质。土地是一直不变的,但是附着在土地上的权利及其涵义却随着生产力的变化而呈现出鲜明的时代特征。

2. 土地权利是一国社会制度确立的综合反映

作为财富的基础、发展的基石，每个国家都将土地视为做大的财富，土地被视为终极的国家利益。为了获取财富、保卫国家安全及政治稳定，一国的社会制度就是围绕土地问题而展开的。通过对土地所有权划分、占有方式、使用方式及收益的处分，就能明确区分不同国家的政治制度和经济政策。一般来说，西方资本主义国家通常以土地私人所有为主，较为重视土地在经济领域发挥的作用；社会主义国家一般采用土地公有制，将所有权收回国家，但将使用权赋予农业生产主体，土地在社会生活中反映的政治属性和保障作用相对明显。

3. 土地权利的内容呈现多样性

土地权利的具体种类因研究角度、权利内容、制度价值等不同而呈现出不同的内容——从权利主体的角度划分，土地权利一般因所有主体不同而分为土地国家所有权和土地公民所有权，我国法律特别规定农民集体作为一个特殊主体享有农村土地的所有权；从政权政体角度看，社会主义国家一般实行国家土地所有权，资本主义国家一般实行私人土地所有权；从实体性权利角度，土地权利包含所有权、使用权、承包权、经营权、收益权、地役权、出租权等一系列与土地紧密相关的权利；在政府行政管理角度，土地权利还包括土地规划权、监督权、审批权等；伴随着科技的进步和人们利用土地能力的提升，如何调整人类对土地的立体利用而生产的法律关系已经成为立法者必须解决的问题，空间权法律制度应运而生；从社会学的角度分析，土地权利的分配与农业生产者的权益是紧密相连的，土地权利即是农民的生存权、发展权的体现等等。

4. 土地权利是一项处于不断发展中的权利

土地权利的原始形态可以上溯至古代《罗马法》的土地所有权，这是一种排他的绝对性权利。在这种立法理念影响下，法国、德国、日本等大陆法系国家的土地立法都坚持了土地所有权绝对性的立法精神，不但沿袭了《古罗马法》土地所有权理念和制度设计，而且强调个人所有权的绝对性，如美国的《人权宣言》第 17 条规定："所有权为神圣不可侵犯之权利,非显然基于法律,为公共之必要,并在给付正当补偿条件下,任何人均不得侵夺。"《法国民法典》立法精神完全继承了《人权宣言》的基本理念,其第 544 条规定:所有权是对于物有绝对无限制地使用、收益及处分的权利。进入 20 世纪,由于《古罗马法》绝对性立法的理念严重阻碍了土地的利用,各国开始研究对土地权利的必要限制:1855 年法国通过判例的方式确立了土地所有权社会化理念;德国学者耶林也提出了所有权行使目的应为社会利益,而不应当仅为个人利益的观点,主张对所有权应当进行必要的限制,并被规定于德国《魏玛宪法》第 153 条第 3 款,即所有权负有义务,行使所有权必须有益于社会福利。土地权利的绝对性从立法内容上得以终结。

土地权利发展的另一个表现在于其权利特性由静态向动态发展。二战之后城市化进程加快,人地矛盾更为突出,面对土地利用的多元化问题,用"禁止权利滥用"和"公共福利理论"来解决问题显然是不合时宜的。为解决土地权利的动态保护问题,英美法学家创设了土地发展权这一崭新的权利。该权利的核心在于土地变更使用类别的最终权利归属于国家所有,私有土地只能保持原使用类别的占有、使用、收益和处分的权利,私有土地所有人或其他任何人如想变更土地的使用类别,在实行开发之前,必须先向政府购买发展权(土地发展权)。① 发展土地或者说改变土地的用途,就成了一种可以与土地原所有权相分离的权利,改变了 20 世纪前土地权利只限于静态设置的传统,丰富了土地权利体系的内容,提升了人们解决土地问题的能力。尽管我国还没有设置这一权利,但有相当多的学者已经开始撰文论述其立法的必要性,可见土地权利是随着整个社会的发展不断变化的。

(三)土地权利是我国农民的基础性权利

1. 保护农民的土地权利是实现农民政治权利的基础

土地作为财产之母的特性自私有财产出现时起就被人们所重视。历经

---

① 柴强:《各国(地区)制度与政策》,北京经济学院出版社 1993 年版,第 107 页。

奴隶、封建时代，凡是不享有土地所有权的劳动者，都不被视为具有独立的人格，无论是奴隶时代的奴隶，还是封建时代的雇农，他们虽然耕作着土地，但只能被视为土地上为奴隶主和领主进行农业生产的工具。既然是工具，当然在政治上就没有任何地位，难以摆脱受压迫受剥削的命运。而小土地所有者虽然生活也非常艰辛，但他们就因为合法拥有一小块土地，还能够保持人格的相对独立。在社会主义国家苏联也出现过农民丧失土地进而丧失人格独立和政治自由的情况，斯大林就是通过国家暴力剥夺了农民的土地，并结合身份证制度控制农民人身自由的方式，将农民视为二等公民和农业生产的工具，而反抗者都采用非法的方式予以流放和处决，成为社会主义国家制度的逆流。

我国在特殊的历史时期效法苏联，在一定的特殊历史条件下也剥夺过农民的土地权利，这是造成今天城乡矛盾、二元社会制度和"三农"问题的一个重要因素。但由于我国及时调整了农业政策，通过农地集体所有制将土地权利归还农民，农民才有了成为平等公民的基础。所以说，土地是农民的命根子，是其人格独立和阶级独立的基础。

2. 实现农民的土地权利是促进农民生存、发展的保障

土地是养育人类和孕育人类文明最重要的物质。在我国，很长时间以来农民的主要经济收入或者说是全部经济收入都是通过经营土地而获得的，在改革开放以后，外出打工和经营副业才成为农民增加经济收入的其他方式，但农民仍旧不会放弃从土地中汲取财富，因为这是最安定的方式，是他们最后不可被剥夺的职业收入保障。

我国农民同时还享有一项最重要的保障性权利，就是宅基地使用权。农民可以在规定的范围内免费使用宅基地，农村家庭对立分户后还可以根据国家规定申请新的宅基地。目前我国城市房地产发展迅速，由于多重原因导致房价居高不下，城市居民都面临没钱买房的尴尬境地，而相比于农民来说，能拥有免费使用的土地，而且是城市居民不能购买的土地，显然是一项重要的生活保障。

3. 土地是农民阶层再发展的基础

除了耕种土地以外,集体投资企业也是农民发展的重要来源,或是集体独资,或是合伙投资,或是以土地入股等多种方式,不但能够将闲置用地加以利用,还能为农民增产增收,最重要的是能够为新一代年轻农民提供学习技术的工作岗位。由于经济发展较慢,农民无法获得同城市居民一样的受教育机会,也就没法在城市公平竞争工作岗位。利用土地开展多种经营,更重要的是培养有一技之长的新兴农民,既为国家提供了技术工人,也为农民阶层的转型发展提供了机会。

因此,土地权利对于农民来说,是最重要的权利。

第二章

新中国成立前后土地权利的演变过程

　　土地资源是国家最为珍视的自然资源,因为一国全部的财富都建立在土地之上,没有国土的国家是不存在的。对于农民来说,能够保持自由支配的土地和相应的权利则更加珍贵,这是世代劳作在土地上的卑微的农民阶级,敢于反抗当时的统治阶级并参与国家政权更迭的最大动力,也就是说土地政策制定的优劣是政权和农民关系的晴雨表,反映出国家和农民在政治上的互动关系。在新中国成立之前,社会斗争的核心焦点在于对土地所有权的控制和争夺,也就是对财富的争夺。由于资本主义生产关系在我国发展得极不充分,且农民对土地的人身依附关系非常强烈,因此土地权利不存在权能的分离,土地的占有、使用、收益和处分权都是随着土地所有权的变动而变动,农民仅被视为参与农业生产的活的工具。进入到半殖民地半封建社会阶段,土地兼并程度提升,社会矛盾更加突出,虽然资本主义生产关系有所发展,民族工业和城市手工业吸纳了少部分劳动力,但仍旧不能改变农民丧失土地的悲惨境地。只有新中国成立之后,随着新民主主义革命、社会主义改造的相继完成,社会经济发展有所进步并在真正意义上解除了农民在土地上的人身依附关系,才能真正实现土地权利的分离,也才能产生新型的人地关系。中国共产党在成立之初即明确了党的纲领和目标,并在近百年来一直为之奋斗着;在实现共产主义这一崇高目标的指引下,中国共产党土地政策的制定是有的放矢的,其发展演变历程既是一代代党和国家领导人经过不断摸索而获得的宝贵历史经验,又是我国今天农业、农民和农村政策最重要的理论来源。因此,只有详细分析中国共产党土地政策和农民权利的交互发展历史,才能保持政策的延续性和社会的稳定性,坚定科研的基本方向,维护国家和农民之间的政治情感和血肉联系。

一、新中国成立前不同政权的土地政策

国民党时期,孙中山和蒋介石秉承着不同的土地制度理念,以国共合作为界分别影响着当时的中国;共产党针对不同的历史阶段在解放区内也践行着自己的土地政策,双方都在探索夺取政权的道路。回顾这段历程,革命先行者孙中山的土地思想对党早期土地政策的制定起到了重要的影响,尽管国民党没有真正实行过孙中山"平均地权"的思想,但其思想的精髓融入到了中国共产党在根据地和解放区的土地政策中,为中国共产党成功动员大量渴望解放的农民和相应的土地资源,为夺取国家政权奠定了坚实的基础。

(一)孙中山提出的土地政策主张

中国农村的破败和农民生活的艰辛给探寻革命道路的孙中山先生以极为深刻的印象,土地高度兼并和农民流离失所,促使他投入更多精力思考土地制度的改革。但由于革命的复杂性和紧迫性,孙中山改造土地的政策主张始终没能真正实现,其理论精神和当时的社会历史条件尚不契合、内容阐述不够详细,加之孙中山逝世后国民党遑论其政治目标,孙中山的土地政策只能成为其政治理想主张的一部分,而无法成为一党坚持的政策。孙中山的土地政策也揭示了其革命思想的变化过程,以1924年国民党改组为节点,之前为"平均地权",之后演变并细化为"耕者有其田"。

1. 平均地权

孙中山平均地权的思想基础来源于他在广州起义失败后对西方诸国社会情况的考察,结合当时的国情,他敏锐地提出"恒以我国古今之社会问题及土地问题为资料"①,即他认为我国的土地问题是诸多社会问题中较为重要的根源性问题,并将此视为社会改革的突破口。孙中山第一次有文字记载正式提出"平均地权"的观点,是在1903年的东京青山军事训练班上,他将"驱除鞑虏、恢复中华、创立民国、平均地权"②作为训练班的誓词;1905年11月,孙中山提出"民族、民权、民生"三大主义,其中平均地权就是民生主义思想的体现。他在1906年对该思想进行了首次详细阐述:"文明之福祉,国民平等以享之。当改良社会经济组织,核定天下地价。其现有之地价,仍属原主所有;其革命后社会改良进步之增价,则归于国家,为国民所共享。肇造社会的国家,俾家给人足,四海之内无一夫不获其所。"③在《中国国民党第一次全国代表大会宣言》中,孙中山对平均地权再次做出了权威论述:"私人所有土地,由地主估价呈报政府,国家就价征税,并于必要时依报价收买之。"④可见,平均地权对于孙中山而言还仅是实现国家建设方略的途径或内容,而不是解决革命问题的手段,所以他并没有设计"平均地权"的具体措施;不但如此,在新民主主义革命过程中,孙中山始终将土地问题作为阻碍中国资本主义发展和社会普遍问题的障碍,而没有将土地政策作为发动农民阶级的手段;孙中山平均地权的前提条件是改土地私有为国家公有,这与农民阶级的传统思想相背离,在农民连温饱都不能解决的情况下,自然不可能支持他的这种空想。

总体来讲,平均地权的主张在当时是不合时宜而必将失败的:首先,平均地权的提出并不符合特定的历史情况。虽然孙中山已经意识到平均地权对维护民生和解决社会问题的巨大作用,且其革命的最终目的就是要实现"三民主义",但其主张恰逢乱世,军阀根本无暇在夺取财富和土地混战中顾及民生和土地问题;农民还没有被任何思想和学说组织起来而成为左右

---

① 冯自由:《革命逸史(第2集)》,中华书局1981年版,第5—6页。
② 《孙中山全集》第1卷,中华书局1981年版,第224页。
③ 孙中山:《中国同盟会革命方略》,《孙中山全集》第1卷,中华书局1981年版,第297页。
④ 孙中山:《中国国民党第一次全国代表大会宣言》,《孙中山全集》第9卷,中华书局1986年版,第120页。

历史进程的力量,没有国家政权支持的土地改革也就成了无水之源。其次,平均地权没有适当的社会条件。新中国成立之前,土地分配方式始终在"兼并——革命——平均"的历史循环中往复,而能够开启或终结这循环模式的往往是一个新兴政权的登台。孙中山平均地权的主张需要动用国家机器甚至是暴力机关对土地进行重新分配,这其中必然要与利益集团发生冲突,否则指望利益集团自动让出土地是不可能的;但当时的中国群雄并立,国家只是军阀朝令夕改的代号,完全不具备平均地权的能力。最后,孙中山关于平均地权的措施不切实际。他认为:"欲求生产分配之平均,亦必先将土地收回公有,而后始可谋社会永远之幸福也。"①可见,他的想法是先以收回土地国有为前提,但当时任何一方军阀都是将土地作为牟私利的工具,在国之不国时又谈何国有;孙中山在革命中所倚重的力量是军阀间的平衡与支持,对农民的力量也没有深刻认识,所以其主张不具有可实现性。但孙中山的思想并不是没有价值,其对共产党人对社会局势的认识起到了启发作用,正如毛泽东所说:"一切革命者须知:国民革命需要一个大的农村变动,辛亥革命没有这个变动,所以失败了。"②

2. 耕者有其田

孙中山在经历过多次革命的失败和目睹中国农村的悲惨和破败之后,终于意识到"今日革命事业并未成功,想革命成功,当先解决土地问题。"③他首先从苏联革命的成功中认识到土地革命成功的手段是耕者有其田。因此,在共产党的协助下,孙中山接受了苏俄的土地改革模式,试图通过建立农民运动讲习所,将动员农民视为革命成功的重要力量。这次思想的转变,对孙中山的资产阶级革命和中国农民的命运都有着重要的影响,说明农民在社会巨大变革中所体现出来的阶级力量正被逐渐认识。虽然孙中山因其阶级局限性最终没有发动广泛的农民运动,但其思想的光辉部分被中国共产党人继承并发扬,且在新中国得以实现。

---

① 《孙中山全集》第2卷,中华书局1981年版,第514页。
② 《毛泽东选集》第1卷,人民出版社1991年版,第16页。
③ 《孙中山全集》第5卷,中华书局1985年版,第479页。

孙中山在 1924 年 8 月正式提出"推翻一般大地主,把全国的田土都分到一般农民,让耕者有其田"①;"至于将来民生主义真是达到目的,农民问题真是完全解决,是要'耕者有其田',那才算是我们对于农民问题的最终结果。"② 21 日,孙中山再次强调:"我们现在革命,要仿效俄国这种公平办法,也要耕者有其田,才算是彻底的革命:如果耕者没有田地,每年还是要纳田租,那还是不彻底的革命。"③在此时的孙中山看来,"耕者有其田"作为一项土地政策,已成为评价革命是否彻底的标准。相对于"平均地权"的主张,此时的"耕者有其田"更具现实操作性——他不再强调土地国有和单纯的平均,而将建国后理想的土地所有权与使用权分离的状态,转变为将土地所有权和使用权在当前直接归于农民享有,这符合广大农民的根本利益,也和共产党的奋斗目标是一致的。在之后的斗争中,共产党人的土地政策正是对"耕者有其田"的发扬和光大,这一主张作为国民党阶段为数不多的争取进步的土地政策主张被继承并实现,充分说明该土地政策主张的正确性和合理性。

但孙中山因民族资产阶级代表的阶级局限性始终在革命中照顾地主阶级的利益,无法放手发动群众,他始终担心改变土地所有权和使用权这样激烈的土地改革措施,会受到地主阶级的反抗;然而革命形式又促使他不得不跳出原有的思维方式向苏联模式寻求解决问题的办法,具有代表性的折中措施就是其主导的"二五减租",即在保持当前土地制度模式下改善农民和地主的紧张关系。但由于土地的归属和农民的土地权利始终是改革不可模糊的核心,所以孙中山的革命在农民和地主方面都没有得到足够的支持,注定了失败的结果。

3. 孙中山土地政策主张对农民土地权利的实现起到的作用

孙中山的"平均地权"和"耕者有其田"是其土地政策的两个方面——

① 《孙中山全集》第 10 卷,中华书局 1981 年版,第 556 页。
② 孙中山:《三民主义·民生主义第三讲》,《孙中山全集》第 9 卷,中华书局 1986 年版,第 399 页。
③ 孙中山:《在广州农民运动讲习所第一届毕业礼的演说》,《孙中山全集》第 10 卷,中华书局 1986 年版,第 556 页。

前者提出实现社会公平、正义的目标,后者是进行革命的具体手段;前者旨在将土地所有权和使用权分离以土地归于人民来实现社会公平,后者是将土地所有权和使用权还给农民;前者是一种理想的社会改良方法,后者则发展为具有实际操作方法的实施方案。孙中山关于土地的主张最可贵之处在于,作为先进的革命阶级意识到了土地问题对国家的重要性,将土地与一党的主要政治观点联系起来,并意识到将解决土地问题作为动员农民的一种有效手段;更为难得的是,他将土地问题的解决提升到所有权的高度,而并不是单纯的如封建王朝一般只解决农民的土地使用问题,这不能不说是一种思想上的进步。

在革命过程中,孙中山主张采取调和而不是革命的方式来整合社会矛盾的想法是不切实际的,因为农民生活的困苦根本不是能通过减租解决的,农民的土地权利都没能在实践中得以实现。但这种由理想主张向务实政策的转变受到了广大农民的支持,也给共产党人政策的制定带来了有益启发,为日后共产党动员农民、夺取政权积累了经验,并成为最终夺取国家政权和革命胜利的有力武器。

(二)蒋介石统治时期的土地政策

蒋介石在孙中山逝世后获取党内最高权力的过程说明,南京国民政府不是建立在广泛民众运动基础之上,而是建立在与军人巨头相妥协的关系之中,其结果是使得中央政府的影响力在省级以下区域比较薄弱,常常根本无法扩展到乡村地区,自然也无力解决民众的贫困和悲苦生活这一当时国家最紧迫的问题。[①] 随着中国共产党高举并实践了孙中山的"耕者有其田"的主张,地主的利益受到了削弱,共产党的力量得以加强,而这是蒋介石最不愿看到的。为制衡党内利益并削弱共产党的影响力,蒋介石制定了一部名义上坚持孙中山治国理念,而实际上缺少可实施措施的《土地法》,其结果当然是孙中山的土地主张和农民的土地权利都无法实现。1941 年起,国

---

① [美]石约翰:《中国革命的历史透析》,东方出版中心 1998 年版,第 196—198 页。

民政府制定了《中国战后土地政策》及《土地政策战时实施纲要》,旨在控制粮食销售、实行配给,但其本质是满足政府汲取财富的需要,导致土地兼并加剧、地租日涨、生产萎缩、粮价上涨。在历经几次土地政策调整之后,国民党把土地作为获取资源的工具,对农民的土地权利并不关心,导致农民没有获得土地反而纷纷破产,国统区人地关系恶化。进入到战争期间,国民党更加无心土地政策的调整,导致自耕农纷纷破产,为地主兼并土地创造了机会。没有农民和农业作为依靠,国民党最终无法在经济上支持庞大的军费开支、在政治上获得人民的支持,最终导致其政权以失败告终。国民党高层张道潘、孙科甚至是蒋介石本人都承认,没有忠实践行孙中山的土地主张以解决农民的土地问题,失去了政权赖以存在的资源和基础,是在大陆政治失败的主要原因。国民党在土地政策上的反复和尝试,最终都成为共产党土地政策制定的经验和教训,其理论的合理部分在我党今后的政策制定中最终得以实现。

(三)共产党对农民问题的认识和土地政策

1.党成立初期对土地、农民问题的认识

党初建于城市时,将工作的中心放在工人运动上,希望如俄国革命一样通过占领大城市来完成对政权的争夺,因此对农民问题实际关注较少,这是与党当时所处的环境有关的。由于党初建时没有明确区分民主革命和社会主义革命的性质和任务,因此占有中国最广大人数和面积的农民和农村的重要性没能引起党的重视,尽管党在不断的社会实践中认识到农民的处境和困难,但始终没有将农民视为改变国家命运的重要政治力量,直到中共"三大"之前,党的重点始终在领导工人运动上,只将农民视为协助工人阶级取得革命胜利的次要力量。在这期间,党更关心的是农民的生存现状而非拥有土地权利,但在"三大"上还是通过了毛泽东起草的《农民问题决议案》,这一没能进入具体实施的决议案标志着党已将农民视为有力的政治力量。1926 年,毛泽东担任国民党农民运动讲习所所长,对农民的地位和作用有了更深的认识:"农民问题乃国民革命的中心问题,农民不起来参加

并拥护国民革命,国民革命不会成功;农民运动不赶速的做起来,农民问题不会解决;农民问题不在现在的革命运动中得到相当的解决,农民不会拥护这个革命"①,他在《湖南农民运动考察报告》中提出农民是中国无产阶级最广大和忠实的同盟军,必须通过有效的土地政策,发动农民对地主等剥削阶级的武装斗争的观点,"打土豪、分田地"等土地政策有效地帮助我党建立了中央苏区根据地。在这期间,农民的土地政策是彻底地改变封建落后的土地所有制,实现了真正意义上的土地私人所有。1927 年,中央机关因国民党叛变革命而无法在城市生存的时候,正是由于毛泽东坚持的正确的土地政策,使得党在农村站稳脚跟并发展壮大,为党的工作中心从城市向农村转移提供了条件,开始了农村包围城市的伟大革命战略,土地革命就此展开。虽然这一阶段,我党还没将农民和土地的关系上升到权利的高度,但有效的土地政策和动员农民力量之间的相互关系已经被实践所证明,成为我党斗争的宝贵经验。

2. 党对农民土地权利保护的政策演变

通过广东海陆丰、湖南衡山等农民开始组织农会公开争取对土地的占有和使用权并取得成功的经验,以毛泽东为首的共产党人认识到,必须通过革命的土地政策,实现土地资源的再分配,实现农民拥有土地的梦想;将农民从土地上解放出来,积极投身到革命当中才能建立新生的国家政权;土地政策的目的就是运用革命的手段改地主土地所有为农民土地所有,不但稳定了农民在土地的自主经营权和使用土地的自由,也获得了最终处分土地的终极所有权。为实现这一目标,党在"八七"会议上确定了土地革命和武装斗争的总方针,在"六大"上初步形成了土地没收、分配及农村阶级路线,到 1931 年形成了变封建半封建土地所有制为农民土地所有制的土地革命路线,为后来完整的土地革命路线奠定了坚实的理论基础。抗战爆发后,党制定了"减租减息"的土地政策,不仅获得了农民的支持,也获得了地主和富农的拥护。在内战开始后,我党根据新形势将土地政策调整为"从地主

---

① 金冲及主编:《毛泽东传(1893—1949)》,中央文献出版社 1996 年版,第 117 页。

手中获得土地,实行耕者有其田。"

新民主主义革命时期党的土地政策较其本身和其他任何一个政权,都有着翻天覆地的区别,即彻底打破了传统的土地关系和土地权利的划分,实现了农民对土地的所有权和经营权;以农民之间的帮扶互助促进了解放区农业的发展和物资的积累;最具有代表性的是这种自下而上的革命催生出基层政权性质的农民协会组织,并发挥了团结、动员和组织农民的作用,消解了小农经济、个体经济的弊端,成为新中国土地政策改革的有益探索。

3.初步探索土地制度、农民权利与政权的关系

比较分析新民主主义革命时期国共两党土地政策的历史演进可知:在中国,土地是农民所关注的唯一因素,满足他们对土地的占有可以调动农民全部的积极性和支持力。获得农民支持的政权就能建立最稳固的统治基础并获得国家建设发展所需的资源保障;如果农民不能保障生存,就会成为引起政权更迭的致命武器。中国共产党就是在不断探索的过程中将土地的所有权、使用权和收益权等归还农民,才获得了最广泛的支持并最终夺取国家政权。这珍贵的历史经验来源于孙中山的理论主张,是我党结合当时中国的实际,将其不断发扬光大,并在革命中进行了彻底的实践,从而发现了满足农民的土地权利是最有利于动员农民的土地制度,而这也符合了农民追求生存权的自发选择——这说明政策的制定需符合双方的共同利益才能发挥其最大效用。美国学者汤森认为,中国共产党对农村社会和经济变革的承诺,特别是通过土地政策变革适应了比较传统的农民经济要求和社会主义观念,成为中国共产党"历史上许多时期获得大众支持和吸引人们加入革命的一个根源。"[1]这段历史对政策制定者的另一个借鉴意义在于,没有任何一个政策仅通过理论论述就能证明其正确性和适用性,必须通过实践的检验和反复的修正。我党对农民问题的初步认识就经历了这样一个由浅入深的过程,但这宝贵的历史经验在党后期部分政策的制定中却没能一直得以贯彻和传承。

---

① ［美］詹姆斯·汤森等:《中国政治》,江苏人民出版社2003年版,第12页。

二、新中国成立初期,农民获得短暂的土地私有权

土地改革是我党获得农民支持、建立政权的强大法宝。根据"共同纲领"关于"有步骤地将封建半封建的土地所有制改变为农民的土地所有制"①的精神,我党在管辖的土地上实行了土地改革,其有别于民族资产阶级的革命和改良措施之处在于,我党将土地革命与解放劳动阶级、巩固国家政权、为国家发展提供物质基础联系在一起,是关系到整个社会政治、经济等方面的综合性改革。无论是新中国成立前在解放区,还是新中国成立后在新解放区的土改,都是我党领导的对旧生产关系颠覆性的革命,是将我党的历史任务和农民的期望相契合的重要举措。

(一)20世纪50年代初期的土地改革运动

1950年的土地改革不是从阶级划分开始的,而是从打破原有的土地所有关系开始。中央政府通过的《中华人民共和国土地改革法》,是新中国历史上首次全国规模土地改革运动的起点。《人民日报》就此发表社论称,新区土改"是一件翻天覆地的大事",是"中国人民对于残余的封建制度所发动的一场最猛烈的经济的政治的战争","将在实际上结束中国社会的半封建性质。"②通过土地改革,地主阶级并没有从政治角度予以消灭,而是通过收回土地,从经济上瓦解地主所占有的财富和特权,从而通过相对平和的社会改革消灭了经济意义上的地主,而建立在经济特权之上的这个政治特权阶层也就随之消失了。这是我党土地政策与苏联斯大林政策的显著区别之处。随后,中央政府又颁布相关配套法令,通过农会等组织形式在新解放区开展大规模的土地改革。经过3年多时间,全国广大新解放区除少数民族地区外,土改基本顺利完成,农民土地私有权基本确立。但土地改革毕竟是

---

① 《中华人民政治协商会议共同纲领》,法律图书馆,http://www.law-lib.com/law/law_view.asp? id=283576,2014年8月8日。

② 《土地改革手册》,华东人民出版社1950年版,第83页。

彻底改变我国封建落后现状的革命,必然要与阶级斗争结合起来,这就为土地改革增加了一项作用,即完成了农民在政治地位上的变化,成了国家的主人。

(二)土地改革政策的出发点:阶级解放、巩固政权

共产党自创建之初就秉承着阶级解放的历史任务,在中国这个以农民占大多数且生活在被压迫、被剥削状态下的阶级,当然是解放的对象。在抗日战争、解放战争之后,虽然推翻了反动派在政治上的统治,但封建土地占有制并未随之消亡,在农村的生产关系中仍旧发挥着作用,这样的革命是不彻底的。因此,土地改革政策的基本出发点应是通过革命的手段消除阶级差别,彻底颠覆旧的生产关系中主客体的地位,通过土地改革,把土地产权归于农民,实现了农民阶级的社会经济解放;给予农民自主治理乡村的权利,提升了农民阶级的政治地位;打破了封建地主对农村文化教育的垄断,让农民从掌握文化中理解和体悟翻身的力量和新政权的认同。可见,土地改革实现了农民作为整个阶级的解放,首次在经济、政治和文化上成了国家的主人,即阶级解放。在夺取全国政权之后,共产党面临的主要任务已经转变为如何恢复和发展国民经济,七届三中全会上审议通过的《中华人民共和国土地改革法(草案)》,将土改作为争取国家经济好转的重要措施。为了最大限度地提升生产力,刘少奇在解读国家土改政策时明确提出:"我们在今后土地改革中的总路线,应该是依靠贫民、雇农,团结中农,中立富农,有步骤地有分别地消灭封建剥削制度,发展农业生产。"①正是由于在农民阶级解放并巩固了政权之后,我国第一个五年计划的完成让世界都为之惊叹。可以说,土改不但实现了农民阶级的社会经济解放、给予农民自主治理乡村的权利、提升了农民阶级的政治地位,而且获取了被解放的农民对国家政权的认同和国家政权建设的支持,是我国五千年历史上第一次最为成功、最为彻底的社会革命。

---

① 《刘少奇选集》(下卷),人民出版社1985年版,第43页。

除了阶级的解放,土改还通过新型农村基层组织的建立,巩固了新生的国家政权。农民对共产党的认同,是建立在关于土地利益价值一致的基础上的,即共产党通过彻底改变农村经济形态的方式,改变农村的传统权力结构,通过让掌握经济权利的农民阶级以自己的意愿将个体组织起来的方式,成为整个新型国家的有机组成部分——中央政府通过权威的立法形式在法律可控的范围内推进土改运动,组建人民法庭惩治首恶分子,对地主进行清算、没收财产以保证农民的基本生活。通过土地改革,党在农村基层建立了以农民协会为主体的农村基层组织,依托以党基层组织为核心的乡政权,以农民代表大会、农民协会委员会和各级人民代表大会为中心的、以农民中的积极分子和土地改革工作等其他组织为基础的农村基层政权;特别是通过构建农村基层党组织,在发动群众、领导政权过程中发挥了中流砥柱的战斗堡垒作用。

随着乡村基层政权和党的基层组织在农村的建立,不但巩固了土地改革的成果、增强了农民和党的血肉联系、形成了紧密的农村政权体系,更有利于党从社会基层直接有效地汲取组织资本,为政权的巩固和农村现代化建设提供了保障。可以说,此次土改形成了"国家权力构建人民权利,人民权利巩固国家权力"的良好的互动关系,这一良好范例可以成为检验国家政策合理性的标准,但可惜的是,在日后的政策改革中,农民的声音被忽略了。

(三)土地改革实现了土地的农民私有

新民主主义革命阶段的土地改革,是孙中山"平均地权"和"耕者有其田"革命主张的历史延续,也是中国历史上首次赋予农民的自由、完整、不受任何限制和附加条件的土地所有权。土地作为农民最为珍视的财产,也是唯一的财产,在共产党领导的这项革命中得到了明确而稳定的保护,彰显了党和农民之间的目标价值与情感的一致性。

通过赋予农民对土地的占有、使用、收益和终极的处分权,农民可以自由买卖土地、转让或者抵押等等。但土地改革让农民获得的土地权利,是农民通过暴力革命无偿获得的,在经济层面上与国家不存在买卖关系,这是一种类似于政治同盟性质的回报,这与西方土地私有制度通过买卖支付对价,进而获得土地所有权的方式有本质的区别。在这场土改中的另一个显著特点就是在不同地域,土改发挥的政治、经济作用的不同:在老解放区,土改是为了巩固政权,恢复和发展农村经济,为国家建设做准备;而在新解放区,土改则是通过建立起新的土地关系,为了解放和团结更广大的生产关系而开展的。但无论区域如何,土改都是旨在完成生产关系解放、构建党和人民情感联系的基础上,通过保证农民在土地上的政治、经济权利而展开的必要的改革运动。

土地改革在生产力与生产关系层面,将二者有机结合在一起,将劳动者、土地和生产资料结成了密不可分的整体,颠倒了农民阶级和地主阶级的关系;本来由孙中山提出但未能实现的"耕者有其田"主张,终于在共产党领导下在全国范围内予以实现,并且得到了国家政权的认同和保障。在经济基础改变的前提下,农民形成了带有政权性质的基层组织,不但使共产党的组织网络和动员能力打破了"政不下县"的传统模式,提升了资源组织的能力,而且还让农民有了自己在政治上的代言人,增强了农村经济的稳固性。当然,基层组织性质和能力最终也是由国家决定的,高度组织化的农民虽然能够克服传统封建、小农经济的制度问题,但为日后的合作化、统购统销政策的开展提供了便利条件。

国家新生、百废待兴,带有浓重封建色彩的小农经济正适应新民主主义革命时期生产力的发展情况;土改虽然改变了土地的主人,但不能改变土地上既存的小农经济形态,这是与马克思主义土地理论和党的革命目标是不相符的。因此,实现农民土地私有并不是土地改革的终点。

三、合作化是农民土地权利性质改变的开始

新中国成立初期的土地改革不是我国土地制度改革的终点,反而是一系列制度探索的起点。党在全国范围内建立起新型政权之后,土改所依存

的社会形势发生了变化,均分土地使农业生产进一步小农化,自由买卖使农村阶层出现了两极分化的趋势,这与党的最高目标和新生国家的发展方向是不相符的。中央认为如不加以引导,农村社会将向资本主义发展,而贫农阶级将有重新革命的可能,这连带引发的农民对中国共产党的信任危机绝不是新生政权希望看到的。这样的变化也说明了单纯的土地所有制改革是不可能从根本上解决农村社会生产力低下和两极分化的问题。随着国民经济的逐渐恢复和农村问题的凸显,为了克服土地私有带来的问题,我党开始逐渐摸索引用马克思土地理论中的合作化理论来改造农村社会关系。从1953年开始,党开始了对农村进行社会主义改造,但社会主义建设的本质要求是要消灭私有,无论这私有的主体是农民还是地主。在意识形态的要求下,合作化对所有制的要求从认可私有到改造为公有,而且这一过程对农民来说只是根据国家的一纸命令,没有征求大多数农民的意见。可以说,合作化在经济领域的快速发展是农民的土地权利发生改变的开始。

(一)农民土地私有权在社会主义阶段的不适应性

没有任何制度是能够保持永恒的先进性,其必然要和当时的经济基础、政治情况相结合,通过以能否促进生产力发展的标准而判断其优越性。农民土地私有制也符合这样的规律,虽然比照地主土地私有是进步的,但是在社会主义制度下,其难以摆脱自身的缺陷:首先,其小农化倾向无可避免,土地改革虽然赋予了农民土地所有权,不但没有消灭小农经济,反而通过均分土地和自由买卖对其有所强化。毛泽东明确认识到:"古代有封建土地所有制,现在被我们废除了,或者即将被废除,在这点上,我们已经或者即将区别于古代,……我们的农业和手工业,就其基本形态说来,还将是分散的和个体的,即是说,同古代近似的。"①也就是说,土改运动改变了土地所有权的主体,但没有改变私有制本身的关系。其次,土地私有无法实现社会均衡。由于土改后每家占有的土地不足以保证农民的生计,加上劳动能力、经

---

① 《毛泽东选集》第四卷,人民出版社1991年版,第1431页。

营水平和农业技术差异,无法保证生计的贫苦农民开始出卖土地,土地均等占有被打破的农村出现了不均衡的两极分化。分化进而导致农村人口的失衡和流动,失去土地的农民和被解放的多余劳动力开始向城市流动,给城市的供给、工作和治安稳定带来了影响,特别是农业人口的流失也造成了农业生产的压力。然而土地改革留给农村最严重的问题就是经济水平和阶级的两极分化:一部分农民卖地返贫,再次失去土地沦为雇工,另一部分农民买地致富,成为新的地主;农村社会中旧有租佃、高利贷、雇工等现象重现,和社会主义国家的性质严重相悖;城市的优越生活条件又吸引着农民的流动,从新中国成立后到人民公社制度实行前,城市一直承受着就业压力,而压力导致社会秩序的混乱和粮食供给的不足,在阶级斗争尚未完全结束的情况下,社会原有秩序被打乱。最后,土地私有直接造成对国家政权基础的动摇。由于缺乏相应的人力、物力和财力支持,新中国成立后的农民土地私有在经营和流转上与以前无异,留给国家的必将是逐步对农村及农地的失控和无序的社会秩序。特别是在农村开展合作化后,仍旧出现了4000万人受灾的严重自然灾害,[①]使得农民的封建思想余毒复苏并开始怀疑党的执政能力,中央认为富农阶级具有追求资本主义的本能,如果不能正确加以引导将向资本主义方向发展,而贫农阶级将有重新革命的可能,这样的政治后果是对农村社会失去控制,并连带引发农民对中国共产党的信任危机。

在政治上,打破旧有体制而建立新型所有权是不可否认的进步,因为满足了农民的期望和生存需要,得到了农民在政治和物质上的支持,这是国家建设的重要前提,所以赋予农民土地权利这一决策是正确的。但土地农民私有化在新社会显示出来的不适应性也说明了以单一解决土地性质为内容的土地制度改革是必然要失败的,虽然通过浓厚的平均主义思想满足了农民"耕者有其田"的基本愿望,但不能解决土地私有带来的土地流动和兼并

---

① 《1949—1952中华人民共和国经济档案资料选编·农业卷》,社会科学文献出版社1991年版,第53页。

问题,同时导致农村社会的生产力低下,农村有 10% 左右的缺粮户,每年有灾民 2000 万到 4000 万。① 这说明土地改革没有,也不可能从根本上解决农村社会生产力低下和两极分化的问题。土地制度和土地权利构建必须要符合整个社会发展的一般进程,超越和滞后都将给社会发展带来严重的影响。为了解决这一不适应性,我党结合马克思经典理论和中国实践,开始寻求合作化的道路,其间,农民权利也在悄然改变。

（二）合作化运动是新中国成立初期解决土地私有困境的有效方式

马克思经典作家理论、苏联和我党早期的实践,都证明了对小农经济进行改造并能尽快实现农业发展的有效方式就是合作化。当农民以社会变革主要力量的身份参与推翻旧政权的革命时,均分土地是其最大的政治要求。为克服小农经济的封建性和脆弱性,早在撰写《湖南农民运动考察报告》时,毛泽东就将合作化视为农民运动的十四件大事之一;历经第二次国内战争、抗日战争,毛泽东将合作社的性质概括为:"是建立在个体经济基础上(私有财产基础上)的集体劳动组织"②,"是人民群众得到解放的必由之路,由穷苦变富裕的必由之路。"③这一思想深刻贯彻了马克思、列宁关于合作化的理论,在新中国建立后,以土地私有为基础的合作组织迅速发展起来。

合作化的目的是实现农业现代化并为国家建设提供物质来源,在经济建设上,毛泽东指出:"没有农业社会化,就没有全部的巩固的社会主义。农业社会化的步骤,必须与以国有企业为主体的强大的工业的发展相适应。"④这说明了毛泽东在思考农民与国家关系的问题上,始终将农村和农民放在首要位置,并且明确了要由工业和农业相结合的方式,实现共同富裕

---

① 《1949—1952 中华人民共和国经济档案资料选编·劳动工资和职工保险福利卷》,中国社会科学出版社 1995 年版,第 212 页。
② 《毛泽东选集》第三卷,人民出版社 1991 年版,第 931 页。
③ 《毛泽东选集》第三卷,人民出版社 1991 年版,第 932 页。
④ 《毛泽东选集》第四卷,人民出版社 1991 年版,第 1477 页。

并建立一个现代化的国家。因此,在合作化推进的同时,国家明确开始推进工业化进程。但新中国成立初期在和平环境下制定的先发展农业、轻工业,再发展重工业的工业化道路被突如其来的朝鲜战争打破了;国际形势的突变和苏联发展重工业的先例,让我党被迫开展将发展重工业作为我国实现现代化的核心。除了巩固新生政权的需要,农民的现代化发展也要求必须相应地发展工业,否则就无法摆脱原始落后的耕作方式和靠天吃饭的自然限制;在发展工业过程中,合作化的特点和作用一直受到关注,李富春指出:"社会主义不可能建立在小农经济的基础上,而只能建立在大工业经济和集体大农业经济的基础上。……广大的农民要最后摆脱贫穷和痛苦,也必须离开过去长期所走惯了的小生产的旧道路,而转向集体化和机械化的社会主义农业的新道路。"①无论是马克思的经典理论还是党中央的明确表态都可以看出,合作化是对农民土地私有在社会主义制度下的接纳和包容,但其必将接受新制度改革的洗礼。

(三)农民土地权利变革是集体化的必然要求

集体化是一个复杂的演进过程。就其进程来讲,初级合作社阶段是典型的"人合阶段",也就是劳动者的简单协助和结合,不涉及任何权利的限制,但这一阶段赋予劳动者过多选择的自由而无法形成国家建设的合力。为了提高国家建设的速度,我党最终选择了从权利结合这一最本质的方式入手,以权利带动人的结合,这就是高级社、集体化出现的一般逻辑——当农民失去了独立谋生的手段而必须依靠政府的统一劳动安排时,整个国家就将服从一个统一的建设目标而发动起来。但党中央却忽略了农民对土地的情感的复杂性,以及农民土地权利的变革对社会结构发生的重要影响。

1. 合作化初期是土地私有的延续阶段

封建经济的特点就是能够在本国范围内完成物质的流动和交换,甚至

---

① 李富春:《关于发展国民经济的第一个五年计划的报告》,中共中央党校党史教研室选编,《中共党史参考资料(八)》,人民出版社1980年版,第147页。

每个独立的经济个体都能通过自给自足的方式完成满足自己的生活所需，这与以商品交换为核心的资本主义经济模式是完全不同的。

对于新生中国来说，长期以来的封建社会结构和思想意识，使得封闭的社会结构具有强大的自我满足和供给功能，如果外部力量不能从本质上颠覆封建结构，就不能获得长久的发展空间，我国封建末期的资本主义萌芽产生得如此缓慢并发展落后，就是因难以突破封建社会的强大。尽管我党代表的新生力量完全改变了旧有政权，但没有从根本上改变封建性的生产关系，同样也没有建立起如资本主义商品交换一样的经济模式，所以，社会生产方式特别是农业生产，自然抵制着商品交换和市场的建立，使当时的国家内部经济流通几乎处于封闭停滞阶段，不健全的工业和落后的农业没有物资的交流与融通，国家工业现代化从内部建设开始就完全无从谈起。作为新生共产主义政权，在世界意识形态划分形成敌对状态的格局下，同样也无法寄希望于西方资本主义国家的外部市场，特别是因朝鲜战争而引发的大规模的孤立与封锁，更阻碍了新技术、物质和资本的流通；唯一有能力培育外部市场的国家就是苏联，然而苏联同样刚摆脱战争的阴影，其国内市场一样处于发展阶段，所提供的能力是有限的。因此，在这种内外交困的情况下，如果还放任小农经济的低发展水平并任意消耗有限的生产资料，则国家现代化建设将永远无法完成。国家所有的财富都是建立在土地之上的，而土地恰恰因为土地权利私有而无法按国家意图被充分利用。

通过国家将分散的力量集合起来完成个体难以完成的工作，并以国家为主体推进农业的现代化发展，对农民个体是有好处的；初期的合作化运动是不改变土地性质的制度整合，并没有触及农民的土地权利，再加上国家建设的目标和农民利益的一致性，使合作化在初期获得了农民的认可和拥护。但新生国家对发展的渴求和政治压力的介入，使得合作化逐渐脱离了创设时期制定的规则和规律，在发展阶段嵌入了更多脱离规律的主观判断，使得农民的土地权利在合作化发展阶段的变革成了一种必然。

2. 土地私有是制度变革的诱因

我党能够激励并团结人民创建一个新政权的动力并不仅仅因为"耕者

有其田"的土地政策,更有对人民建立社会主义甚至共产主义国家的美好期许。对此,建设社会主义国家一直是我党的政治追求。社会主义国家的基本特征是建立在国家或者全民控制资源的社会形态基础上,而这是以共同富裕为前提的。毛泽东早在新中国成立之前就已经指出:"严重的问题是教育农民。农民的经济是分散的,根据苏联的经验,需要很长的时间和细心的工作,才能做到农业社会化。没有农业社会化,就没有巩固的社会主义。"①这说明,我党早就认识到农民兼具私有者和劳动者的两重性质,将不可避免地引发资本主义和社会主义两条发展道路在农村中的斗争,并预见到斗争的结果对农村社会乃至国家的发展是不可忽视的。农民土地私有在建国初期引发的土地无序流转让我党领导人敏锐地意识到,完全没有节制的私有化将是影响实现人民共同富裕的最直接因素。

对于土地买卖,毛泽东并没有主张加以禁止,而是策略地提出以变革土地所有制的方式来解决土地买卖和支持社会主义建设的问题。出于对社会主义的信任和追求,农民对通过合作化改革土地私有采取了默认的态度,我党通过消灭私有制而实现阶级平等的措施也得到了农民的拥护,同时也符合在党和贫困农民都不愿在影响农村生产秩序的前提下改造农村小生产者的共同意愿。因此,建国初期的社会主义改造是温和并尊重农民私有权的,在1950年当年的合作化进程中,全国农村互助组有272.4万多个,1131.3万多农户参加;到了1951年,互助组就发展到467.5万多个,参加农户2100万户,增加了近一倍;农业生产合作社也从1950年的19个,增加到1951年的130个。② 但1951年围绕山西发展农业合作社的问题引发的农村要不要向社会主义过渡的"两条路线之争",引发了毛泽东对国家政权在农村性质的担忧,以致成为合作化运动加速并嵌入集体化和人民公社的一个重要节点;温和合作化的结束和集体化的开始,也预示着国家对农民土地权利态度在发生悄然转变。

---

① 《毛泽东选集》第四卷,人民出版社1991年版,第1477页。
② 《中国农业年鉴(1980)》,农业出版社1981年版,第4页。

3. 集体化是农民土地权利变革的开始

1951 年,山西省委提交的《把老区互助组提高一步》的报告引起了党内对于农村社会两条道路之争,报告提出将以"公共积累"和"按劳分配"为特点的初级农业合作社作为扭转互助组组织涣散的方式,并就此提出"虽然没有根本改变私有基础,但对私有制是一种否定;对于私有基础,不应该是巩固的方针,而应该是逐步地动摇它、削弱它,直至否定它"①的政治态度。对此观点,刘少奇在多个场合批评了山西省委提出的初级社的做法,并将其明确定义为"一种错误的、危险的、空想的农业社会主义思想"②,并提出"农业集体化不是逐步进行的,不是单纯依靠农村条件,而是依靠城市,依靠强大的工业。"③

但毛泽东的态度是相反的,他认为未来的中国完全可以通过合作社方式动摇私有基础;在发展道路的选择上,毛泽东突破了苏联发展模式,即"在老解放区的农村或新解放区已进行土地改革的农村,趁热打铁,直接向社会主义过渡。"④对此,可以明显看出,毛泽东更加倾向于在人与人之间进行生产关系的变化,进行生产制度上的革命。由此,毛泽东认为刘少奇希望发挥个体经济的积极性,是鼓励自发的资本主义倾向,有可能改变农村的国家政权性质;毛泽东的跃进逻辑被视为是农村走社会主义道路、建设社会主义国家的必然政治选择。以这次争论为契机,1951 年以中央正式发布《关于农业互助合作的决议(草案)》,作为国家建设逻辑转向的标志,把农村是否不断提高合作化、集体化水平上升为判断是否走社会主义道路的革命逻辑,并将此作为巩固国家政权的价值标准。对此,经济发展模式的分歧被上升为国家政权性质之争,引发全党掀起道路之争和合作化运动。

对于即将到来的权利变革,权利意识尚未形成的中国农民并没有表现

① 中共中央文献研究室编:《建国以来重要文献选编(第二册)》,中央文献出版社 1992 年版,第 353—354 页。

② 中共中央文献研究室编:《建国以来重要文献选编(第二册)》,中央文献出版社 1992 年版,第 350 页。

③ 《刘少奇论新中国经济建设》,中央文献出版社 1993 年版,第 217—218 页。

④ 高化民:《农业合作化运动始末》,中国青年出版社 1999 年版,第 50 页。

出明显的排斥和抗拒,学界认为是对毛泽东的个人崇拜、对共产党履行政治诺言的信任和苏联发展实例的影响,激发了农民参与合作化的热情。1953年中共中央通过《关于发展农业生产合作社的决议》,决定发动农业合作化运动。经过1955年7月至1956年2月多次由毛泽东主导的合作社政策调整,并在时间表不断提前的情况下,于1956年我国实现了全面的高级社化。

我国农村社会在短时间内历经互助组、初级社、高级社三个阶段,在国家权力的主导下完成对农业和农民的社会主义改造。农民的土地权利在这一系列的政治变革中在发生着剧变——在互助组、初级社阶段,农民的私有财产权和土地权利还是受到全面的保护;高级社阶段,除根据合作社的土地资源和社员家庭人口情况,合作社抽出一部分"自留地"给社员个人种植蔬菜外,农民的所有私有土地、地上附着物、生产资料,一夜之间就变为集体最终所有,即集体化。不可否认的是,合作化、集体化确实在初期对解决农民个体生存问题有着不可替代的作用,但明确变革农民土地性质还是让农民意识到他们将失去对土地的最终控制权,于是了为了保证国家意志的贯彻,农民谋求个体经济利益的行为就被视为涉及农村社会的国家政权性质问题,其结果是人民公社的嵌入。

(四)人民公社彻底改变了农民土地权利的性质

在中央看来,温和稳妥的合作化模式不断受到农村自发资本主义的挑战,寄希望于通过示范效应的模式而向土地集体所有过渡的方式,也遭到了农民的消极抵抗。但这触犯了国家工业化与社会主义建设的底线,引发了关于发展道路选择的讨论,并最终重新提出阶级斗争思路作为争论解决的方式。

1953年,国家在推行第一个五年计划时就遇到了粮食危机,国家随即采用最严厉的统购统销政策,完全控制了农村粮食征购和城市配售办法。虽然保证了城市和工业对粮食的需求,但该政策严重挫伤了农民种粮的积极性,粮食短缺没有得到根本解决,毛泽东认为:"现在在(粮食)供销方面所表现的紧张性,其本质是反映了国家计划经济与小农经济和自由市场之间的矛盾,反映了工人阶级领导与农民自发势力和资产阶级反限制的立场之间的矛盾,归根结底,是反映了社会主义因素与资本主义因素的矛盾"①,并由此得出农民的出路在于合作社的论断。1954年,毛泽东开始用阶级斗争的观点看待农村形势,通过不点名批评邓子恢的方式阐述了自己关于农村问题的阶级立场:"他们老是站在资产阶级、富农,或者具有资本主义自发倾向的富裕中农的立场上替较少的人打主意,而没有站在工人阶级的立场上替整个国家和全体人民打主意。"②在中共七届六中全会上,反右倾运动在《农业合作化的一场辩论和当前的阶级斗争》报告的指导下上升为两个阶级、两条道路斗争的政治高度,对1956年出现的农民"拉牛退社"以维护家庭经济的风潮,毛泽东将其判定为是关涉社会主义与资本主义的道路竞争问题,是涉及农村社会的国家政权性质问题,为人民公社嵌入农村和土地资源提供了切入点。1958年从中央发布《关于在农村建立人民公社的决议》开始,农村社会形成了以政治斗争为本位的社会结构。全新的制度和组织实现了乡村社会与国家政权的强力整合,其特征是一种基于纵向结构、单向依赖的权力关系的等级控制,借助体制的力量对社会加以分割,把社会经济关系转化为行政关系,以维持上层对下层、中心对边缘的有效控制和社会行动的统一和有序性。③

　　第一,在人民公社的体制下,农民土地权利首先在所有权方面发生了质的变化,即通过人民公社化把土地集体所有演变为"三级所有",是名义上的由人民公社内部三级不同的主体享有所有权,实际上土地权利的最终决定权掌握在国家手中,因为掌控着公社的各级组织都是国家行政机关的延伸;第二,在人民公社制度下,包含农民本身在内的一切劳动力和生产资料都由公社按国家指令性计划统一调配,农民实际成为活的生产工具;第三,1960年,中共中央在《关于农村人民公社当前政策问题的紧急指示信》中,进一步提出了所谓劳动力、土地、牲畜和农具必须坚持"四固定"的基本原

---

①　《中共党史参考资料(八)》,人民出版社1980年版,第2页。
②　《建国以来毛泽东文稿》(第五册),中央文献出版社1991年版,第234页。
③　刘玲:《人民公社难以为继的原因》,《毛泽东思想研究》2010年第3期。

则;在"割资本主义尾巴"的大形势下,生活资料的交换被分配方式取代,农民没有了私有财产权,整个中国的农村都通过革委会体制下的社队分权制"割资本主义尾巴",生活资料的交换被分配方式取代;第四,人民公社通过制度的暴力取消了农民可以自由迁徙和选择职业的权利,用集体组织的约束力、户籍制度、统购统销政策,使农民享受同样的土地资源,防止通过土地流转造成阶级变化的可能,实现了国家对社会的管理的秩序化和规范化;第五,通过固定农民和平调农民集体经济的财产来实现城市建设和工业化发展所需的生产资料的积累。可以说,人民公社通过抑制分化、重组农村社会将农民的土地权利性质完全改变;集体作为优先保证国家征购、听命于国家的劳动组织,将农民完全束缚在农业生产体系内,形成了农民对国家的一种全面的依附关系。

人民公社化时期让渡产权的激励模式、党政社三合一的管理机制和半工资半供给的分配体系结合在一起,使农民个体的劳动积极性被完全压抑和消磨。① 激励性与效率性的双重丧失导致人民公社制度在经济领域难以为继,占有并经营土地的本能激发了农民对权利变革的向往和探索。

四、改革开放前后,农民对土地权利的创新探索

中国农民从来就不缺乏探索精神,在经济困难时期尤其如此。在1978年前后对土地权利的争取和探索就是源于对土地的渴望,这对于我国新型土地制度的形成起到了决定性的推动作用。农民自发对人民公社在经济领域的负面作用进行抵制,是通过对集体所有政策的不断试错来逐渐修复受损的权利和国家与农民之间关系的唯一途径;伴随着实事求是路线对思想的解放和城市容纳农村劳动力能力的增强,农民对土地的权利又发生了较大的变化。

---

① 刘玲:《人民公社难以为继的原因》,《毛泽东思想研究》2010年第3期。

（一）人民公社对国家经济的影响

本书不涉及对人民公社历史作用的评述。在组织结构上,人民公社彻底改变了我国中央政权传统意义上"政不下县"的局面,将党的管理层次延伸到最基层的农民个体,实现了对整个国家真正意义上的管理,为国家对社会资源进行综合管理积累了宝贵财富;在经济管理上,人民公社没能促进农村生产力的发展,反而影响了农村社会的生产关系,引发了国家与农民在土地利用问题上观点的疏离。人民公社在经济上造成的损失及其历史存在的过程,从反面印证了对农民土地权利进行剥夺所引发的后果,在中共中央、国务院发出的《关于实行政社分开建立乡政府的通知》中明确指出,"随着农村经济体制的改革,现行农村政社合一的体制显得很不适应。"[①]这说明,人民公社的组织形式和农民土地权利改革是不相融合的。在制度冲突的选择上,我党终结了人民公社在农村 20 余年的整改历史。

1958 年的《关于在农村建立人民公社问题的决议》对建立人民公社的初衷如此表述:"并大社,转公社必须与当前生产密切结合,不仅不能影响当前的生产,而且要使这个运动成为生产更大跃进的一个巨大力量。"[②]这说明,人民公社建立的本来目的是为了提升农业的生产能力,而政治因素只是在其发展过程中被主观注入的。为了快速提升农业生产的能力,毛泽东不止一次提出通过以并社扩大农业生产合作社的方式实现生产力的发展要求。中共"八大"将社会主要矛盾的实质判断为"在我国社会主义制度已经建立的情况下,也就是先进的社会主义制度同落后的社会生产力之间的矛盾",[③]而合作水平较低的合作社也确实无法发挥这样的作用;为解决农业生产力对国家发展的制约,也只有人民公社才能发挥有效的组织作用,这是党和人民希望的人民公社应承担的历史使命。但由于种种原因,人民公社

---

① 中共中央文献研究室编:《新时期农业和农村工作重要文件选编》,中央文献出版社 1992 年版,第 220 页。

② 张乐天:《告别理想——人民公社制度研究》,东方出版中心 1998 年版,第 538 页。

③ 中共中央办公厅编:《中国共产党第八次全国代表大会文献》,人民出版社 1957 年版,第 810 页。

没能实现这一目的。

第一,人民公社缺乏有效的领导机构。作为大跃进的产物,人民公社无法迅速构建科学的管理机构,各级基层干部文化素质偏低,大部分队社干部还是文盲或者半文盲,缺乏科学有效的管理基层组织政治、经济、文化和军事等多方面社会功能的能力。在政治高压和狂热的跃进的气氛中,基层手握"统一经营、统一管理"大权却缺乏经验的公社干部唯意志论恶性膨胀,主观主义支配一切,甚至通过上报虚假成绩来显示人民公社的"优越性"。由于权力集中,在"政社合一"的人民公社体制下,简单粗暴的管理方式普遍,批斗、体罚等带有人格侮辱性的工作方法成了公社干部的惯用手段;更有甚者在供给制度中利用个人权力搞特殊化,严重损害了群众利益,加剧了干群矛盾。所谓的共产风、浮夸风、强迫命令风、干部特殊化风及生产瞎指挥风等"五风"泛滥,人民公社的基层组织不能发挥应有的作用,反而是农业生产的阻碍。

第二,人民公社劳动制度缺乏有效的激励机制。"出工不出力"、"开工排长龙,收工打冲锋"是当时集体劳动时对社员工作态度的真实写照。人民公社的体制原因,不但不能促进农村劳动生产的大发展、没有充分发挥社会主义制度的优越性,而且无法调动劳动者的积极性,没能达到解放生产力、发展生产力的作用。人民公社的这种所谓高度统一、无限制平均、"搭便车"和消极的劳作模式,正是美国学者奥尔森在其《集体行动逻辑》一书中构建的典型模型,他认为"搭便车"行为是因为个人理性、自发的自利行为的存在而产生的,其后果将对集体产生不利甚至极其有害的结果,这种行为被定义为集体行动逻辑。[①] 奥尔森的理论直接颠覆了一般人对具有共同利益的一群人一定会为实现共同利益采取集体行动的逻辑——通过对个人自发的对集体的不利甚至是有害性的自利行为特征,得出这种人一般不会为集体争取利益的理论,该理论的核心概念就是"搭便车"行为。在集体成员增加或是"选择性激励"存在的时候,集体行动逻辑最容易产生,且人数

---

① 参见[美]曼库尔·奥尔森:《集体行动的逻辑》,三联书店 1995 年版。

越多,"搭便车"的行为就越明显。随着人民公社规模的不断扩大、内部诸多"搭便车"行为和消极劳作模式都成为奥尔森定义集体行动的注脚。事实证明,人民公社在经营上也确实普遍出现了奥尔森的集体行动逻辑,这在央视大戏《老农民》的相关剧集中有生动的演绎。如此,人民公社内部制度结构的不完善不仅没有充分发挥社会主义制度的优越性,反而限制并削弱了农民生产的积极性,人民公社内部制度的天然缺陷就注定了其失败的命运。

第三,盲目开展的阶级斗争使经济生产偏离了基本规律。中共八大认为,我国的阶级斗争矛盾已经得到解决;面对艰苦的生存困境,部分基层干部和群众尝试进行包产到户的初步承包;以彭德怀为代表的部分同志经过实地调查发现了人民公社中存在的一些问题。但毛泽东从基层得到的关于农村现实的反馈并不完全真实,导致他对党内就农村经济情况进行的争论做出了认为一部分干部也受到农民影响要走资本主义道路的判断。在这样的思想引导下,两条道路的阶级斗争再次启动。庐山会议后期,毛泽东错误地发动了对彭德怀的批判,在全党开展了反右倾斗争,使党的政治民主生活从中央到基层都遭到了破坏,在经济上也打断了纠正"左"倾错误的进程,人为地延长了错误的持续。1957 年 9 月,毛泽东在八届三中全会上再次提出我国的总矛盾是社会主义与资本主义之间的矛盾,这一思想在 1957 年 10 月被毛泽东亲自定下基调。对这一问题的解释,薄一波认为,"有国内原因,也有国外原因。从国际方面讲,波匈事件,特别是匈牙利事件,对毛主席和我们党的影响和震动太大,仿佛中国也存在这样的危险,再加上国内有极少数资产阶级右派分子利用帮助党整风的机会发动进攻,就更加重了这种危机感。"[①]于是,在阶级斗争的逻辑下,以加快社会主义建设为名的大跃进和人民公社运动加速开展起来。

尽管在 1962 年七千人大会上,中央初步总结了大跃进中的经验教训,

①　薄一波:《若干重大决策与事件的回顾》(下卷),中共中央党校出版社 1993 年版,第 632 页。

开展了批评和自我批评、为大多数人摘掉了右派的帽子,但"左"倾错误在经济工作的指导思想并未得到彻底的纠正,在政治和思想文化方面还有发展。1962年在八届十中全会上,毛泽东将社会主义存在于一定范围内的阶级斗争扩大化和绝对化,发展了阶级矛盾是我国社会主要矛盾的观点,进一步将对经济发展问题的不同看法看作是阶级斗争或者是阶级斗争在党内的反映,在1965年又提出了针对所谓党内走资本主义道路当权派的政治运动。在意识形态领域,毛泽东对经济、文艺、学术领域的观点和理论进行的政治批判,"左"倾的态度愈来愈明显,最终成为"文化大革命"发展的导火线,也在实际的经济生活中促进了人民公社的发展和大跃进的推动,严重影响了农民的生产积极性。此外,罕见的三年自然灾害、苏联单方面撕毁协议和过度调用公社的人力、物力和财力来推动社会公共建设和工业发展,也都在客观上为农业生产带来了困难,对农业发展滞后造成了不能挽回的损失,严重影响了农业的原始积累。

(二)1978年前对土地承包合法性的探索

自然灾害、国际形势的突变和农业生产实际困难的出现,使农民对待土地的态度回归到占有土地并开展独立经营的最初本源。但在制度限制和权利束缚的情况下,农民唯有选择突破集体化,通过采取土地承包制这种"自发资本主义倾向"的方式来维持土地耕作的自给。不过,这次突破得到了基层干部和部分中央领导同志的支持,这和之前国家的态度是截然不同的;但在以阶级斗争为主要矛盾的观点改变前,农民的自发行为仍旧受到国家大环境的限制。"一方面追求权利的解放,另一方面维持权利的限制",国家和农民在这一时期反复上演承包、变相承包、禁止、有条件尝试的博弈,双方都在寻找能够促进农业生产的最合适的发展模式,这是这一时期农民土地权利探索的特点。

1.初次尝试的承包制

由于小农经济的长期存在,农民天生具有占有土地的本能,政权的更替和生产方式的改变不能消除小农意识的存在。1956年,农村土地的所有制形式已经由农民私有转变为集体公有,农民虽然抑制了重新占有土地所有权的冲动,但在全国大部分农村里还是发生了"拉牛退社"的风潮并促使了首次"包产到户"的实现。经实践证明,包产到户确实起到了促进农业生产并抵制合作化弊病的作用。当时最具有代表性和典型意义的包产行为发生在浙江省永嘉县,通过个人专管地段负责制、联产到地以确保农活质量的方式,将劳动成果与社员的劳动报酬紧密联系起来。这是第一个获经县级党委支持的包产到户的地区,经过永嘉县、浙江省领导的试点论证,证明包产到户确实起到了促进农业生产并抵制合作化弊病的作用,其经验和模式迅速扩展到其他地区。这次包产到户,在计量标准、田地数量、分配方式、生产资料、合作模式等方式上都与合作社时期有着较大的区别,但没有从本质上改变土地的所有权,而仅是改变了农民使用土地的权利和方式,就已经激活了农民的生产热情。有学者认为,这次全国范围内的包产到户有六个相同的特点,其核心的特征就是在土地所有权变革的过程中,以农民自下而上的形式,主动寻求克服合作化劳动生产率低下的弊病,通过将土地使用权和经营自主权还给农民的方式,激活农民在新的所有制框架下的生产积极性。[1] 农民对这次包产到户的作用用"六好"、"六高"、"六快"和"六少"给予了高度评价。[2]

现实的利益引发了部分农民对加入高级社的抵制和对合作社优越性的质疑,这引发了毛泽东对农村阶级斗争的形势越来越严峻的顾虑。1957年,中央下发了《关于向全体农村人口进行一次大规模的社会主义教育的指示》,要求各级党委"都必须有准备地、有秩序地、自上而下地"开展对合作社优越性、粮食和其他农产品统购统销、工农关系、肃反和遵守法制等四个问题为中心的"大辩论"。[3] 辩论的核心其实就是明确合作制是农村劳动形式唯一正确的组织方式,社会主义才是农业实现发展和农民实现富裕的唯一出路。至此,中央的明确表态标志着对合作化具有改良性质的包产到户的彻底否定。

---

① 高化民:《农业合作化运动始末》,中国青年出版社 1999 年版,第 355—356 页。
② 李云河:《中国农村户学》,农村读物出版社 1989 年版,第 7 页。
③ 叶国文:《土地政策的政治逻辑》,天津人民出版社 2008 年版,第 193 页。

2. 再次对集体逻辑的抵制

1959年，因包产到户的初步尝试被中央通过"辩论"的方式划入了关乎政权性质的大是大非的政治高度，因此再次进行的包产到户行动只能转为地下进行。1959年，农业部的一份报告指出甘肃省农村存在右倾歪风；河南省委的报告中也将新乡及洛阳的包产到户做法进行了批评；《人民日报》和《光明日报》甚至点名批评了郑州的农民；此外，湖南、湖北、贵州等地也分别出现了基层领导干部带头，以所谓的"分成""定量"等新名词为掩护的包产到户。但中央政府对包产到户已经有了明确的态度，因此地方政府予以坚决的反对。党报认定包产到户是"资本主义和富裕中农反社会主义"性质的，这是典型的阶级斗争角度的评论，毛泽东对此种评论予以完全的肯定。因为这次包产到户的实际精神，不再是对集体合作模式瑕疵的修补，而是对集体土地和人民公社这种劳动组织形式价值的否定。按照中央的理论，如果人民公社和集体劳动被否定了，那么就与国家政权的性质和建设社会主义现代化国家的逻辑发生了矛盾，因此，对于这种"大退步"、"向合作化前的小农私有阶级退却"的右倾行为必须予以清除。但无论中央如何禁止，农民对包产到户的热情始终有增无减，其劳动智慧也被激发出来，因为在这次尝试过程中，农民不仅实现了包产到户，而且还尝试了包工到户，这是直接动摇集体和人民公社基础的行为。当然，这种行为与中央建设社会主义现代化国家的逻辑发生了矛盾，在政治角度上就必须被予以否定。

3. 为解决经济困难的第三次尝试

大跃进和人民公社化造成的生产关系严重脱节，再加上百年不遇的自然灾害，最终农业生产出现大幅度下降，人民生活陷入困境。

1961年开始至1962年，全国各地再次掀起包产到户风潮。与前次不同的是，这次包产完全是农民在农村经济非常困难的情况下对集体生产丧失了信心而主动开展的，甚至连安徽省委也明确提出采用划小核算单位的办法来激发农民劳动的积极性，并在整个包产尝试期间首创了对于全国农业发展的最大贡献的"定产到田、责任到人"的"责任田"。安徽在全省范围内开展"定产到田，责任到人"的包产到户实验，即"责任田"。从1961年3

月推行开始,到10月份全省已有85%的生产队采用这种新的核算办法。虽经1962年开始纠正责任田,但全省仅有12%的生产队恢复到人民公社的标准,其余的生产队直到八届十中全会以后才被全面"改正"。这一制度历经推行、制止等多次反复,推广比例不降反升,表现出了旺盛的生命力和较强的适应性,但最终还是在八届十中全会后被彻底禁止。省级领导干部作为改革的推手,并通过自上而下的方式推行中央禁止的包产到户,这一行动引起了中央领导的争论和反思。时任农村工作部长的邓子恢支持包产到户,刘少奇、邓小平和陈云等中央领导同志也旗帜鲜明地对包产到户予以支持。针对农民自发的行为和部分中央领导的明确支持,毛泽东再次认为农村出现了两条道路之争,于是在1962年中央工作会议上严厉批评了"单干风",将包产行为直接定义为站在地主富农资产阶级的立场上反对社会主义,随后直接撤销了邓子恢的农村工作部长职务。这次的包产到户被再次批判下去。

深究1978年前的三次包产到户失败的深层原因,表面原因是农民使用土地的方式否定了人民公社的集体劳作模式,而本质是农民需求与国家建设逻辑之间的矛盾——毛泽东认为包产到户是动摇人民公社体制,也动摇了国家的本质;而农民坚持追求占有土地的目的并不在于"修正"国家政权,仅仅是期待解决集体行动逻辑下的低效以保障自己的基本生存。农民在自身的生存与"实现共产主义社会"之间选择了前者,是农民为维护自身权利而与国家权力对抗的无奈选择。从今天的眼光看,这种选择既是一种本能,更是一种权利。逄先知对此概括道:"以生产队为基本核算单位,是毛泽东调整农村政策的最后界限,如再进一步调整,搞包产到户什么的,就认为是走资本主义道路。"[1]

与农民为生存而占有土地的本能不同,我党所追求的目标绝不仅止步于让农民吃饱,而是建设一个现代化的社会主义国家,但这是没有先例可循的。当农民逻辑对国家发展道路不一致时,党的领导人转而在马克思理论中寻求帮助并尝试在合作化理论的逻辑下避免这种后果。农民的自我追求

---

[1] 《毛泽东和他的秘书田家英》,中央文献出版社1989年版,第68—69页。

与建设社会主义之间存在着无法调和的矛盾,是因为在封闭的世界环境中,国家只能通过农村土地产权集体化的方式获得急需的资源和资本,不可能与农民分享土地的使用权和收益,这是国家已经确定的社会主义经济和政治建设的基本逻辑。因此,国家权力和农民权利根据不同的价值目标,围绕着农村劳动关系改造进行不断的相互作用,结果深刻影响着国家农业未来的发展方向。

(三)权力与权利的最终契合:家庭土地承包的合法兴起

虽然受到中央的反对,但农民对包产到户的责任形式始终没有被最终消灭,反而动用自身的智慧让其以各种隐蔽的形式广泛存在着。这一行为的突出特点是广泛存在于农业生产水平较差、农民生存困难的生产队,这就是"穷则思变"的真实写照。越是生活困难,农民希望变革的热情就越强烈,人民的智慧也就体现得越加丰富。当然,这不是一种在土地制度上的革命,这仅是对农业生产的一种自救行为。

1977 年起,生产队的生产自主权开始受到尊重,群众和基层干部关于农业生产方式的意见能够被尽量倾听,土地承包在基层群众中加深了基础,安徽作为农业大省和多次改革的试水者,在此次改革中仍旧发挥了典型作用。面对 1978 年的特大旱灾,安徽省委决定通过借地给农民这一变相的"包产到户"的方式,鼓励农民在政府无力解决农民生活时自救。这其中最著名的也就是安徽小岗村所签的、没有获得公社同意的、在当时属于违反中央政策的包产到户的协议。当时签署的生死合同被保存在中国革命军事博物馆,就足以彰显其在中国土地政策变革中的历史性作用。

只经过一年的生产,小岗村就实现了"全队共售粮 3 万斤,是国家规定任务的 10 倍,人均收入 400 多元,结束了全队 23 年未向国家交粮,还年年吃国家供应粮、救济粮的历史。"①小岗村分田到户的成功引起了时任安徽

---

① 窦永记主编:《起点——中国农村改革发端纪实》,安徽教育出版社 1997 年版,第316 页。

省委书记万里的思索。他通过《农业上需要研究解决的几个重大问题》的参会意见,在十一届三中全会上表达了必须改革人民公社制度和农村分配等诸多制度的改革思路,核心直指农村土地政策,随即安徽全省开始推行生产责任制。十一届三中全会作为中国农村改革的拐点,在土地承包问题上经历一个从否定到肯定的过程。在否定阶段,十一届三中会上通过的《农村人民公社工作条例(试行草案)》中就明确指出:"不许包产到户、不许分田单干。"1979 年 4 月,在中央转批农委党组的报告中将包干到户定义为"基本上与分田单干没有多少差别,所以是一种倒退"。尽管中央两个"不许"的态度仍旧坚决,但全会后原本处于秘密状态的土地承包形式逐渐公开化,以至于在全国各地都有兴起。生产责任制所体现出的优势促使中央的土地政策产生了松动。十一届四中全会通过的《中共中央关于加快农业发展若干问题的决定》中尽管还强调不许分田单干,但允许偏远山区、交通不便地区和副业特殊产区实行包干到户;1982 年元旦,中央批转《全国农村工作会议纪要》,对农业生产责任制做出了明确的肯定,标志着土地政策已经开始实质性的变革:"建立农业生产责任制的工作,获得如此迅速的进展,反映了亿万农民要求按照中国农村的实际状况来发展社会主义农业的强烈愿望。生产责任制的建立,不但克服了集体经济中长期存在的'吃大锅饭'的弊病,而且通过劳动组织、计酬方法等环节的改进,带动了生产关系的部分调整,纠正了长期存在的管理过分集中、经营方式过于单一的缺点,使之更加适合于我国农村的经济状况……目前实行的各种责任制,包括小段包工定额计酬,专业承包联产计酬,联产到劳,包产到户、到组,包干到户、到组,等等,都是社会主义集体经济的生产责任制。不论采取什么形式,只要群众不要求改变,就不要变动";1983 年,中央在《当前农村经济政策的若干问题》一文中,明确肯定了将统一经营与分散经营相结合、使集体优越性和个人积极性同时得到发挥的家庭联产承包责任制,并同时对人民公社体制进行改革,并于当年发布《关于政社分开建立乡政府的通知》。政社分开为土地承包政策的落实提供了组织和制度保证。

从国家角度出发,对土地承包权的态度由否定变为肯定的过程,是一个在农业生产领域祛除意识形态的过程;国家最终能够接受土地承包的出现,是因为其中隐含的土地权利的变化仅涉及土地使用权而非所有权,这就杜绝了个人对土地进行最终处分的可能性,因此土地公有对土地资源的保护未受丝毫影响;土地承包所释放出的强大生产力是对国家经济的有力支持,也是对现政权性质的认可。当中央重新认定了我国当前社会的主要矛盾,就自然认可了农民在土地承包方式上的改变。

从农民的角度上讲,农村土地承包制度的最终确立,是农民土地权利被释放和权利意识被认可的过程,也是国家尊重经济发展客观规律、收缩国家权力、兑现政治契约的过程。农民尝试包产到户并不能说一开始就是符合生产力发展的,因为封建王朝的覆亡早就宣告了小农经济是不符合社会主义建设道路;农民对于包产到户的认识都是在实践中摸索的、是一个不断试错的过程,因为农民不但要养活自己,还要养活国家和城市居民,这就不难理解农民对土地的特殊感情。在另一条轨迹上,国家通过对真理标准的大讨论,摆脱了僵化的阶级斗争思想,重新规划权力的适用范围;作为一个将共同富裕作为最高目标的社会主义国家,将给予农民自由、平等的劳动权利,兑现自己在革命时代和农民阶级用血肉书写的政治契约视为党应当完成的任务和使命;在"权利——权力"的框架下,党明确意识到尊重农民的基本权利需限制国家权力的主动性,让农民富裕起来不但没让社会主义变质,反而让农民更加拥护党的领导。

土地承包经营权确立的过程,就是农民土地权利的扩张与国家权力让步的过程,也是国家历史波浪式前进、螺旋式上升的浓缩,更重要的是让国家摆脱了因农业落后而限制整体经济发展的恶性循环。在这个权利兴起的过程中,思想上的解放起到了重要的推动作用,"实践是检验真理的唯一标准"冲破了思想的束缚,将自发的土地承包重新定义为"是在党的领导下我国农民的伟大创造,是马克思主义农业合作化理论在我国实践中的新发展"[1],

---

① 中共中央文献研究室编:《十二大以来重要文献选编(上)》,人民出版社 1986 年版,第 253 页。

这是土地承包得以发展的前提。同时,城市的发展和乡镇企业的崛起,为吸纳大量的农村劳动力造就了条件。工业发展为农民就业提供了可能,城市发展为农民进城拓展了就业空间,即便是在"知青返乡"以后,工业仍旧需要大量的劳动力充实,这也说明了国家以工促农战略的合理性。农业的大胆改革中终于让农民放开了手脚,在中国大地上,崭新的农村发展模式正在推进农业建设的开展。正如万里就此所作的高度评价:"作为八亿农民在党的领导下的伟大创造,已经在中国大地上扎下了根。"①

五、权力扩张与权利缺失引发农民土地权利的变动

随着市场机制的嵌入和多种经营方式的致富,农民比任何时刻都清醒地认识到土地就是财富;城市化和工业化进程的结合推进,出现了二者蚕食农村土地的现象。这说明单纯的土地政策已经无法对农民和国家的关系进行调整,农村土地所有权主体不明和使用权受到国家权力限制的问题逐渐突出,成为新一轮土地问题的焦点,其不但恶化了本来和谐的农民和国家的关系,而且在经济发展领域减缓了工商业建设的步伐,提升了运营的成本。这对于国家和农民来说都是不利的,是一种"双输"的局面。因此,只能以土地权利为中心,通过对土地政策的调整和完善,缓解土地资源的有限性和资本的侵略性引发的这次农民和国家在用地问题上的矛盾,增强农民对党和国家的信任,并推动土地开发建设的开展。

(一)农业和农村发展导致人地关系出现疏离

土地承包经营在农村的广泛推广克服了集体化和人民公社在农村经济发展领域出现的"吃大锅饭"的制度弊病,使各级基层政府放宽了经济管理的权限,提升了农民经营自主的热情,让基层政府腾出更多的精力关注社会

①　万里:《在全国农村工作会议上的讲话》,《人民日报》1984年1月18日。

管理和人民生活水平的提升,对农业发展起到了实际促进作用,解除了我国一直存在的粮食危机。农村的安定让整个国家的社会发展都处于一个相对宽松、稳定的氛围中,陈云在《关于当前经济问题的五点意见》中指出:"我们不能到处紧张,要先把农民这头安稳下来。……摆稳这一头,就是摆稳了大多数,七亿多人口稳定了,天下就大定了。"①由此可见,农村、农民的稳定对国家发展的重要意义。随着经济的快速发展,特别是城市化进程加快,城市拥有了容纳更多农村人口的能力,富裕起来的农民也希望能在城市中探索新的发展空间或者安定、提升自己的生活水平;农业科技的推广让农业生产水平提升到一个新的层次,农业劳动力已经呈现出剩余的趋势。国家适时发布了旨在转移农村剩余劳动力人口的《关于1984年农村工作的通知》,将农村人口离开耕地而转入城市是"一个必然的历史进步,……为改变人口和工业的布局创造条件。"②落户城市成为千百年来农民改变身份、提升生活水平和劳作习惯的重大选择,很多农民由此在城市生活中寻找了发展的机遇,也为城市建设注入了新生力量。没有离开农村的农民也通过开展从事副业生产,将单一的种地耕作发展到以多种经营为主的生产格局上,突破了传统农业的一般格局。这一在农业生产领域极具战略眼光的改革,不但提升了农民的收入水平,更重要的是提升了农民利用各种土地资源的水平,由于生产的发展不仅限于耕作,山林、湖泊、沼泽等其他地形都成为开展副业的场所,这就为降低农民对土地的依附程度提供了可能。土地不再是农民唯一的生活来源,引发了人地关系在一定程度上的疏离。这一方面说明国家城乡同步发展的政策效果得以显现,另一方面,空余土地的财产属性也吸引着资本的流入,引发了新阶段农民和国家在土地利用上的矛盾。

(二)土地的财产属性是征地冲动的诱因

人民公社作为计划经济体制的一个重要部分,在农村组织结构上起到

---

①　《陈云文选(一九五六——一九八五)》,人民出版社1986年版,第212页。

②　中共中央文献研究室编:《十二大以来重要文献选编》(上),人民出版社1986年版,第434—435页。

了限制土地流动、维护农村稳定的重要作用,在社会管理和实现国家统一发展战略的角度上,这是具有积极意义的。在国家的整体发展战略从阶级斗争转为经济发展,人民公社被乡镇政权和集体经济组织取代后,市场经济在一定程度上填补了国家权力在经济领域退出所留下的空白,在提升了人民生活水平的同时也放开了经济发展的思路和眼光。实现国家现代化发展就必须要坚持城市化和工业化的发展战略,从这个角度上讲,国家和农民阶级的根本利益是一致的。但城市化和工业化发展必须要占用大量的土地,并且形成了提升地方经济发展速度的捷径,这就直接触动了视土地为生命的农民的敏感神经。

1984年国家决定在沿海设立经济特区,地方政府为了吸引外资,都采用几乎无偿征用农地再低价转让的形式建设开发区。由于外资呈观望态度、农地增值的价值还很不明显、被侵占的农地数量非常有限,征地因此没有引发冲突。1992年后,富裕起来的东南沿海刺激着全国开办开发区热潮,到1993年初全国的开发区多达800多个,占用了土地1.5万平方公里,挤占了2400亩耕地,最终导致粮食生产受到影响,引发了1993年底的粮食价格突涨。国家根据1985年处理粮价突涨的经验,采取果断措施制止耕地减少,并对开发区建设及时刹车,最终数量限定在400—500个。在国家控制短暂冷却之后,2000年再度掀起开发区热潮,占用的土地面积是90年代的2倍多,达到3.6万平方公里,数量多达6015个。据国土资源部不完全统计,本次开发区规划的面积已超过现有城镇建成区面积的总和,而且占用了相当数量的耕地和高产农田。① 截止到2003年初,对22个省(自治区、市)进行调查的统计结果显示,已建、在建和拟建的大学城项目46个、高尔夫球场项目多达306个,其中不少项目假借名义搞商品房开发,占地总面积达到88.8万亩,②严重侵占了土地资源。2011年《国土资源公报》公布的

---

① 《我国乱占滥用土地情况严重》,《中国青年报》,http://zqb.cyol.com/gb/zqb/2004-06/25/content_895832.htm,2004年6月25日。
② 袁祥:《46个大学城306个高尔夫球场占用大量耕地》,光明网,http://www.gmw.cn/01gmrb/2004-06/25/content_48133.htm,2004年6月25日。

数据显示,城市空间拓展、开发区以及其他商品房建设用地是占用耕地比例最大的部分,可以说,大部分地区的经济发展是以消耗现有的土地资源为代价的。2004 年以江苏昆山、广东顺德等为首的十个经济发展最迅速的县市,以全国 0.1% 的国土面积和 0.7% 的人口,创造出全国 3.6% 的 GDP 5000 亿元、财政收入 606 亿元、上缴税收 349 亿元;共给本县域以外地区提供超过 500 万个就业岗位;出口总额 394 亿美元,占全国出口总额的 6.6%,平均实际利用外资 4.2 亿美元,号称全国"十强县"。① 征用土地搞建设在为十强县带来财富的同时,也敲响了土地资源接近枯竭的警钟,广东顺德 806 平方公里的土地目前仅余不到 16.1% 尚未使用,广东南海 1074 平方公里土地,使用面积也已高达 81.3%。即便是国家在 2004 年再次收紧供地政策,十强县也以平均超过 5000 亩/年的速度失去更多的耕地。

　　作为失地一方,农民的心理经历一个从"希望、欢迎"到"失望、抵抗"的过程。由于羡慕能马上过上城市居民的生活,摆脱面朝黄土背朝天的辛勤劳作,在征地初期农民还是十分配合的;但现实的残酷让农民的生存情况反倒没有征地之前理想,加上地方政府部分干部在征地过程中的暴力、腐败行为,严重损害了农民的利益。

(三)权力与资本的合作是产生征地冲动的深层原因

　　"权力—权利"框架是一种社会关系。在社会中存在着很多权利之间的冲突,也存在着权利和权力的冲突。国家权力应处于相对居中的位置,在各种不同权利之间平衡协调,保持社会各项权利的均衡发展。在开发建设中,虽然农民因经济来源的多样化导致与土地关系相对疏远,以及城市和工业建设的空间拓展都可能导致农村土地被侵占,但由于国家对保护耕地的法律出台及政策态度的鲜明、强硬,本不至于开发的风暴席卷所有农村,但冲突产生的深层次原因却在于国家权力在社会调控环节支持资本的扩张,

---

　　① 董碧水:《全国走一步,十强县走两步》,《中国青年报》,http://zqb.cyol.com/gb/zqb/2005-09/21/content_67277.htm,2005 年 9 月 21 日。

而有意限制了农民土地权利的诉求。资本根据逐利的本性通过无限扩张，延伸到农村基层领域以获得最大的经济利益;政府则在获得了现代城市工业的产值和土地出让金在财政上的数字作为自身的政绩,二者的利益在侵占农村土地的过程中寻找到了竞合的平衡点,从而推动了新时期的征地冲动。具体来说:

首先,中央权力未能有效控制地方权力。中央政府与地方政府有着明确的权力划分,中央权力更关注国家整体发展战略和道路选择、统筹各项工作、设定社会发展目标;地方政府权力集中管理辖区政治、经济发展,实现本地区的经济目标和发展战略。就土地政策而言,中央将保护耕地数量作为限制地方权力不能逾越的红线,而地方政府通过便捷的土地财政获取经济利益的同时,难免会触碰耕地保护的红线,导致了地方行动背离中央政策。随着全国以经济建设为中心的工作重点转移,引进外资成为地方政府完成经济任务和政绩的最大任务,开发区建设热潮是直接导致农村土地被侵犯的主要原因,而该建设热潮的几次起落都是因地方政策与中央的背离而引发的中央与地方权力的博弈。从总体上讲,由于征地引发的农民成为"三无人员",并引发社会秩序混乱、人口无序流动、农业发展减缓等直接结果都不利于社会长远发展。可以说,中央对地方的权力控制并不是有效的。

其次,地方政府的执政目标导致权力失衡。结束了"以阶级斗争为纲"的时代,国家主流政治路线重回以经济建设为中心,中央以引进外资为发展经济建立开发区的政策导向刺激着地方政府寻求本地区的经济发展途径,穷怕了的中国人也迫切希望能够借助改革开放的东风实现富裕的梦想。尽管意识形态问题不再能左右社会的发展,但意识形态的逻辑没有完全肃清,造就了经济问题的政治化,即"经济建设是当前各级政府最大的政治问题",各地经济发展的指标成为地方政府的全部工作核心。经济发展不是短时间内就能完成的,市场体系的形成、稳定的商业关系、成熟的市场品牌和畅通的物流系统,特别是有着丰富市场经济管理能力的理性政府的形成等等,在欧美发达国家都经历了上百年的发展历程,很显然这是一届甚至几届政府都难以做到的；又因为部分财政收入权力被中央收回，依靠引进外资投产，用土地换效益的土地财政就应运而生。政府通过低买高卖出让土地换取经济效益提升来实现执政目标的做法屡试不爽，这也就不难理解为什么政府的权力会出现导向性失衡。

最后，国家征地权的启动带有官员个人意志。作为对内主权的体现，征地权作为国家处分土地的最高权力具有不可抗拒性和不可逆转性。虽然这项权力的启动将导致集体所有的土地性质发生根本性的变化，但法律并没有对启动权力的原因做出明确、细致的解释，是有意在实践中为行政权力的介入留有余地。目前我国对于地方官员政绩考核主要以工作实绩为重点，开发区、商业区和高档住宅区对于经济指标的提升都较之农业有着不可比拟的优势，因此，对于启动征地权的"公共利益"的解释，在个人意志和政绩要求下就变得宽泛和变通。以追求政绩为主的政府权力和官员权力和以利益追求为主的资本在开发区、城市规模拓展的建设中找到了共同点；加之缺乏对权力的有效控制和监督，权力以强势的姿态入侵农民的土地权利，最终使得征地行为成为地方经济发展的推手。

（四）权利的缺失导致农民成为土地关系中弱势一方

市场经济和现代化建设为农民提供了改变生活方式的机会：一方面，土地已不再是农民获得财富的唯一途径，农民从土地上获得财富的方式也从单纯的耕作发展为多种经营方式并存，甚至包括出租、入股等资本收益方式，不可避免地出现土地抛荒、闲置的情况；另一方面，土地资源的不可再生性使圈地触碰到了农民生存的底线，对于农民来说，虽然土地不再成为生活的唯一来源，但承载着生活最低保障功能——在城市里找不到工作就回家种地，在城市买不起房子起码老家还有房子。但当生存不再成为首要问题的时候，权利框架的重要性就重新凸显，在特定历史时期形成的集体土地所有权的相关概念没有明晰，代表农民出让土地的主体在征地过程中实际处于虚位状态；农地产权不明不能让农民成为对抗征地权的启动的法律主体；农民无权确定土地出让价格，却又必须承受城市化的生活成本。相反，征收土地的一方利用权力运行和交易规则,通过开发农地而获得了巨额利润。利益分配的不均衡必然刺激着国家、农民和现代化之间的矛盾发生,这一矛盾是长期存在的,只是在不同时期的表现有所不同。

六、农民的土地权利是国家土地政策的核心焦点

我国土地政策的调整历史,就是农民土地权利演变的历史,也是国家建设和农民发展之间互动的历史。在这复杂的历史进程中,土地政策的演变始终围绕着农民土地权利这条主线展开的,而其中核心的部分就是土地的所有权、使用权、收益权和处分权的配置。

在土地所有权方面,土地改革运动彻底改地主所有为农民所有,首次在真正意义上实现了农民作为土地的主人,这也是新中国历史上首次将土地所有权问题和国家政权性质相联系,提升了土地所有权问题的重要地位。随着新民主主义革命的结束和国家进入到社会主义建设阶段,土地私有的弊端成为无法解决的社会问题,为了国家整体发展和绝大多数公民的利益,就必须要对土地私有权进行调整。根据马克思主义的经典理论、我国的国家性质和当时的建设情况,唯一适合当时中国发展的方法就是转土地私有为国家公有。合作社、集体化和人民公社的建立也是围绕着这一中心开展起来的。虽然人民公社最后造成了国家经济的衰退,但这是由于公社集体行动制度的不健全造成的,并不能就此否定土地公有的合理性。在人民公社解体之后,农村土地的性质转为集体所有,对于个体农民来说是没有单独处分土地权利的,是另一种意义上的公有。正是由于农地公有的存在,我国"统分结合"的农村经营体制才有存在的基础,也才能让农民集体发挥一般个体不能发挥的作用。

土地使用权是我国土地政策调整上的又一核心内容。在历史上,农民的土地使用权经历了一个曲折的变化过程,但最终经过反复的实践和论证,家庭土地承包制度最终得以定型,明确给予了农民经营的自主权限并保障了农民使用土地的期限。这和传统意义上的永佃权、所有权项下的使用权

是有本质区别的,核心就在于这种使用权是由国家主导的新型权利,必须要在土地的利用方式和使用期限上作出有效的限制,才能保证国家的粮食安全和土地的科学利用——家庭承包初期的期限过短造成了农民在土地利用上的短期行为;为谋取经济利益而发展经济作物并减少粮食产量曾导致1993年的粮食短缺并涨价;过快的人口增速让农民选择侵占耕地建房;土地租赁高于耕种的收益让农民本身也乐意按市场经济规则向开发商出让土地等。这些无序用地行为如不加以调控,则很可能破坏我国相对脆弱的农业经济,引发社会问题。因此,我国的土地使用权是在国家宏观调控下的使用权,与西方现行的土地使用权有着本质的区别。

土地收益权是农民经营所获的收益,是农民最主要的收入来源。在社会资源极度匮乏的情况下,国家曾经为了经济发展和社会公平依靠政府权力参与到农民的个体收入分配当中,形成了国家、农民收益共享的局面;随着政府权力的侵入和国家政策再调整,国家最终通过人民公社的集体组织形式完全将农民纳入农业整体生产体系,农民个体收益也通过国家的"统购统销"进行统一分配,这一时期,农民完全失去了土地经营的收益权,国家在获得土地收益的同时也破坏了农民的生产积极性。在实现市场经济体制后,国家开始实行税费改革并进而完全取消了农业税,是通过规范和减少基层政府和集体组织对农民各项费用的摊派而在实质上将土地收益权还给农民。如今,农民除法律规定应缴纳的税款之外,完全占有自己的劳动所得,这是激发农民经营土地热情的最重要措施,不但保护了农业资源,也保证了国家的粮食安全和现代化建设进程。

根据我国的国家性质,土地是不允许私人处分的,但将土地上附着的权利进行流转对农民个体却极有意义。这一过程的实现也是随着我国政策的不断调整而变化的。土地改革初期,农民个体充分的土地流转权造成了阶级分化和社会动荡,中央通过合作化、集体化和人民公社从制度上对土地流转进行了严格的调控,这一政策一直执行到改革开放初期。2001年的全国人大四次会议通过《中华人民共和国国民经济和社会发展第十个五年计划纲要》才确定了"在长期稳定土地承包关系的基础上,鼓励有条件的地区积极探索土地经营权流转制度改革"①的精神,2002 年中央公布了《关于做好农户承包地使用权流转工作的通知》,正式明确了农民对所承包土地的流转权。从这一制度的转变可以看出我国经济体制改革在农业领域发挥的重要作用,正是由于国家赋予农民明确的经营权、完整的收益权和相对自由的流转权,农民才拥有自由经营土地、实现集约化经营的可能,也就是保障了农民最基本的财产权利。

我国的粮食安全、社会稳定都要依靠农业的稳定支持,农业的发展要依赖于农民的生产热情;调动农民的生产积极性,并在农民权利、国家权力之间寻找到一个平衡点的重要途径就是合理、务实、有效的农业政策;农业政策制定的核心内容就是农民土地权利的实现。因此,通过重构农业政策,恢复国家和农民的情感联系,明确土地产权,把土地利益还给农民,这是新时期解决"三农"问题的理论起点。

---

① 中共中央文献研究室编:《十五大以来重要文献选编》(中),人民出版社 2001 年版,第 1686 页。

第三章

集体土地所有权的分析与重构

所有权,是所有人对自己的不动产或者动产依法享有占有、使用、收益和处分的权利,是物权甚至民法体系的基本理论。集体土地所有权是农民土地权利的基础,其本质是确保农民拥有对土地真实、完整的所有权。当前集体土地所有权的国家公权属性严重阻碍了农民行使土地权利的自由。因此,重构和完善集体土地所有权的私权属性对于我国农民土地权利的实现和推进和谐社会建设具有积极的意义。

一、集体土地所有权的基础理论

土地所有权并不是一种独立、特别的所有权形式,它是所有权理论在土地领域的具体化。土地所有权的特殊性源于其标的物的特殊性:土地是一种不可再生、不可移动并不可替代的自然资源,是所有财富的建立基础;土地的有限性影响着一国的政治、经济制度的确立和运行;土地所有权问题是触及我国土地制度改革的核心问题,是无法回避的。因此,从"治本"的角度上讲,必须重视土地所有权的改革。

(一)集体土地所有权的演变过程

土地问题在我国尤为突出——一方面因为我国人口众多、耕地人均占有量只有世界平均水平的1/3,再加上长期的土地破坏、土地浪费、水土流失和土地污染,用地紧张问题在我国一直存在;另一方面,土地问题一直是我国历史上社会矛盾与冲突的焦点问题,王朝兴衰、朝代更迭都与土地问题有关。面对如此敏感的社会问题,制定一套符合我国国情和广大人民利益的,公平合理、行之有效的土地法律制度和调控机制,就显得尤为重要。

作为新生社会主义国家,我国在新中国成立初期,在农业生产领域遭遇到了小农经济与社会主义现代化建设不符的情况,为了将全社会各行业纳入到社会主义性质生产关系中,就必须要对农业生产关系进行改造。但马克思和列宁土地理论中并没有"集体化"和"集体所有"的概念,也没有对"集体"作出明确的解释;率先使用"集体"概念并应用到实践中的是斯大林开创的"集体农庄"——这个高效、严密的组织结构确实为初期苏联农业发展提供了稳定的生产力支持,因此,在一切向苏联学习的浪潮中被几乎完整地引入到我国。1951年由毛泽东亲自制定的《中共中央关于农业生产互助合作的决议(草案)》及《把农业互助合作当作一件大事去做》的通知,率先将土地分散经营的模式转变为集体统一经营,迈出了集体化的第一步;由于土地集体化不是遵照经济规律开展而是依靠行政命令推进的,根据1956年的《高级农业合作社示范章程》的规定,农民的土地所有权在没有经过任何论证和征询意见的情况下被指令性地转为合作社集体所有;1962年《农村人民公社工作条例(修正草案)》(简称"60条"),对土地权属问题作出了明确的规定:"生产队范围内的土地,都归生产队所有。生产队的土地,包括社员的自留地、自留山、宅基地等等,一律不准出租或买卖。生产队所有土地不经过县以上人民委员会的审查和批准,任何单位和个人都不得占用;集体所有的山林、水面和草原,凡是归生产队所有比较有利的都归生产队所有等。"这就是主导我国农村土地权属长达二十几年的"三级所有,队为基础",在十一届三中全会以前我国农村集体土地制度的基本模式。

1978年党的十一届三中全会以后,通过实行农村家庭联产承包责任制,不但彻底改变了土地的经营方式,而且促进了以"政社合一"为基础的人民公社的解体;土地权属问题在1982年《宪法》当中作出了如下的规定:

"农村和城市郊区的土地,除由法律规定属于国家所有的以外,属于集体所有;宅基地和自留地、自留山,也属于集体所有。"

(二)集体土地所有权的一般规定

《宪法》对集体土地所有权做出的规定是具有政治意义的所有制的规定。集体土地所有权的具体制度设计是在部门法当中完成的。

关于集体土地所有权的主体和客体的具体范围,《民法通则》第七十四条第一款做出了如下规定:"劳动集体组织的财产属于劳动群众集体所有,包括:(一)法律规定为集体所有的土地和森林、山岭、草原、荒地、滩涂等;(二)集体经济组织的财产;(三)集体所有的建筑物、水库、农田水利设施和教育、科学、文化、卫生、体育设施;(四)集体所有的其他财产。"虽未对作为所有权主体的"集体"进行详细的解释,但在第二款规定并明确了有经营、管理权的主体:"集体所有的土地依照法律属于村农民集体所有,由村农业生产合作社等农业集体经济组织或者村民委员会经营、管理。已经属于乡(镇)农民集体经济组织所有的,可以属于乡(镇)农民集体所有。"

该条是集体土地所有权规定中重要的部分,因为其明确说明了村委会、村领导对集体土地只有管理权而没有所有权,所有权还是归于村民集体享有。《土地管理法》对此作出了类似的规定:"农民集体所有的土地依法属于村农民集体所有的,由村集体经济组织或者村民委员会经营、管理;已经分别属于村内两个以上农村集体经济组织的农民集体所有的,由村内各该农村集体经济组织或者村民小组经营、管理;已经属于乡(镇)农民集体所有的,由乡(镇)农村集体经济组织经营、管理。"这为追究目前现实操作中,特别是征地环节,追究村委会或村干部违规卖地侵犯农民集体利益提供了法律依据。

《农村土地承包法》赋予了农民集体发包土地的权利:"农民集体所有的土地依法属于村农民集体所有的,由村集体经济组织或者村民委员会发包;已经分别属于村内两个以上农村集体经济组织的农民集体所有的,由村内各该农村集体经济组织或者村民小组发包。"《物权法》作为私权保护的主要法律,确认了对集体财产的所有权,第五十九条第一款规定:"农民集体所有的不动产和动产,属于本集体成员集体所有。"

上述法律从不同的角度对集体土地所有权进行了确认和规定,一方面,规定集体土地所有权的法律多为行政管理类法律,规定了太多的公权力内容,相比对农民、农民集体的私权利保护程度略显不足;另一方面,对集体土地所有权的主体、客体、权能等核心概念并没有做出详细的解释,因此在现实中缺乏可操作性。由于集体土地所有权本身是发端于政治运动而非社会改革,所以采用了"集体""农民集体"等非法律用语,其内涵至今无法得到澄清,成为集体土地所有权行使的障碍和最饱受诟病之处。

二、集体土地所有权的理论问题

集体土地所有权是我国农民最重要的土地权利,但该权利在制度构建中存在着诸多问题,不但其私权属性被掩盖,而且无法发挥农民土地权利体系构建的基础性作用,制约了农民土地权利的改革和发展。

(一)集体土地所有权主体虚位

中南财经政法大学的"农村土地问题立法研究"课题组,历时 4 个月的时间开展大规模田野调查,足迹遍布江苏、山东、湖北等十个具有代表性的农业大省。2010 年 3 月,课题组以报告书的形式向社会公开发布调研结果,成为研究农村现状最有价值的一手材料。其中有关于集体土地所有权部分的"您认为您的承包地(田)的所有权是谁的?"这一问题的回答中,有 41.91%的受访农户选择"国家所有"、29.57%选择"村集体所有"、3.56%选择"乡(镇)集体所有"、6.23%选择"村小组所有"、17.62%选择"个人所有"[①],也就是说只有 39.36%的农民知道集体土地所有权的主体,这样的结

---

① 陈小君等:《农地流转与农地产权的法律问题——来自全国 4 省 8 县(市、区)的调查报告》,《华中师范大学学报(人文社会科学版)》2010 年第 2 期。

果反映出农民对集体土地主体的认知水平很低,将国家等同于集体,从根本上混淆了集体所有与国家所有的内涵。在回答"您觉得承包地的所有权归谁最好"的问题中,有46.41%的农户期望归个人所有,21.23%期望归国家所有,只有32.36%的农户期望所有权归村集体、乡(镇)集体和村小组所有。[①] 这说明农民对集体、国家作为土地所有者的认同感非常低,更渴望自己拥有土地。在建国后历经对土地所有权的拥有、限制、争取以致最后彻底失去的数次政治运动后,农民还是不能认同集体作为农地所有权的主体,这其中除了国家权力的强势介入和农民对法律科学了解不足外,"集体到底是什么"恐怕还是一个尚未明确的核心问题。

荷兰学者何·皮特在《谁是中国土地的拥有者》一书中,通过调研乡村基本情况和文献,在土地所有权的法律结构、土地权属登记、国土资源部的制度改革和农村土地承包市场的建立等四个方面对我国农村土地的权属进行了分析研究,认为农村土地权属的模糊性是"有意的制度模糊",并尖锐地指出我国农地所有制度本质上为"空制度",即在敏感的政治问题上,不同利益集团之间相互妥协的产物——尽管有法律制度的出台,但由于没有实际执行的效力而最终得到了政治主体之间的妥协;对于我国土地产权结构中的含糊部分——"制度的信用"——是依靠国家权力而不是规范的全国性法律来维持的。[②] 他的理论虽遭到国内部分学者的质疑,但指出了我国集体土地的核心问题,就是权利主体不明。

集体土地主体的模糊性在现实中是一直存在而无法否认的,在海南走访调查所获案例可以印证这种论断:

案例一,土地的国有与集体所有性质不明。海口市桂林洋农场在法律上属国营农场建制,始建于1961年,半个世纪以来代行着地方管理权,其辖区内的土地依法属国家所有。但坐落在海口某高校规划范围内的上岛、黑

---

① 陈小君等:《农地流转与农地产权的法律问题——来自全国4省8县(市、区)的调查报告》,《华中师范大学学报(人文社会科学版)》2010年第2期。

② [荷]何·皮特:《谁是中国土地的拥有者》,林韵然译,社会科学文献出版社2008年版,第125页。

矿两村的村民却对土地权属始终抱有质疑,两个自然村由于规模小共同推选了一位村长,这个朴实的海南农民刘大雄代表村民说道:"农场从没有给我们开过会、分过工,我们都是自己养活自己的,突然有一天说给我们交社保了,我们就是农场的人了,土地也是农场的了。这土地是我们祖宗留给我们的,不是农场的,我们不认。"由于双方在权属问题上未能达成一致,两村搬迁工作一致处于搁置状态,形成了尴尬的校中村局面。

案例二,集体内部主体不明。坐落在海口南渡江出口处的东营村是个由地方政府命名并通过基层政府组建的行政村,其下辖东村、西村、外堆、麻地和北排这五个自然村,这五个村在地理环境上没有任何界限和界碑区分,只有村民以世代相传的记忆中的地界来区分村落。因海口计划要用此地建设跨海大桥,因此东营村部分土地被列入征用的范畴。在走访到一个在海南大学读书的村民陈曼丽"由谁代表村民负责征地工作"的时候,她说:"这个我不清楚哦,但钱有时候是小组长(自然村长)来发,有时候是村长(行政村长)发。"可见,集体内部的村民也说不清到底谁是土地所有者。

从民事权利主体角度上讲,现在的农民集体只是农民的数量集合,是一种无组织形式的"人合",不具备民事权利能力和法人主体身份,其所反映的意志也只是成员意志在数量上的简单叠加。能够在民法领域除承担民事责任享受民事权利的主体,只有自然人和自然人的组织体。自然人的组织体必须通过对"人合"进行组织化,形成一个能够代表成员利益并能够具有独立组织人格、能够表达组织意愿、承担权利能力的"拟制人",才能够上升为法律认可的主体。正如尹田教授所认为的,"任何纯粹抽象存在、无任何特定外在表现方式从而使之与其他同类的人的群体相区别的人的结合体,不可能成为具体权利的载体","缺乏主体的所谓'集体所有权',当然只能具有一种抽象的所有制意义上的内涵,无法成为民法上具有实体权利性质的财产所有权之一种。"①面对征地所能产生的巨大利益和主体缺位,"村委会"等民意代理人借助政府权力的介入而越俎代庖,开始代替"虚化"的真

---

① 尹田:《物权主体论纲》,《现代法学》2006 年第 2 期。

正所有者行使着权利,农民甚至未觉察到自己的土地权利受到侵害。这也就不难解释为什么在调查问卷中,有相当数量的农民希望土地"私有化",而集体土地所有权反倒呈现出"空权利"的趋势。

(二)集体土地所有权发展权能缺失

很多学者在分析集体土地所有权缺陷的时候,都得出了集体土地所有权权能在使用、收益和处分方面的缺失,如在使用农村土地方面,任何单位和个人都不得随意改变土地的使用方式和性质;在收益方面,在征地环节支付给农民的补偿款只是土地价值很少的一部分;在处分方面,这是学者们集中讨论的焦点,认为我国法律不但严格禁止集体土地的转让,而且只允许集体土地以一种方式改变性质,那就是国家征地,而征地是一个单项法律行为,一旦集体土地转换为国有土地,其性质将永远不能再发生改变。上述的分析确是当前存在的一些问题,但如果就此认定是集体土地所有权权能有缺陷的主要方面,其结论未免有些狭隘。

通过深入分析所有权制度存在的目的和价值到底为何,不难得出这样的结论,即所有权主体虽然是通过所有权来提升对物的保护和利用水平,最终目的是为了通过所有权给自身带来某种利益,无论是经济上的、政治上的,甚至是精神上的。从长远角度来看,集体土地所有权最为缺失的权能是对集体土地的发展和规划权。集体土地和国有土地除了所有主体不同,客体都是相同的。但针对国有土地的利用,国家通过中央政府和职能部门,特别是土地、规划和住建部门,汇集专业人士进行长期的调研和反复论证,经过复杂的程序才最终确定国有土地的使用方式和城市的基本规划,这里面融合了高度的社会管理智慧。但集体土地由于主体不明,代理人、管理人水平有限等因素,长期处于个体利用的放任自流的状态,没有任何一个集体、集体组织对单位面积内的集体土地进行过详细的规划。甚至有些人认为,集体土地只要国家一句话就改变性质而不必长远规划——这是对农民生活和农业发展的不负责任。既然集体土地负担着国家农业生产安全的重任,就应当对集体土地的利用做出规划,通过规划合理利用土地资源、长远发展土地效益,并最终实现农民阶级的利益,这是集体土地所有权应有的权能。为此,集体土地所有权的主体应积极推进农业合作、发展科学农业,做到因地制宜、统筹发展;科学安排农民宅基地建设,节约土地、保障农民基本权益;最重要的是,能够积极参与到国家机关对城市建设和农村发展的统一规划中,抵制城市化发展的盲目性,不能根据行政命令随意改变土地的使用方式,并代表农民实现农地规划发展中的话语权。这才是维护农业安全、确保耕地红线不被突破的重要权能。

(三)集体土地所有权客体界定模糊

城市作为集体土地与国有土地的重要区分界线,在地理学、社会学和行政区域管理等多种语境混用的情况下,导致了在法律应用领域的模糊性。在行政管理领域,依据《宪法》和《城市规划法》的规定,城市是指按国家行政建制设立的直辖市、市、镇。和一般国外通行的以人口规模定义城市性质的方法不同,我国在法律上采用的做法是用建制城镇来定义城市人口,这样的做法并不以地理概念和人口规模为定义根据,而行政命令在确定城市的问题上具有重要的作用。如此,在追求城市化发展的今天,地方政府不断采用提升行政区划的面积和建制级别的方式来提升城市化的数字和规模,这种现象被称为"村改居"模式。通过这种方式实现土地国有化的法律依据是,一旦行政地域被确定为法律意义上的"城市",土地也就自然成了国有土地,征地就无需与原权利人协商,强制征收和拆迁反而成为合法行为。针对这种依靠制度漏洞侵占集体用地的变相征地行为,2007年国务院办公厅下发《关于严格执行有关农村集体建设用地法律和政策的通知》,其中明确规定:严禁以各种名义,擅自扩大农村集体建设用地规模,以及通过"村改居"等方式,非法将农民集体所有土地转为国有土地。但在经济利益的刺激下,行政命令不能从根本上解决问题。

此外,由于历史上的多次政治运动导致土地登记管理系统的原始资料大部分缺失,而国家现行的登记管理系统权属登记并不完整,在农村地区经常发生"村规民约"与国家权属登记相矛盾、政府部门认定的国有土地范围与农民传统认定的"祖宗地"不符的情况。如海口某高校进驻桂林洋高校区建设新址,在政府征地的过程中就发生在该校区内约88亩的土地权属不清:一方面桂林洋国营农场认为该地块属于农场所有,被灵山镇农民强行使用了几十年;另一方面,灵山镇迈聘村长刘清琼说:"我家公(海南方言:父亲)的坟埋在那里几十年了,我从小在这里长大、干工,这是我的祖宗地。"双方争执不下。而该案例最终的解决方法还是在美兰区国土分局在认定土地权属归桂林洋农场所有的前提下,由该高校向农民也支付了一定的补偿款,才最终以"糊涂账"的形式告终。这一个案充分说明了国家在政策制定过程中的主观性强,对土地现实情况掌握的模糊和政策制定依据的偏差。

(四)集体土地所有权的性质存有争议

集体土地所有权的性质在学界一直存在着争议,一方面是由于我国各级法律规定的模糊性,另一方面也是由于集体土地所有权本身相比于其他民事权利也具有特殊性,因此,目前还没有同性的学说。按照学界的研究结果,具有代表性的理论如下:

"总有"说——持该观点的学者认为,在农民集体范围内的全体农民是按照平等民主,多数决议的原则,占有、使用、收益、处分归属全体集体成员的财产的权利,个体对集体土地的权利不能单独行使,集体所有权与成员权也不可分割,权利的主体是共性主体与单个主体的统一,是区别于传统民法的新型总有形态。总有理论与我国集体土地所有权的情况相接近,但区别在于:首先,总有制度的基础是土地私有制,而我国实行的是土地公有制;其次,总有制度无法对同为集体所有权的高级社、人民公社阶段的土地所有权进行定义;最后,总有制度已经发展成为独立的法人所有权并被其完全替代,这一点与我国现实显然不同。

"个人化与法人化的契合"说——集体组织成员对集体财产享有股权或者社员权,所有权的主体都属于法人性质组织,集体成员享有集体土地的股权。该学说将集体土地权利作为一种可分割的股份制权利,显然不能解释农民作为成员在未支付任何对价而即可占用集体土地的权利如何用股权概念予以解释。

"共同共有"说——该学说的缺陷在于首先认为共同共有的主体最终可以解除共有关系,并对财产进行处分,而农民集体是由于身份关系结成的特殊组织,是不能够解散的;其次,农民集体也无权在所有权层面上协商分割集体所有的土地;最后,共同共有人的关系一般是特定的,由于特定的关系而有共同的目标,而作为集体成员的农民身份并不是特定的,也没有形成特殊的目标。因此,集体土地所有权也不是共有关系。

即便没有得出一致的结论,但对集体土地所有权性质的意义已经超出了学界的单纯讨论,是关注农民土地权利的有意义的理论探索。作为农民集体的成员,农民个体的土地权利与集体所有权之间的关系是模糊的,农民个体的权利内容也是模糊的;从集体角度来讲,集体土地所有权似乎是人人都享有,但在权利受到侵害的时候,比如在对抗征地权的时候,个体农民既不具备诉讼主体资格,也不知道自己在集体土地中所拥有的份额,更不清楚如何维护集体的权利。

三、集体土地所有权的问题根源
在于其权利属性的"国家化"

由于国家权力对集体土地所有权的介入和改造,使其在权利属性上呈现出"国家化"特点。这是集体土地所有权不能发挥其私权属性并引发一系列农业问题的重要原因。

(一)集体土地所有权属性的"国家化"原因分析

1. 集体土地所有权的产生缺少民事法律的参与

20世纪50年代初土地改革结束后,我国农村社会经济结构形成了新的格局和特点:以小块土地、农民私有为特征的一家一户的小农经济逐渐在我国经济生活中占据了主体地位;农村阶级结构的对比也发生了新的变化,土改后出现了中农化的趋势,并出现了两极分化的苗头。最早开始引导农民从互助组发展到半社会主义性质的初级农业生产合作社不是农民自发的经济行为选择,而是中共中央在1953年通过的《关于农业生产互助合作的决议》这一政治性极强的文件。1956年,毛泽东在中共中央政治局扩大会议上作《论十大关系》的报告,正式确定了我国优先发展重工业的战略,并选择作为基础性产业的农业作为政府统一调控以保障重工业快速发展的突破口。这是在当时的历史环境和外部压力的制约下,在苏联模式的影响下,为保证国家的安全和经济的快速增长所必须选择的道路。1956年下半年,我国农村掀起的农业合作化高潮,也不是根据经济发展水平和农民的意愿而出现的,相反,完全是根据国家的行政命令推进的——初级社阶段,农地个人私有的性质并没有改变;进入到高级社阶段后,土地等生产资料的所有权便强制划归于集体。高级社的建立,是我国农村集体土地所有权产生的标志,不但确保了国家对农业生产的掌控,也标志着自清末修律以来用《民法》调整土地关系的历史被一种全新的政治制度取代。学者研究指出"这一阶段农村土地制度演变的实质就是在预设的政治目的下推进社会主义公有制在农村的建立。"[1]在这样的历史背景下诞生的集体土地所有权,肩负维护农村社会性质、固定农业劳动力和为工业发展平调财产的历史重任,自初生之日起刻上了浓重的国家权力的烙印。

2. 集体土地所有权发源于政治运动

领导层强制实行土地集体所有主要基于两方面的考虑:一方面,发展生产力的需要。党中央将发展社会主义生产力作为国家发展面临的根本任务,毛泽东指出:"我们的根本任务已经由解放生产力变为在新的生产关系下面保护和发展生产力。"[2]据此,他提出了发展生产力和改变生产关系同时并举的社会主义过渡时期的总路线。在这条总路线的指引下,我国在20世纪50年代初期,对农业、手工业和资本主义工商业进行了社会主义改造,

---

① 张新民、蒲俊丞:《论我国农村集体土地物权主体的基础性——兼论我国农村集体土地物权研究的方法论取向》,《西南大学学报(社会科学版)》2008年第2期。
② 《毛泽东著作选读》(下),人民出版社1986年版,第771—772页。

初步建立了以公有制为基础的社会主义生产关系,促进了生产力的发展。①对农业的改造采取的主要就是通过合作化实现集体所有制的方法,对此,毛泽东认为:"农业和手工业由个体所有制变为社会主义集体所有制,……必然使生产力大大地获得解放……"②。另一方面,阶级斗争的需要。受过渡时期总路线和粮食统购统销的影响,中央认为农民以劳动者的角色进行互助合作,说明农民可以被引向社会主义;农民私有者的身份和出卖农产品表现出的积极性,又说明农民具有自发的资本主义趋向。这种论断已经孕育了对农村社会主义改造路线的强烈的阶级性。可以说,土改完成之后,个体农民生产力得到了发展,经济能力上升的最终结果就是产生所谓的"富农",他们本来依靠勤恳劳动和政策扶持已经能走上一条致富的道路,但简单的经济现象却被政治运动的盲目性所蒙蔽,最终导致对农业的社会主义改造演变为一场严重的阶级斗争。这一斗争的最终结果就是限制个体农民的发展。在农业合作化推进与政治斗争相关联的形势下,农民为避免作为阶级斗争的对象,最终只能交出多余的生产资料,接受社会主义改造和集体所有制。

在这样的政策背景下形成的集体土地所有权,是绝不可能带有任何民事权利色彩的。有学者指出,"集体土地所有权制度的产生是政治运动的结果,或者说是在特定历史背景下出现的对农村合作经济等运作方式的一个概括,是政治制度和外在力量安排的结果。"③

3. 集体土地所有权的私权属性被立法有意回避

首先涉及集体土地所有制建立并赋予集体相关土地权利的法律文件,是 1956 年 6 月第一届全国人民代表大会第三次会议通过的《高级农业生产合作社示范章程》。这部由最高权力机构全国人大制定、效力属于二级大法的章程,虽然没有用"法"的字眼,但对我国农村社会关系的影响是深远的,它是国家权力对土地控制的法律依据,且丝毫不具备现代意义上民法所

---

① 张新华:《新中国探索三农问题的历史经验》,中共党史出版社 2007 年版,第 299 页。
② 《毛泽东著作选读》(下),人民出版社 1986 年版,第 717 页。
③ 高富平:《物权法原论》(中),中国法制出版社 2001 年版,第 675 页。

有权的基本要素。随着高级合作社演变成为人民公社,合作社集体的性质蜕变为与地方政权组织合二为一的地域性社会单位,使用土地的最终决定权遂被政府掌握。这一时期,集体土地所有权的属性所体现出来的是完全意义上的国家意志。

党的十一届三中全会以来,虽然国家对经济运行的管理方式从严格的计划和行政手段调节逐步转移到以经济、法律手段调节,但仍旧维持了集体享有土地所有权,农户享有土地使用权的格局,并在 1982 年《宪法》中予以确认。同时期经济法的理论研究和立法得到空前发展,《土地管理法》等法律的出台,弥补了土地法律制度的空白,但这一时期的立法工作仍以制定管理性规范为主,土地民事立法尚未受到关注。

从《民法通则》颁布开始,我国民事法律规范的系统建设才拉开了序幕,但着眼于尊重和保护私人对物的归属和利用的《物权法》,对集体土地所有权业已存在的主体不明、权限受制和客体界限模糊等主要问题都没有做出超越从前的细化规定。对此学界普遍认为,如果说《宪法》作为纲领性文件,没有对《民法》具体概念做出详述是可以理解的话,那么《物权法》作为专业性极强的部门法,仍对模糊概念继续采取回避的态度,显然是立法的重大缺陷,不利于推动农民民事权利的发展进步。不仅如此,就连作为集体土地所有权原权利人的农村自治组织,也已经严重行政化,村集体所承载的行政负担淡化了其私权属性,当村集体的"所有人角色"更多地为完成政治职能时,所有者的民事权利角色就当然为国家意志所吞没。[①] 可以说现在的集体土地所有权的实然属性只能是对国家意志的贯彻和维护,是典型的民事权利"国家化"。

(二)集体土地所有权"国家化"引发的社会问题

1. 导致农民与国家在土地问题上的分歧

农民敢于站在国家政策的对立面都是因为生存受到了威胁。土地承包

---

① 陈小君等:《农村土地法律制度研究——田野调查解读》,中国政法大学出版社 2004 年版,第 76 页。

经营制度确立之前,面对超越了生产力的生产关系,已经失去了土地所有权的农民,现实选择了通过不断地对集体所有制度进行抵制和改造来保障生存。在经历了一个反复斗争的过程后,面对着粮食安全的威胁,国家最终以确立家庭承包制的方式做出了让步。

改革开放以来,农民的生存问题已经得到根本解决,但国家现代化发展农民再次受益却较为缓慢,建立"开发区""大学城"等园区的征地活动引发了他们的抵抗。集体土地所有权的国家化使经济性的征地、补偿变成了政治性的国家决策:首先,各级政府从骨子里认为集体土地只是国家所有土地的另一个表现形式;其次,基层政权已将村委会等自治机构的代理人行政化,实现了对农村土地的现实控制;再次,由于集体土地所有权主体不明,各级集体争当征地主体以便截留补偿款;最后,地方政府与农民争利,土地补偿延续计划经济时代的理念,而市场经济下的出让暴利刺激政府趋之若鹜,最终使权力和资本成为土地征用的胜利者。

农民面对生存的威胁和心理的失衡必然导致对征地行为的抗拒。海南东营村民魏开东是个脾气暴躁的渔家汉子,他对待征地的态度在村子里不算少数:"没人敢征我的地,我就靠打鱼和种菜过活呢,征地了都不够吃。谁来征地我要打他出去。"可以说,集体土地所有权"国家化"不但威胁了国家的粮食安全,同时导致农民与国家在土地问题上产生分歧,甚至影响到国家在广大农村的政策执行。

2. 导致集体土地权利体系混乱

在集体土地所有权国家化的背景下,作为法律层面上集体土地所有者的农民集体都不真正享有土地的所有权,这违背了《物权法》的基本原理;留给农民的土地承包经营权等权利理应是依附于土地所有权上的从属性权利,但在实际运行中,土地使用权却逐渐取代了土地所有权的地位,成为农民拥有的最核心的权利,其本质是经营权在权利位阶上的"被僭越"。

使用权的权利性质决定了它根本没法弥补所有权缺失留下的法律空白,也正是这种使用权内涵的过度放大,导致了我国土地运行中的矛盾和混乱。由于没有所有权,农民虽然可以长期耕种土地,但没有权利决定自己的成员以何种方式、以多长期限来承包自己的土地;不能将自己的宅基地和家庭承包地进行抵押用以融资;承包地和非农建设用地的流转受到严格的限制和监督;他们失去了自主决定是否出让土地并决定出让价格的权利,甚至连面对强制征用土地的自力救济权都被剥夺了。这种混乱的权利体系如果不能通过法律修正并巩固下来,最终的结果只能是让位于国家权力的入侵而最终导致农民土地权利的丧失。

3. 不利于提升农业竞争力

由于国家对农村土地的过度干预和基层政权的扩张,导致农民集体组织的职能向行政方向过度倾斜,甚至村干部认为农村基层组织的基本任务就是税费收缴和完成政府分配的各项任务,引领组织内农户开展现代化农业经营的经济职能几乎没有发挥。我国土地承包制度导致承包主体众多,土地细碎化对规模经营造成了影响;集体经济组织的经济职能弱化,缺少经营组织主体,各家各户市场信息闭塞、各自为战;耕作方式原始,抗灾抗病能力差,这些都妨碍了现代农业的形成。我国是传统的农业大国,但农业还是只能局限于满足自身需求,难以在国际市场立足,农产品在国际市场竞争中不占优势。很难想象依靠国家补贴的原始生产方式的农业,如何抵御国际现代化农产品借"入世"产生的冲击。

四、重构集体土地所有权是实现
农民土地权利的逻辑起点

集体土地所有权是农民土地权利体系的基础,恢复其本源的私权属性并以此重构该权利的基本结构,是实现农民土地权利的逻辑起点。

(一)集体土地所有权回归私权属性的现实意义

1. 符合法律发展的科学规律

法律发展是指法律必须与社会经济、政治、文化等全面发展相适应、相协调,主要体现为法律制度的变迁、重构及法律精神的转换等内在的法律进步过程与趋势。

法律制度的变迁和重构主要体现为国家权力与民事权利的必然分离。土地国家管理的立法目标,重在突出国家对土地资源利用的总体战略、规范和管理的秩序,达到科学开发、合理保持土地资源及国家粮食安全的目的;土地民事立法侧重于民事主体的行为规范和对民事权利的保护,调整的是平等主体之间因土地而产生的权利义务关系。由于国家权力、民事权利的立法侧重不同,很难在同一部法律中同时详尽地规定这两方面的内容。因此,集体土地所有权要成为真正的民事权利就必须从国家管理性法律中剥离出来。

法律精神的转换主要是指法的立法本位问题。学者张文显在《从义务本位到权利本位是法的发展规律》一文中,着重阐述了他将权利作为立法起点、轴心、重心的理念;从法的历史划断分析中得出社会主义法是新型的权利本位法的结论,同时他认为,“社会主义权利本位是保护和开发社会生产力,发展社会主义经济的法律保障。社会生产力与有两个基本因素:劳动者(人)和生产资料(物)。只有这两个因素得到保护,并且有机结合起来,生产力才能被开发出来。”①我国的农业财富是依靠农民与土地相结合而产生的,稳定并将二者紧密结合在一起的纽带只能是集体土地所有权。因此,将集体土地所有权回归私权属性符合法律科学发展和现代化的一般规律。

2. 推进农村社会公平

根据学者陈小君在中国十省农村进行的田野调查显示,有 70.77% 的农民认为国家规定承包期限过长,有 71.70% 的受访者不认同国家施行的“增人不增地、减人不减地”政策。这主要是因为长期施行的严格土地政策不允许在承包期内调整土地,产生了“人多地少、人少地多”的不平均状态,触动了农民“不患寡而患不均”的敏感神经;村委会以集体土地所有者的身份自居而随意调整、出卖土地或解除承包关系,形成了一个依附于基层政权

---

① 张文显:《从义务本位到权利本位是法的发展规律》,《社会科学战线》1990 年第 3 期。

的新的权力层。农民想实现自己的土地权利已经变得非常困难,只有重构集体土地所有权、还权于民,继而独立其自治机构于权力体系,才是实现农村社会公平的关键一步。

3. 发挥社会保障职责

集体土地所有权承载着农村社会保障职能。集体土地的承包方式实行人人有份、成员承包土地权利不可剥夺的分配原则,这是实现社会保障功能的基础。农民可以通过自身劳动力与土地结合实现工资性收入,或将自身劳动力作为一种生产要素,或通过对土地的直接占有实现财产性收入等三种方式从土地上获得收益,但这种经营自由的保障,必须依赖于对土地的理论所有和实际控制相结合。因此,赋予农民现实的集体土地所有权并消退政府权力对农业生产的控制,能够充分发挥集体土地所有权所应承担的社会保障职责。

(二)重构集体土地所有权的理论前提

1. 淡化集体土地所有权的政治属性

集体土地所有权是伴随着社会主义制度建立起来的所有权模式,它承载了社会主义的价值观念和伦理道德,其肩负的"保障性"责任甚至超过了所应当体现的经济属性和权利属性。集体土地所有权建立的目的是为了解决土地属于农民个体私有所带来的政治偏差和社会弊端,这是传统社会主义政治理想的集中体现,也是兑现我党与农民在国家解放与建立过程中缔结的政治契约。随着社会的发展,所有权设定之初的政治环境已经发生了变化,党、国家和人民已经成为血肉相连的整体,通过控制土地所有以巩固社会主义政权的目标已经完成。在这样的历史背景下,所有权改革的重心应当由政治属性向经济属性转移,以实现农民对土地的共同利用、利益共享及实现共同富裕的最终目标。

2. 正确区分所有制与所有权概念

自清末修律以来,中国立法就沿袭大陆法系传统,用土地所有权概念描述土地的占有关系并由《民法》中的《物权法》予以规制。中国共产党领导的土地改革是用革命的暴力重构了土地的占有关系,其实质不是土地权利的正常过渡,而是一种政治制度的确立。原有的土地所有权理论已无法解释这种新型的土地占有关系,因此政治学话语体系下的土地所有制概念,开始取代原来法律框架下的所有权概念,用以描述、解释和预言新的土地占有关系。新中国成立后土地改革的进程,就是土地所有制将土地所有权逐出历史舞台的过程,不但表明了两种概念之间的独立性,而且也说明它们之间绝不是一种并列或共生的关系。

使用土地所有制概念,表明了中国共产党坚持建立新型社会制度的政治决心,是坚持我国基本政治制度的必要选择。但所有制概念在具体的制度设定上是过度的、模糊的,不能科学界定土地各项权利之间的关系。因此在土地管理法中,开始将所有权与所有制两个概念并用,土地所有权概念开始复苏;2007年通过的《物权法》系统建立了以物权、所有权为核心的民事权利理论体系,标志着土地所有权话语体系重新走上了科学规范土地占有关系的支配地位。由于两种概念的并存互不矛盾,所以对集体土地所有权进行私权属性的重构是对土地权利改革的科学探索,不会改变我国土地公有制的政治格局。

3. 明确集体土地所有权的民事权利性质

所有权作为一种科学存在,其权力性质不因政治制度而有所变更。集体土地所有权应当成为保障农民个人财产自由、发展和完善个人人格的重要理论工具。由于我国土地立法具有政策导向性的特点,所以在谈及集体土地所有权时还没有摆脱计划经济时代的思维模式,总是刻意限制集体土地所有权的应用领域。立法者应当清楚地认识到,对权利的限制不能动摇所有权立法制度中的“以人为本”的核心基础。当前农民的权利观念和意识淡薄,难以在市场经济体系中得到自我保护,必须通过确认集体土地所有权的民事权利性质来增强农民的权利能力,这对彰显《市民法》的理念、形成新的市民伦理、实现法与旧伦理的分化、推进民法理念在中国的发展,具有不可估量的作用。

（三）重构集体土地所有权的民事权利结构

1. 明确集体土地所有权的所有者和行使者

集体概念的模糊是集体土地所有权饱受非议的最大诟病。《物权法》第五十九条规定"农民集体所有的不动产和动产，属于本集体成员集体所有"，这条拗口的法条试图从成员权的角度界定集体的概念，同时强调权利归属于集体成员共同共有，但最终还是回避了"如何认定成员及成员权"的核心问题，而"农民集体"到底是个什么概念仍旧无法解释。

集体概念的模糊是有其历史原因的，人民公社解体后，集体土地所有制度并没有被废除，因此必须要有一个具备政治意义的"集体"作为承载制度的主体来弥补这一制度空白；而对集体概念加以认定的却不是高位阶的法律，而是地方传统、习俗和村规民约，这很容易引起法律运行上的混乱，现实中村委会就是利用制度模糊窃取了集体成员的权利。

这里《物权法》混淆了一组重要的概念，就是所有权的所有者和行使者。集体在《民法》上尚不具备组织的特性，还不是一个法人组织，因此，农民集体根本没有资格成为集体土地所有权的所有者，只有在其被按照《民法》改造为法人组织后，才具备成为土地所有者的主体条件。笔者认为，集体土地所有制的设定是为了满足全体农民对拥有土地的渴望，国家也实现了控制农业和全体农民的政治目的。所以说，集体土地所有权创立时确定的主体，并不是某某个集体，而面对的是整个农民阶层。[1] 明确地说，集体土地的所有权应该归属于由户籍制度确定下来的具有农业户口的所有"农民"享有。合作社、人民公社及人民公社解体后出现的村、村民小组等集体形式，都是农民依法结合的一种社会团体，只能成为权利的行使者。在这一前提下，当前实际行使所有权的村委会等以村民自治原则形成的集体组织形式，其法律地位就被明确为农民意志的代行机关。这样既能在理论上保

---

[1]　陈小君：《后农业税时代农地法制运行实证研究》，中国政法大学出版社2009年版，第176页。

持农民作为一个整体的土地所有者地位不变,又能够保证土地权利的平稳运行、减少社会矛盾并最大限度地排除基层政府权力的入侵。

2. 重构集体土地所有权的权利内容

集体土地所有权既然是一种民法性权利,那么它首先就应当还原土地作为"物"的基本属性。在这个前提下,农民耕种土地不是履行对国家的义务,而是享受生存发展的权利。集体土地所有权提升了农民对土地的使用和支配能力,推动了农民私有财产的形成和保有,并最终促进了农民独立人格的形成。

作为所有权主体,农民应当享有"是否拥有土地"和"如何利用土地"的自由。进一步讲,农民也就是应当有选择"是否成为农民"或者"如何生活"的自由。让农民拥有可以选择放弃农耕转而从事其他职业的权利,是解放农民并实现"身份性向职业化"转变的关键一步;他们放弃的土地可以流转至其他农户继续耕种,这更有利于规模经营的形成,这就是所有权主体应当具有的选择权。在社会主义制度下,公平与效率不是不可调和的矛盾。在特定时期,舍弃公平而追求效率是可以理解的。但从权利发展的角度上看,立法者不能始终无视社会平等的要求,在进行价值选择时不能将公平和效率中的任何一个绝对化。这就要求集体土地所有权的立法理念必须发生变化,将农地由"供人所用"变为"为我所有",建立起一个公平合理的土地征收、补偿、流转和利用的市场,将社会发展收益惠及农民。

3. 完善集体土地所有权的制度保障

我国正处于市场经济的转型期,随着集体土地所有权理论的发展和农民权利意识的觉醒,农民土地权利需要有排除侵犯的制度保障——在制度约束层面,应当限制政府在经济和政治领域对农民自治机构的影响,明确纠纷处理主体和解决机制,合理界定集体土地所有和国家土地管理之间的界限,要把植入民事权利中的国家权力剥离出来,还权于农。在国家权力与民事权利的分野上,国家应将立法视野集中于对土地的规划和管理领域,对于种植品种选择、综合开发、规模经营、征地补偿标准、承包地保护和使用等内容,应尽量让位于民事立法领域,以最终形成国家意志捍卫国家发展战略,民事行为发展市场经济繁荣的局面;在组织结构上,应充分发挥农民集体的自治特点,保障村民自治权利机构在财权、人员和组织结构上的独立性,强化其经济属性而淡化行政管理属性,从程序上确保集体成员有机会参与对集体财产进行经营、处分的决议,对集体代表机构的职务活动进行监督,从而杜绝少数人的违规操纵和村干部的权力扩张。

4. 完善集体土地所有权的救济机制

法律救济的方式有公力救济和私力救济两种。公力救济又分为司法救济和行政救济,前者的救济主体是人民法院,虽然其所涉及的范围更广、终局裁定更具权威性,但因周期较长、程序繁琐、举证困难和执行力差等原因,无法成为主要的救济途径;后者能够对土地争议给予直接的认定或裁定,终止违法行为并给予行政处罚,程序简便、成本低、效率高。在传统的官民思想稳定的农村,更多的农民愿意选择向政府层层上告的方式维护自己的权利。但由于法律规定不明确和普法力度不够,大多数农民并不清楚提请救济的对口机构到底是谁,各部门也因害怕承担责任相互推诿而间接损害农民的利益。

相比于公力救济,私力救济更为直接干脆,但往往伴随着侵权的发生,超过法定限度触犯《刑法》还将构成犯罪。但请求公力救济需要一定的程序和时间,因此对于紧急之时必须维权的情况下,国家还是允许私力救济的存在,如尚未签订拆迁补偿协议时,为防止自家房产被强拆而进行的维权即可认定为私力救济。作为补充性的救济方法,司法人员应予以谨慎分辨,不能将农民正常的诉求一概认定为违法行为以免造成对农民权益的二次伤害。

第四章

土地承包经营权的探索与完善

　　土地承包经营权是我国农民现在拥有的最重要的一项土地权利,该权利的确立过程是我国农民为争取土地权利而进行的伟大探索,也是为生存和发展而进行的不懈尝试。今天,土地承包经营权伴随着新中国探索农业改革的历史进程,改变了中国农民的命运。但随着社会的不断发展,其权利体系的缺陷开始逐渐束缚农民的自由发展。因此,对其进行不断的探索和完善,是保护农民土地权利的重要举措。

一、所有权与经营权分离理论

　　土地权利分离理论在资本主义和马克思主义的土地理论中都有所体现。研究权利分离理论对我国实践所有权及经营权两权分离,及新时期党中央提出的"三权分立"都有着重要的基础价值。

(一)资本主义的土地两权分离理论及制度设计

　　产权分割理论为资本主义土地两权分离的理论基础,在此基础上形成的代理制度、信托制度是主要的表现方式。

　　产权理论被认为是包含所有权、使用权、收益权等多种权利的权利束,就理论特征来说,产权具有排他性、自由性、可交易性与可分性等属性,这些特性显示出其包含的所有权和经营权的关系,在理论上也是可以分离的。产权中各项权利的分离可行性都来源于产权的可交易性,产权既可以作为一个整体进行交易,也就是全部让渡的永久性交易,也可以将部分权利进行有期限和条件性的部分转让,从而能够在理论和实践中实现狭义所有权与经营权的分离。但狭义所有权和经营权之间的关系不会完全割裂,两种权利会根据各自的属性和作用对对方进行影响和制约,而最重要的是两种权利的权利人会根据各自在实现收益过程中所起的作用进行利益分配,因为追求利益最大化既是两权分离的共同目标,也是两权分离的目的所在。

19世纪中叶,土地代理制度在英国逐渐成熟,地产管理也向组织化、科学化的方向发展,特别是大地产上,形成相对固定的管理模式:地主—代理委员会—管理办公室—具体执事;同时,代理人的身份也由从具有律师性质的兼职代理人向具有实践经验的专职代理人转变,这说明地主选择代理人的标准更倾向于专业技能和身份;代理人的工作内容更加明确和细致,不仅仅限于制订计划、勘查地产和评判土地价值,更重要的是精心管理地产并向雇主定期进行汇报。由于代理人的职责和土地生产之间的紧密关系,代理人更趋向于专业化和职业化,不但在技能上承担起受雇经营土地的职责,而且形成了作为专业管理职业的职业道德。尽管代理人对在土地经营管理中起到重要的作用,但由于所有权和代理制度的原理,其永远无法僭越地主选择代理人和干预土地运行策略的基本权利。可以说,在工业革命时期的英国,土地代理人制度是土地脱离庄园经济模式后最高效的管理模式,也是土地所有权和经营权分离的最明显表现。

土地信托制度是另一个具有代表性的土地两权分离制度。信托理论首先就要求以明确的产权界定和权利的可转让性为基础,土地信托同样适用这基本理论。在土地产权明确的前提下,土地市场的建立受其他要素和商品市场变化的影响,农村非农劳动力市场的产生使得农业人力资本要素处于边际生产状态的农民放弃土地。当金融市场认可土地的担保功能时,利用土地信托将成为农业资金要素的重要来源。① 其次,土地信托要求产权明确。如果土地产权不够明确,使用权的转让就会受到诸多的限制,土地就无法在市场机制下合理流转,从而给完全市场机制下的土地信托形成障碍;土地使用权和所有权的转移会使资源配置更有效,刺激权利人对土地资源的开发、利用和保护加大投资,并减少短期性行为和风险规避行为。

由于在西方国家,土地具有普通商品一样的私有和自由流转属性,导致资本为了追求土地效益的最大化,不断将农业用地转变为非农用地,而土地信托制度被应用于保护土地资源和公众利益的目的。随着社会和经济的发展,西方土地信托制度的侧重点从所有权转移到实际占有的经营权,实现了"轻所有、重利用"的转变,解决了我国公有制土地所有权适用信托制度的理论障碍,有利于我国利用信托制度通过分离土地所有权和使用权,以保证农村土地流转机制和交易市场的建立。

(二)马克思主义的土地所有权分离理论

《资本论》代表了马克思的基本经济学思想,是以阐明资本主义生产关系为主要研究任务的,由于马克思最关心的是资本主义生产方式下的土地所有制关系,因此其产权思想也以资本主义产权研究为主。他将土地所有权研究置于考察资本关系的视角下,强调对土地所有权的研究不能脱离资本关系而孤立进行,这是因为资本主义土地所有权是不同于之前任何一种形式的土地所有权——与原始社会、封建社会有着本质的区别——核心就在于资本关系是制约和影响土地所有权的重要因素。

对于资本关系在资本主义社会中起到的作用,马克思认为:"在一切社会形式中都有一种一定的生产决定其他一切生产的地位和影响,因而它的关系也决定其他一切关系的地位和影响。这是一种普照的光,它掩盖了一

---

① 岳意定、刘志仁、张璇:《国外农村土地信托:研究现状及借鉴》,《财经理论与实践》2007 年第 28 期。

切其他色彩,改变着他们的特点。"①资本关系就是决定资本主义社会一切关系的"普照之光","资本是资产阶级社会的支配一切的经济权力。"②在土地权利领域,由于土地的实际占有状况同所有权经常处于不稳定的状态中,从而分化出所有权与占有权的概念。占有是一种无需解释的事实状态,是对财产控制的一种经济行为;而这种行为必须经过法律的认可才具有合法的性质和民事权利的属性;对物的占有也是对物经营、利用的前提。因此,土地所有权和占有权首先在经济领域被分离出来。

农业对于资本来说只是一个作为特殊生产部门进行投资的场所。按照资本主义的生产方式,直接在土地上进行耕作的人是雇佣工人;实际占有土地并负责农业经营的人是投资农业的资本家,即租地农场主;而土地的实际所有者却并不出现在直接的生产关系中——这是典型的马克思研究的所有权分离理论,也就是土地所有权与经营权分离、土地所有者与农业资本家分离、农业劳动力所有权与其使用权分离。"正如土地的资本主义耕种要以执行职能的资本和土地所有权的分离作为前提一样,这种耕种通常也排除土地所有者自己的经营。显然,土地所有者自己经营纯粹是偶然的情况。"③根据马克思的所有权内部层次划分,马克思主义的土地所有权分离理论实际上是指土地终极所有权与广义所有权衍生出来的土地占有权、使用权、收益权、处分权及其他权能的分离。这些所有权的权能在土地这个特殊的财产载体上,在相对独立的法律关系内都可以表现为独立的产权。由于资本运行的特殊性和社会分工的细化,这些产权不一定集中在同一个产权主体上,也就最终形成了所有权分离的状态。

在土地所有权与经营权的关系上,首先,土地所有权决定经营权的产生、存在及其具体的状况,这是所有权理论的基本前提,也是现代社会雇佣

----

① 马克思:《政治经济学批判导言》,《马克思恩格斯选集》第 2 卷,人民出版社 1972 年版,第 110 页。

② 马克思:《政治经济学批判导言》,《马克思恩格斯选集》第 2 卷,人民出版社 1972 年版,第 110 页。

③ 马克思:《资本论》第 3 卷,人民出版社 1975 年版,第 694 页。

工人、产业资本家、土地所有者,这三个并存而又相互对立的阶级,分化、存在的基础条件。其次,所有权决定着经营权的范围、权利和转让等条件,但最重要的是土地所有者通过地租实现了土地所有权在经济利益上的体现。马克思认为:"土地所有权本身已经产生地租"①,"不考虑这一点,对资本的分析就是不完全的。"②无论是绝对地租还是级差地租,都是由于所有权和经营权分离才产生的,旨在补偿所有权让渡而产生的代价,弥补所有权人的经济收益。相反的,如果所有权和经营权统一,则权利人的经济利益可以完全在土地上体现,地租的存在也就失去了意义。因此,可以说在资本主义的土地关系中,土地的经济职能就是获取特殊形式的剩余价值——资本主义地租。除地租形式外,资本主义农业中的土地所有权还以地价的形式表现出来。在资本市场中,土地好比为资本、地租类比为利息,通过地租和地价促进着土地资源的流动,实现了土地资源在资本市场上成为可交换商品,并具备"商品化""价格化"的可能。

土地经营权同样对所有权施加着影响。通过实现两权分离,土地经营者摆脱了既要投资土地又要经营土地的矛盾,释放了对农业生产上资本数量的限制,通过土地经营和地租给付,最终实现了土地所有权的生命和价值。经营权的独立运行,解决了土地资源的人员分布与土地经营能力的人员分布方面的不一致,缓解了经营者人力资源稀缺对农业生产的限制,适应了资本主义生产方式发展的需要。但所有权和经营权的关系未必永远是和谐的,相对于所有权来讲,经营权是对所有权的限制,在土地经营过程中,所有者不能对经营权人行使权利予以限制,但所有权人的租期是对经营者的巨大制约——由于经营权处于不稳定状态,就导致经营者尽可能在短时间内对土地掠夺式经营,忽略对土地的长期经营和改良,就势必导致加大掠夺农业劳动者劳动力的程度。因此,基于对资本利益追逐的一致性,所有者和经营者都会在租期、租金等环节协商一致,以期实现土地收益的最大化。

---

① 马克思:《资本论》第3卷,人民出版社1975年版,第695页。
② 马克思:《资本论》第3卷,人民出版社1975年版,第851页。

（三）土地两权分离理论的社会主义实践

马克思主张土地国有、合作生产是社会主义的基本方式,列宁在苏联的革命实践中忠实践行了这一理论主张,提出了土地国家所有权、共耕及合作化主张,其目的就是在明确土地国家所有权的前提下赋予并保护农民的土地使用权,从而实现土地两权的分离。但进入到斯大林时代,土地两权分离的现象发生了变化。残酷的战争环境逼迫苏联政府最大限度地榨取农民的粮食,"红白内战"后期几乎转变为农民与国家之间的战争,而农民是极度反对余粮收集制的。斯大林用国家暴力开创了一个新的经济组织——集体农庄,通过剥夺农民的公民身份、禁止迁徙、剥夺财产等方式,将农民固定在土地上,俨然成为新时期的农奴;这一时期的土地两权都处于国家掌握之中,达到了高度统一的状态。之后新型的社会主义国家,都将土地国有和集体化视为发展社会主义的唯一道路,形成了在整个阵营当中土地两权的统一,也在世界范围内形成了东西方土地理论在两权关系上的明显分立,甚至有人将土地两权的关系视为判断国家性质的标准之一。

（四）我国实践土地两权分离理论的历史及发展

革命战争时期,我党在不同的历史阶段,采用了不同的土地政策。一方面说明我党在不同历史阶段所面临的任务和主要矛盾各有差异;另一方面,也说明我党更加认识到农民和土地问题在革命中发挥的重要作用。我党通过针对特定的历史阶段和政治斗争情况,适时地调整着政策的核心,不断团结最广大的劳动人民,经过国内革命战争、抗日战争和解放战争的洗礼,最后进行了全国范围的土地改革,实现了将 7 亿亩土地分配给 3 亿无地、少地农民的历史壮举,将"耕者有其田"的历史口号在革命中实现,建立了一个人民的国家。在这一阶段中,为了满足农民对土地的最基本需求,在我党实际控制的根据地、解放区内,土地两权关系是统一的。

在新中国成立后,新政府没有足够的财力对土地通过和平赎买的方式进行改革,根据阶级矛盾的实际情况,只能在全国范围内通过革命的暴力实现土地所有权的重新分配,在这一阶段,农民获得了土地的所有权,并采用独立经营的方式发展农业生产,这一两权合一的权利构架得到了当时法律的认可。20世纪50年代,农村阶级再次发生了变化,1950年的《中华人民共和国土地改革法》赋予了农民对土地买卖、交易的权利,农村土地的买卖与租佃开始增加,出现了富农与雇农的分化,但被中央及时制止了。虽然出现了两权分离的现象,但始终没能成为农村生产方式的主流。

进入到社会主义改造阶段,土地两权关系开始从统一走向分离。互助组是最单纯意义上的生产互助形式,农民有自由选择以何种方式参加的权利,劳动的基本单位仍旧是农户个体,土地、牲畜及生产资料等仍旧为农民私有,只有在具体劳动中才体现集体互助,这种互助通过合理的计量标准实现了等价交换、互惠互利,与资本主义社会化大生产的剥削性劳动协作是有本质区别的。农地所有权和使用权只有极低程度的分离。进入到初级合作社阶段,生产资料所有出现了公有与私有之分,农业劳动方式由个人耕作为主转变为将土地集中到合作社统一经营,农户以股份的形式获得产量的回报,社员的劳动是按照工时或者工分计酬的。相对于互助组,初级合作社的集体化程度有所深入,但是没有改变土地的私有属性,尽管合作社的经营方式、所有制度和劳动统筹都呈现出社会主义的特色,但又兼具私有经济特征,因此,土地两权在这一时期发生了一定程度的分离。

但高级合作社阶段却将土地两权分离的趋势进行了逆转。土地、牲畜和大型农具等主要生产资料转为公有,统一了所有制的制度基础;高级社取消了土地以入股形式获得报酬的方式,实行了劳动力分配、生产单位的土地划分、生产工具和耕畜的使用以及副业队的成立等"四固定"形式,实现了劳动力的总体整合;通过劳动定额、按件计工的方法确定社员的工作量并体现社员劳动的差异,统一了劳动力使用水平。这种建立在公有制基础上的、社员分工协作、按劳计酬的经济运行模式,是典型的社会主义公有制的基本特征,可以清楚地看到土地在所有和使用上都有明显的国有烙印。人民公社在高级社的基础上进一步扩大单位容量的规模,但是没有改变制度的基本性质,而且还增强了社员的人身依附性;社员土地上的经营劳作完全是依靠国家下达的目标进行的,土地的经营实际就是国家组织农民在土地上按照既定的目标进行劳动,是典型的计划经济体制,土地两权在此时是高度集中的。

1956年到1978年,为了解决严重的生存危机,我国农民自发地进行了三次包产到户的尝试,尽管农民还不能将这种"违法"行为上升到权利理论的层面上进行分析,但在不改变土地所有权公有的情况下,农民在土地上按照自己的意愿进行生产劳作,实际上就是在践行两权分离的理论,而且权利分离的效果得到了实践的检验。通过解放思想并将国家发展的主要方向重新回归到经济发展领域,土地两权分离的政治属性争论已经停止,中央通过政策和法律的规定明确支持这次农村土地权利的分离革命,并最终将其定名为家庭联产承包责任制。在后期的实践与探索中,产生的多种农地使用方式都是在不断地修正家庭承包制的弊端并丰富家庭联产承包制的制度内容,没有改变土地使用权分离的基本方式。尽管在制度建设上明确规定"统分结合,双层经营"是家庭联产承包制的管理体制,但由于长期以来根深蒂固的小农经济和农地所有者的主体的缺失,使集体在农民生产经营中没有体现出应有的作用。因此,家庭联产承包制的实质就是农地集体所有权与农户经营权的分离。

2014年9月中央全面深化改革领导小组第五次会议,审议了《关于引导农村土地承包经营权有序流转发展农业适度规模经营的意见》《积极发展农民股份合作赋予集体资产股份权能改革试点方案》等文件,习近平做出了"要在坚持农村土地集体所有的前提下,促使承包权和经营权分离,形成所有权、承包权、经营权三权分置,经营权流转的格局"[1]的指示,这是党和国家对坚持并深化土地权利分离理论的明确表态。"三权分置"较两权分离理论在研究深度上更近了一步,理论区分更加细化,权利保护趋向制度化,是新时期我国农业发展的方向。

---

① 《习近平定调农村土地制度改革　明确三权分置》,新浪财经,http://finance.sina.com.cn/china/20140930/014420447711.shtml,2014年9月30日。

（五）实现土地两权分离的推动力分析

纵观中外土地权利的发展历史,土地所有权和使用权的关系一直处于分离和统一的交替中,生产力是改变两者关系的主要推动力,货币资本和阶级利益也是引发两权变化的重要因素。

1. 生产力的发展必然引发土地两权关系变化。自产生私有财产之后,在原始社会末期、奴隶社会、封建社会初期生产力相对低下的时候,土地两权是统一的,因为土地是生产财富的唯一来源,土地所有人只能通过亲力亲为来弥补生产力的不足。自统一的中央集权国家和地主阶级兴起以后,土地的所有权和经营权开始分化,地主也有更多的农业生产力可以投入,所有者阶级将自己从经营中抽身。进入资产阶级社会,社会化大生产和劳动分工将社会成员划分为资本家和雇佣工人两个对立的阶级,所有权和经营权被自然分开,工业革命一方面将农民从土地上解放出来,另一方面将他们赶进工厂,通过生产农业工具和生产资料再促进农业发展,形成社会生产的良性循环。进入到社会主义社会,由国家所有权主导社会生产资料的分配,在一定程度上克服了资本主义固有的缺陷,提高了社会整体的劳动效率,从国家整体发展的角度弥补了资本主义社会自由竞争的短板;通过调动公有资源提高农业的科技水平、促进了农民生产积极性的提高、改进了劳作方法并推广分工协作,从内因、外因等多个角度提升农业的生产力水平;通过推进社会主义的政治优越性、深化农村体制改革,不断地从自上而下的角度调整农民和国家的关系,在政治领域赋予农民自由经营的权利,就是在制度层面解放和发展了生产力。因此,生产力的发展推进了社会制度从低级走向高级,寻求着劳动力与土地资源结合最高效的结合方式,其结果就是必然推动土地两权从结合走向分离。

2. 货币资本加深了土地两权分离的程度。在货币资本出现之前,实物是唯一的地租结算方式,实物结算的最大缺点在于不便将所得的土地利润再投资到土地生产中以扩大生产规模,或者刺激科技水平的提高。因此,封建社会末期正是由于货币资本的出现,才刺激着土地兼并的程度提升到前所未有的高度,也正是货币资本的出现,才能将土地利润转移到工业发展领域,通过工业生产再加强农业的发展;农产品进入到等价交换的流通领域,也就提升了农业经营者占有资本的水平,除去个人消费之外,农业的再投资用来提升农业的发展水平,在满足了所有者的权益之后也就积累了自己的财富。货币资本在农业生产中的作用在我国体现得尤为明显,在市场经济和等价交换建立之前,国家是通过剪刀差将农产品实物低价供给工业,农民的生活水平没有提升,也没有任何提升农业生产力的动力;市场经济建立后,不但完善了农产品交易市场,丰富了农业的种植种类,同时农民也积累了一定的财富,通过购买生产资料可以进一步地提升农业生产水平。因此,如果农产品不能转化为货币资本而进入流通领域,土地所有者就只能维持自然经济的状态,土地两权分离就失去了意义。

3. 维护阶级的利益刺激着土地两权分离的加剧。自从人类历史上产生了剥削阶级和被剥削阶级之后,两个阶级为了本阶级利益而开展的斗争就没有停止过。剥削阶级想让被剥削阶级作为廉价的劳动力为本阶级创造财富,被剥削阶级也在维护本阶级的生存和利益;双方在不断地斗争中逐渐达成妥协——剥削阶级出让土地经营权以换取劳动力,被剥削阶级放弃土地所有权以取得对土地的经营权,土地的两权在分离中维持着各阶级的利益稳定。在资本主义社会,通过农民获得相对独立的经营权更有利于资本家将资本和精力投入到工业发展领域。社会主义是消灭了剥削阶级的社会,作为掌握政权的工农联盟,在公有制的基础上向农民阶层让渡土地的经营权也是符合马克思主义理论的。农民阶层的自由经营在实践中体现出了相对于集体劳作的优越性,作为土地所有者的国家也获得了前所未有的粮食储备。因此,维护本阶级利益也是土地权利分离的推动力。

二、"联产承包"向"土地承包"转变的再探索

土地承包经营权是根据家庭联产承包责任制在具有我国特色的政治、经济发展历程中,逐步形成的一项农民的基本土地权利,对该权利形成过程

的回顾和研究,有助于加深对其内涵的了解及未来发展方向的研究。

(一)家庭联产承包制确立的过程

在集体所有并统一使用土地的框架下,农民的个人财产权受到侵害、农民土地权利被视为资本主义法权而遭到清除、个体的劳动收益得不到保障、集体收益被国家无偿平调等行为严重损害了农民的生产积极性;庞大的生产队统一劳作模式只是简单劳动的规模扩大化,根本不具备实现农业现代化的条件,甚至难以满足农民的生存要求,即便是在强大的政治压力下,农民还是不断地寻求对土地使用权的变革。1978年的十一届三中全会明确支持包工到组、联产计酬等责任制形式,在坚持农村土地集体所有不变的前提下,为农村经营方式和政治组织的改革扫清了思想上的障碍。家庭联产承包制的确立过程虽然艰难,但却有星火燎原之势,到1982年11月,全国有92.3%的生产队实行家庭联产承包制,该制度作为全国主要经营形式的格局被确定下来。

由于家庭联产承包制是由全国不同地区的农民自发创造出来的,是一种自下而上的探索性改革、缺少高层理论支持,中央对此采取了"不压制、不鼓励、由农民自主决定"的谨慎态度。具体的承包方式主要有小段包工、定额计酬,专业承包、联产计酬,包产到户和包干到户等几种形式,呈现出核算单位的主体家庭化、联产和承包的关系紧密化、农民经营土地的行为合法化等特点,特别是小岗村首创的包干到户责任制,将国家、集体和个人的权利义务关系设计得一清二楚,成为联产承包责任制中的主要经营方式。

(二)从"联产承包"到"土地承包"

各种形式的联产承包方式在经济发展和人们思想转变的过程中,不断地进化以适应新形势下农村生产关系发展的需要,这一过程犹如大浪淘沙一般淘汰掉不适合改革形势的生产责任制;唯独适应了经济发展的包干到户在不断地自我进化中,完成了承包关系中主、客体质的变化,促使联产承包责任制向土地承包经营制度演变。

包干到户指在坚持土地等生产资料公有制的前提下,分户承包集体的耕地和其他生产资料,农户负责投资和分户经营,在完成国家任务和交足集体的各项提留后其余收获全部归承包户的一种责任制。① 包干到户和其他经营方式最大的不同在于:首先,农户成为独立的经营主体。在生产队将其他生产资料和产量承包给农户后,就不再参与农户的具体经营,转而负责农田水利基本建设和一般性的公共服务环节,不再直接作为生产经营的具体单位;农户可以在承包的土地上自主经营、自由投资,对全部的生产资料和收益所得拥有完全的所有权,从而取代了生产队成为农业经营的基本单元。其次,改变了收益分配的模式。包干到户与包产到户等其他经营方式最大的不同在于,不再将收益所得上缴集体,由集体代国家进行征购并支付集体的各项费用,然后再将余下收益按工分值进行分配;包干到户是先占有所有的收益所得而不必上缴,然后按照签订承包协议时应当承担的相应的国家和集体义务上缴部分收益,其余为自己所有。通过这种方式,首次改变了集体享有农地收益最终分配权的历史,将收益权的分配还给了农民,明晰了国家、集体和农民的权利义务关系,也赋予了承包土地原有的财产性权利,提高了农民种田的积极性。最后,包干到户赋予了农民独立的法律人格。通过包干到户,农民不再成为集体劳动的附庸,转而成为独立经营的主体,由于占有了更多的收益所得,较之前积累了相当的私有财产,农民可以通过自由购置生产资料和扩大承包规模自由地发展承包经济。特别是当农业税和承包费由货币形式取代实物形式以后,农户和集体的关系就变成了纯粹的债务关系,但农户却拥有了独立生产、独立经营并进入农产品流通市场的权利,可以作为独立的法律个体和其他的主体发生法律关系,承担民事责任,享有平等的民事权利。

包干到户最终推动了"联产""承包"内容的重大变化——农户的经营无需再"联"生产队的产、"包"生产队耕地上的量,农户的经营收益和集体的生产指标不再挂钩;由于包干到户促进了农业大发展,国家对农业生产和

① 梁亚荣:《土地承包经营权保护制度的完善》,法律出版社 2011 年版,第 67 页。

农户经营的计划性指标对生产不再具有促进意义;生产队职能的变化意味着其不再能控制农户的人身自由;作为控制农业生产计划和农产品流向的统购统销制度失去了存在的经济价值和基层组织基础,国家不可能也无必要向所有农民下达统购统销的任务,因为随着市场经济的兴起,等价交换行为代替以行政统筹为基础的统购统销命令,成了农业经济发展的趋势——1985 年国务院正式下文规定国家向农民下达的农产品统派,转由合同定购和市场定购相结合的方式完成。至此,原联产承包合同中关于农民向发包方承担的、应向国家上缴的定购任务已经失去政策基础和实际意义,农民负担的"联产"的任务简化为上缴农业税和集体承包费,"承包"的内容简化为以合同方式使用集体土地。以完成国家农产品定购任务为目的的联产承包关系,已演变为集体土地的使用关系。

1984 年中共中央《关于一九八四年农村工作的通知》,以政策的形式率先确认了土地承包经营制度的演变。在首次使用"土地承包"字样的同时,规定了土地承包经营可以独立长期化进行,与其他的生产资料承包脱钩,这一规定被认为是土地承包经营制度在政策上确立的标志。1986 年的《民法通则》第二十七条以法律的形式确立了土地承包经营制度,第八十条第二款在使用"土地承包经营权"字样时,首次取消了"家庭联产"字样;同样的用语在《土地管理法》第十四条中得到了进一步的确认,这标志着联产承包制度正式在法律层面被土地承包经营权制度取代。在 2002 年通过的《农村土地承包法》对土地承包经营制度做了更为细致的规定,使土地承包经营权受到了更加完善的法律保护。

从上述制度演进的过程可以明确看出,我国开展科学化的农村承包经营制度是从 1978 年开始的。其中,以 1984 年中共中央的《关于一九八四年农村工作的通知》为分水岭,之前是联产承包责任制,之后是土地承包经营制,说明我国在农村经营方式的理论认识和制度实践上迈出了一大步。但对土地承包经营权的研究并未就此终结,关于其权利性质、制度构建、权利保障等问题的讨论即便在《物权法》和《土地承包法》出台后仍旧在理论界存有争议,而争议则正是完善制度和保障权利的推动力。

三、土地承包经营权的权利构建缺陷分析

土地承包经营权从历史的纷争中走来,其权利构建没有经过理论的雕琢,逐渐在实践运行中暴露出一定的缺陷。因此,对土地承包经营权存在的问题进行剖析并改造不合理的成分显然是必要的。由于土地承包经营分为家庭承包和"四荒"承包两种形式,在本书中如无特殊明示,土地承包经营权即指农户以家庭为单位承包集体土地并适用承包期"30 年不变"基本政策的承包权。

(一)现行法律的强制规定与制度设计的目的不符

土地承包经营制度本身就是一个矛盾体,在制度设计的目的层面上,既要保证土地集体所有的制度前提,又要保证农民的经营土地的权利;在法律规定层面上,既在国家管理角度予以规定,又在民事立法领域加以完善;在权利性质上,既体现了债权的基础性,又体现了物权的应用性。要通过一套制度设计针对同一社会关系进行调整,又要满足不同的制度价值和目的,就难免在各种政策和法律之间出现或明或暗、直接或间接的矛盾和冲突。

1.法律强行规定了土地承包合同的主体

土地承包合同的作用是土地的所有者通过有效力的法律文书赋予本集体内部的农户土地承包经营的权利,并明确双方的权利义务关系。这是一个典型的具有私权属性的合同关系。根据前文论述,集体土地是属于本集体范围内全体农民所有的,全体农民决定哪一主体作为承包合同的发包人,是土地所有者的基本权利;然而现行《土地承包法》第十二条第一款以法律规定的方式直接确定发包方,显然是侵犯了土地所有者的自由决定权,和民法意思自治的原理相悖。

合同的承包方是土地经营权利配置和权利行使的最重要主体,其概念在法律的规定中也出现了硬性规定:1982 年的《全国农村工作会议纪要》将订立承包合同的主体规定为农户、作业组和专业人;1986 年的《民法通则》

第二十七条规定，"农村集体经济组织的成员，在法律允许的范围内，按照承包合同规定从事商品经营的，为农村承包经营户"，第八十条第二款规定"公民、集体依法对集体所有的或者国家所有由集体使用的土地的承包经营权，受法律保护。承包双方的权利和义务，依照法律由承包合同规定"，从这一条文分析，承包方的主体被确定为农户、公民和集体，其中将前部法规确定的专业人做了扩大解释为公民；1987年中央30号文件《关于稳定和完善土地承包经营制的意见》在肯定家庭、专业队（组）具有承包主体资格的前提下，将公民再次缩小解释为社员个人，加重了土地承包经营权的身份权色彩；经过两次修订的《土地管理法》第十四条、第十五条从公法管理的角度将合同的承包方确定为集体组织成员、单位、个人。经过比较，虽然多部法律都规定了不同的承包主体，但农民个人、以家庭为单位的农户和单位成为通行的规定。2002年的《土地承包法》第十五条、第四十八条更明确农户、单位和个人是土地承包经营的合法主体；该规定被2002年修订的《农业法》进一步确认。根据新法优于旧法、高位阶法律优于低位阶法律、特别法优于普通法的基本原则，应当根据《民法通则》《土地管理法》和《土地承包法》来确定土地承包主体，即普通家庭承包的土地承包经营权主体为农户、其他方式承包的土地承包经营权主体为单位和个人。

尽管法律规定如此繁琐，理论界还是对承包主体进行了更深入的研究，并有"农户说""个人（集体组织成员）说""双主体说"和"原始主体与继受主体"说等理论出台。其实，通过对土地承包经营权价值的论证可知，该权利的最终目的旨在维护国家的粮食安全和保障农民的基本生活，具有经营性和保障性的双重属性。从国家的层面来说，无论是任何人承包农村土地都要维护土地性质、缴纳承包费等费用，这是履行承包合同的基本义务；从农民的角度来说，无论是以个人的身份承包，还是以家庭整体名义承包，只要能够保障基本生活，就是实现土地承包制设计的目的；从社会角度分析，只要保证社会安定和谐，粮食供应安全，承包权的主体是不必局限于以上几种类型的。此外，农村土地的所有权人将土地承包给谁，是所有权人的自由，只要不违反国家法律、不构成权利滥用、不违背公序良俗，承包人不限于法律规定又有何不可？如今,新时期的大学生、白领务农成功的新闻比比皆是,他们活跃了农村市场、提高了产量、传播了技术,对于承包主体开放来说,正是鲜活的、有说服力的范例。

　　2. 法律强行规定了承包合同的期限

　　很多学者认为,土地承包的期限决定了土地承包经营权的权利性质,并影响到该权利的核心属性。理由在于家庭联产承包责任制初创之时,少则1年、多则3—5年的承包期限是典型的债权期限。确实,经过对土地生产力发展情况的反复研究,长期的土地占有和使用关系被认为能够提高农民的持续生产热情。如今,《土地管理法》《土地承包法》等法律,将土地承包经营的期限提升为30年,草地和林地的期限更延长至50年和70年;为了解决土地承包到期后的稳定性和连续性问题,《物权法》第一百二十六条增加规定"前款规定的承包期届满,由土地承包经营权人按照国家有关规定继续承包。"尽管如此,硬性确定承包期限的行为还是产生了若干问题:

　　首先,硬性确定承包期限的方式侵犯了承包合同主体的基本权利。约定合同的期限是双方当事人最重要的权利,有学者认为确定较长期的承包期限能够带给农民足够的安全感并积极加大对土地的投入,以避免短期承包对土地造成掠夺性使用。该理论的视角是建立在计划经济的基础上的——农民作为第一线的生产者其实比任何人都更加关心市场的经济活动性,特别是在取消了定购任务并用货币方式上缴各种税费之后,农民会主动探索市场行情并有针对性地进行生产,为了得到利益的最大化,本身就希望能够获得长期的土地使用权;即便是国家不做硬性要求,任何一个理性的市场主体都不会随意签订对自己不利的承包合同。通过2007年1月至2月,中国海洋大学"中国农村土地承包经营权研究项目组"对129个农户关于土地承包期30年的调查中显示,53.5%的农民认为该期限比较合理,40.3%的农民认为该期限过长,有6.2%的农民认为该期限过短。① 从调查

---

① 胡家强、葛英姿:《关于土地承包经营权若干问题的调查报告》,《调研世界》2008年第4期。

可知,有相当部分的农民对土地承包期限的硬性规定并不买账,他们对市场和生产有着自己的判断和思考:我国地域南北跨度较大,农作物生长和成熟情况极为不同,用一刀切的方式确定承包期限显然过于武断;排除不可抗力因素,土地为人类最长久利用之物,一家农户往往有几代人在土地上耕作,30 年的承包期限也并不算长,这只是立法者为保障农民生活而在原较短承包期基础上的延长尝试。因此,为最大限度地满足农民对土地利用的稳定、发挥土地对农民生活的保障性、确保国家粮食安全,立法者可以通过建议土地承包最低期限的方式来引导或辅助合同双方因地制宜地签订承包合同,在归还所有者民事权利的同时引导农民发展为理性的市场经济参与人。

其次,硬性确定土地承包不利于现代农业的形成。无论是马克思还是西方经济学家都认为,土地的规模经营能够提升农业发展水平。我国的国情虽然决定了我们不可能走上资本主义大农场式的生产模式,但集约生产和规模生产相比于传统个体劳作模式肯定大有裨益。但土地承包期限的硬性规定就导致在土地承包期届满后,会带来土地重新洗牌的风险;为配合规模经营和现代化农业,往往需要建设规模较大、投资回报较慢的农业基础设施,如果坚持土地承包期限的法定性,将会抑制投资人投资的热情。18 世纪英国经济学家阿瑟扬曾说过:"保障一个人对一块不毛之地的所有权,他会把它变成花园;与他订立 9 年的合同,他会把它变为不毛之地"①,这生动说明了土地承包的长期性对农民科学投入的影响。尽管《物权法》鼓励在承包期限到期后能够继续稳定保持农民的承包关系,但由于人口增加和耕地的不断减少,人地矛盾极为突出,想要保证稳定的承包关系已经非常困难;为了追逐利益最大化,农民的短期掠夺行为还是存在的,对于生态环境相对脆弱的草原和林地来说,一旦被破坏,生态环境就难以恢复,这样的损失无疑是具有毁灭性的。

最后,硬性的土地承包期延缓了城市化的进程。海南省东营村是个以渔业为主、农耕种植为辅的行政村,随着周边城市的快速发展,很多农民放

---

① 转引自林卿:《试论农地产权制度与生态环境》,《中国土地科学》1996 年第 3 期。

弃了传统而辛苦的捕鱼业和农耕产业,进入城市打工而加入第二、三产业,致使很多耕地撂荒;为了避免因撂荒被村里罚款或者收回承包地,农民采用了"应付检查"式的种植方法,即种植作物后任由其在田地里自由生长并无人打理,而承包金较打工和其他收入来说已可以忽略不计。此种情况几乎占据了村里有限耕地的三分之一,村干部陈曼銮对此也表示很无奈:"人家签了30年的合同啊,承包款也照交。怎么种地就是人家的事了,我们也管不了了。"而产生这种情况的原因在于一方面即便是农民有了在城市生活的能力,也不愿改变原有的生活方式;另一方面在于保持着农民身份和承包地,可以在政府征用的时候获得额外的补偿,是一种土地利益的期待权。正是由于法定承包期的存在,才使得我国农业人口的比例仍旧很高,严重阻碍了城市化、现代化的基本进程,而农村土地的真正主人却没法对这种投机行为做出惩罚,不得不说是法律规定的一个漏洞。

3. 法律强行规定了土地承包权的分配方式

土地承包经营权以保障农民的生存价值为目标,但同时又通过强行规定承包权的分配方式而否定这一目标,对承包权处理方式的硬性规定不符合社会现实。《土地承包法》一方面确认了土地承包的成员权属性,要求农村土地按照"人人有份"、"成员平等"的原则进行分配,另一方面又规定"在承包期内,发包方不得调整承包地",并三令五申"增人不增地、减人不减地"。如果照此执行,在三十年承包期内出生的近两代农村人口的生存问题,立法者究竟要如何保障?

农村人口享受土地承包权并承包土地的权利只与户籍有关,既然新增人口不能分得承包地,也就是说人口减少的家庭也并未减少土地,而是获得了超过应有份额的土地,这显然有违公平的基本原理,但这也说明了土地承包经营正在由成员权向财产权转化的过程。对于农村社会来说,在公平和效率之间选择,公平永远都排在第一位,这是由于长期的小农经济的惯性思维所得出的必然结论。同样作为集体土地的所有者,所有权是没有先后之别的,因此,由于人口调整而带来的土地问题交由所有者们自行协商,反倒是最好的解决方式,而政府只要对全国土地进行科学的规划和利用,做好维护市场经济规则的守夜人即可,应当充分相信农民由于对利益的追逐而对市场经济产生的判断能力。

(二)土地承包经营权的权利属性仍待推敲

土地承包经营权是在土地所有权与使用权分离的基础上产生的一种独立财产权形态,由于其关系到国家粮食安全与农民生存等重大社会问题,因而备受关注。特别是其基本的权利属性,在学界引发了究竟是债权还是物权的大讨论。《土地承包法》的出台,代表着国家行使立法权为权利属性进行定性:该法从总则、家庭承包、其他形式的承包、争议的解决和法律责任、附则等五个方面对土地承包经营权给予了物权性质的保护;《物权法》更是将土地承包经营权直接放在用益物权章节之下,以明示权利属性。但国家立法并未平息学界讨论,从如下问题看,该权利的物权属性仍需讨论。

首先,土地承包经营权的产生过程并不符合"物权法定"原则。物权法定是物权创设的基本规则,是指物权只能依据法律设定,禁止当事人自由创设物权,也不得变更物权的种类、内容、效力和公示方法。而回顾土地承包经营权的形成历史可知,该权利的本质是农民对农业生产关系进行的自主改良,国家对此是事后认可。在改良期间,无论是承包的合同、方式、主体和权利义务关系,甚至是农户和集体的关系都是由政府权力来确定的,农户和集体签订的合同也具有极强的债权性质,这种自发的经营形式在当时也没有经法律规范予以确认和调整。在土地承包经营权被国家十二大报告确认的 20 年后,《土地承包法》才姗姗来迟,此时的农民的承包权利已基本成型,可以说法律在此起到的作用是对权利进行后期完善,而不是前期设计。

其次,土地承包合同与土地承包经营权之间的关系尚未厘清。家庭联产承包责任制设计的基本目的就是保护农民的生存权。土地承包法明确区分了农户承包土地和承包四荒地的情况,说明承包集体土地的主体是存在身份性区别的,也就是说集体成员与非成员之间的权利是有差别的。根据我国法律,只有农业人口才能成为集体成员,能够享受土地承包经营权的人一定是农业人口,也就是说该权利的主体具有浓厚的身份性,是所有农业人口出生时即具有的基本权利能力,是农业人口实现生存权的一种基本方式,即一种参与土地承包经营的资格。在具有了权利能力之后,农户可以选择签订承包合同,也可以选择放弃承包土地(全家转为非农户口),承包土地与否即成为其主观的自由,签订土地承包合同就是其权利能力转化为行为能力的过程,土地承包经营权也随之转化为一种财产权利,也就是说签订承包合同并不影响承包权的存在,而农户享有承包权是基于生存权、农民身份和集体成员身份,而不是由承包合同决定的。

再次,土地承包经营权的立法意图过于复杂。在综合性土地管理立法方面,我国存在着多部高位阶的调整土地各项关系的法律规范,如《土地管理法实施条例》《土地管理法》《土地调查条例》等;在农村土地的承包和管理方面,立法有《农村土地承包法》《农村土地承包经营权流转管理办法》《中华人民共和国农村土地承包经营权证管理办法》等;在解决农村土地承包纠纷方面,有最高人民法院出台的《关于审理涉及农村土地承包纠纷案件适用法律问题的解释》及以法律形式出台的《农村土地承包经营纠纷调解仲裁法》;在土地权属方面,涉及的法律法规有《物权法》《土地登记办法》和《确定土地所有权和使用权的若干规定》等;另外还有大量的关于土地征收与安置补偿、开发整理、利用及税费管理、争议与救济等方面的若干法律法规,构成了我国庞大的土地管理立法体系。纵观这一立法体系,其呈现出土地法律关系以国家权力调整为主、民事权利调整为辅的结构状态,关系到土地权属确认、规划、管理、利用的规范性文件均为国家管理性立法,只有部分农民承包土地的权利义务关系的规定才归属于民事法律范围,而且大量的关于土地登记、重划等程序法也体现着国家意志。以《农村土地承包经营纠纷调解仲裁》为例,其中为土地承包经营纠纷设置的仲裁前置救济程序与一般物权的救济程序存在明显差异,更明显地体现了国家权力作为第三方介入土地纠纷解决的立法目的,这说明了国家立法者对于土地承包经营权的最终态度,绝不是将其作为一个普通的物权予以对待。自古以来,土地立法就体现着国家意志,是实现土地、人口和政权和谐统一的复杂制度设计。泱泱五千年,中华以农立国、重农抑商,人口与土地如何合理匹配一直是历朝历代立法不可忽视的基本问题,直到现代社会,土地政策和土地法制更是深刻反映了国家的政权基础和执政党的执政理念,"国父孙先生重视土地在生产要素中所占的重要地位,分别从生产与分配两方面有所主张:在土地生产方面,主张'地尽其利';在土地分配方面,主张'平均地权'与'耕者有其田'。他的'平均地权',原侧重于城市土地,到民国十三年为了解决农地的分配,才提出'耕者有其田'。"①土地承包经营权的立法根源并不是承包人的经营能力和缔结承包合同的主观意愿,而是土地保有量和户籍人口之间的比例关系,也就是近乎平均的分配,这足以彰显执政党在人口、土地分配之上采取的平均主义政策,这也是兑现战争年代与农民用血肉签订的政治契约。经改革开放近四十年的城市和农村建设,原始生产、低效率、低收入、无保障的农村人口虽有相当部分被城市化建设吸收,但是九亿农民的绝对数字仍严格考验着我国政府对农民生存权的保障能力。法律制度是国家意志对现实生活的反映,我国大量的土地承包经营权国家管理性立法正是体现了通过均分土地对农民生存目的保障,而国家权力是农民生存权的保障性依托。当政府决定放开对农民和生产的束缚,也就面临着要将农民送进市场竞争的游戏规则中,政府不能够也没有精力指导每个农户应该如何面对竞争,只能采取科学的立法帮助农民尽快掌握市场经济的游戏规则。本着这样的目的,体现农民自由意志的民事权利立法才有可能诞生。如果说土地承包经营权的性质难以界定,这和它背负了太多的立法目的有着直接的关系。

最后,土地承包经营权的权利属性具有特殊性。根据《物权法》第二条第一款规定,"因物的归属和利用而产生的民事关系,使用本法"第三款规定,"本法所称物权,是指权利人依法对特定的物享有直接支配和排他的权利,包括所有权、用益物权和担保物权。"该条明确说明了物权的基础是在于对物的归属和利用,《物权法》的核心在于物,没有物也就不存在物权。土地承包经营权虽然是规范农村土地承包和使用的一般性权利,但该权利

①　刘侑如:《社会政策与社会立法》(下),五南图书出版公司 1984 年版,第 395 页。

在呈现物权特性的同时,更因为我国农地制度的特殊性而表现出强烈的社会保障功能。这种社会保障功能的法律基础是农村土地的集体所有制,这是一种特殊的共同所有形式——"这种共有是在集体成员基础上产生的,表现为集体成员对集体财产不分份额地共同享有占有、使用、收益和处分的权利。"①也就是说成员权(身份权)是农村集体土地权利成立的核心要件,而土地承包经营权是在集体土地所有权中分离出来的权利,所以土地承包经营权的属性是成员权与物权的结合。

由于我国短期内不可能通过完备的社会保障体系和快速的城市化进程消化过剩的农村人口,因此集体成员的身份和承包土地的基本权利在相当长的时间内不可能被剥夺;但成员权又不能替代承包权直接作用在土地上,必须以签订承包合同的方式进行转化,因此二者之间又有着复杂的联系:首先,成员权是土地承包权变动的根源。成员权的实质就是为了满足集体成员的生活保障,土地承包经营权就是实现农民生活的财产权,在一个相对稳定的集体单位内,相对固定的土地面积和稳定的承包权是没法满足成员数量的增长和变化的,农村社会保障的现实就要求在公平和效率之间做出取舍,为了解决新增成员的基本保障需求,对土地承包权的调整是在所难免的。所以,土地承包经营权是一种带有明显保障性的、不稳定的物权。其次,土地承包经营权是不得轻易放弃的财产权。由于土地承包经营权对农民基本生活保障所起到的重要作用,法律对其流转和处分设置了诸多限制,立法的基本目的就是为了保护农业用地的总量平衡和农民的基本生活,在农民没有稳定的非农业收入之前,是不会允许农民放弃土地的,因此,土地承包经营权又是欠缺处分权的不完整物权。最后,土地承包经营权是一种限定性物权。土地承包经营权的限定性来自于成员身份所承载和保护的生存权。因此,成员权的存在贯穿于土地承包经营权的始终:在成员权开始的时候,承包土地的权利即随之开始,在成员权终结的时候,承包集体土地的权利也就失去了;同一份成员权也不能够承载两份土地承包权,所以成员权

---

① 王利明:《物权法研究》,中国人民大学出版社 2002 年版,第 462 页。

的保障性与土地使用权的天然联系同时促使土地承包经营权成为一种限定性的物权。

（三）对土地承包经营权流转的限制侵犯了农民权利

作为我国土地立法创造的一个新型权利，土地承包经营权在经历了近三十年的改革探索之后，法律赋予其物权属性并增加了可转让的权利，但在立法用语上并没有使用传统的买卖、租赁等法学语境，而是采用了一个并非严谨的用语——流转，土地承包经营权的流转就成为我国立法上的创造。作为一种经过法律确认，并被学界基本认可的物权属性权利，土地承包经营权对于权利人来说是具有占有、使用、收益和处分等基本权能的；根据物权法的基本原理和现行法律规定，土地承包经营权的流转其实质就是赋予土地承包经营权人对土地承包经营权的独立处分权，是对该权利直接支配的具体体现：权利人可以在不违反法律规定、不侵犯他人利益并不损害社会公共利益和公序良俗的基础上，对该权利做出符合自身利益的处分，是否自我保留权利或将权利转让给他人都是独立处分权的体现。因此，土地承包经营权流转的法律内涵就是土地承包经营权人对土地承包经营权作出的物权上的处分行为而引发的物权变动。

1. 土地承包经营权流转的一般性规定

根据物权法定原则，物权的内容是由法律直接规定的，因此土地承包经营权的流转，虽适用一般的物权变动理论，但因受到法律规定的限制而呈现出一定的特点。1984 年中央以一号文件的形式确认了农户可经集体同意将承包地转包给种田能手的新政策，期限为 15 年；1993 年，中央十一号文件将土地承包权允许转让的期限延长到 30 年；1998 年，十五届三中全会正式提出了土地使用权流转的"合理、自愿、有偿、依法进行"的基本原则；2001 年中央十八号文件对土地承包经营权流转的政策作出了系统性规定。2002 年《农村土地承包法》正式使用"土地承包经营权流转"这一并不严谨的法律术语；《农业法》第十条规定："……农村土地承包经营的方式、期限、发包方和承包方的权利义务、土地承包经营权的保护和流转等，适用《中华人民共和国土地管理法》和《中华人民共和国农村土地承包法》"；2007 年《物权法》第一百二十八条第一款及第一百三十三条在列举了农户家庭土地及"四荒"地承包的若干种方式，并同样使用了"流转"的字样。至此在国家政策和法律的规定上，土地承包经营权的物权变动称谓被统一确定为"流转"。

在新中国诞生之前，土地的流转往往意味着统治阶级和地主对土地的兼并及农民阶级被迫失去赖以生存的土地。土地承包经营权的流转，其本质也是集体土地的使用权人让渡权利的一个过程，为了保护农民的基本土地权利，将合法的、有利于农民生活和农业开展的土地流转行为与非法的土地兼并行为相区分，《农村土地承包法》第三十三条对土地承包经营权的流转做出了"平等协商、自愿、有偿，任何组织和个人不得强迫或者阻碍承包方进行土地承包经营权流转"的原则性规定；规定了除当事人自身以外，不允许任何组织和个人代行权利，也就是阻止了国家权力、乡村传统势力，特别是发包方对当事人意志的侵犯。对发包方有可能出现的"假借少数服从多数强迫承包方放弃或者变更土地承包经营权而进行土地承包经营权流转"的行为，《农村土地承包法》第五十四条将其认定为侵权行为，并规定必须对被侵权人予以赔偿；《最高人民法院关于审理涉及农村土地承包纠纷案件适用法律问题的解释》第十二条也规定："发包方强迫承包方将土地承包经营权流转给第三人，承包方请求确认其与第三人签订的流转合同无效的，应予支持。发包方阻碍承包方依法流转土地承包经营权，承包方请求排除妨碍，赔偿损失的，应予支持。"①这是从司法解释的层面，增强了对土地承包权人以自由意志处分承包经营土地的法律保护。

2. 土地承包经营权流转的限制性规定侵犯了农民的处分权

（1）限制土地承包经营权流转出让人的身份条件

虽然法律并没有对权利流转的出让人相关身份和资质作出专门的规

---

① 《最高人民法院关于审理涉及农村土地承包纠纷案件适用法律问题的解释》，中国林业网，http://www.forestry.gov.cn/portal/zfs/s/809/content-105805.html，2007 年 9 月 12 日。

定,但对相关法律条文分析可知,参与流转的出让人应当具有相应的特殊条件,《农村土地承包法》第四十一条规定:"承包方有稳定的非农职业或者有稳定的收入来源的,经发包方同意,可以将全部或者部分土地承包经营权转让给其他从事农业生产经营的农户,由该农户同发包方确立新的承包关系,原承包方与发包方在该土地上的承包关系即行终止。"①但该条文本身并不具备可操作性且与法理相悖。

首先,缺乏具体评判标准。该条规定有权将土地承包经营权流转给他人的承包权人,在流转之前必须已经具备"稳定""非农""职业""收入来源"等限制条件,但究竟何为稳定? 是连续工作几个月、几年还是几十年? 对职业又是如何定义的,是否需要一个固定单位? "非农"性质的职业划分也没有明确的区分办法,很多农业科学家和技术工作者一生都在田间从事劳作,工作的核心就是农业生产,这到底是农业性质的还是非农性质的职业? "稳定的收入来源"只要求了收入来源的稳定性,却没有规定收入的评判标准和计算依据。显然,立法者在确定限制流转要求的时候,没有考虑到这些具体的问题。

其次,法律条文属性模糊。就该条文所发挥的作用来看,由于无法对上述几个关键问题作出具体的规定,因此该条文的法律属性无法成为强制性规范,特别是在农民因穷困潦倒而出让承包权返贫的问题上,无法发挥有效的禁止性作用,也就无法保障农民的基本生存和社会稳定;该条文也不属于任意性规范,尽管条文的限制性内容没有具体化也难以具体化,但还是对转让的效力产生了影响,即没有赋予当事人自行决定权利义务的权利。因此,该条文只能是为农民集体行使"同意权"提供了一个指导性的判断标准,也就是说农民集体在以一个理性第三人的角度判断权利出让方在出让土地之后是否能够正常生活为标准,从而来决定是否同意该承包地的出让行为有效,这其实是对权利人出让权利的间接限制。

---

① 《中华人民共和国农村土地承包法》,中国政府网,http://www.gov.cn/gongbao/content/2002/content_61729.htm,2002 年 8 月 29 日。

最后,该条款是典型的民事权利缺位、国家权力越位的表现。生存是每一个理性人天生追求的本能,当一个农民或者一个农户决定放弃农耕收入的时候,他绝不会是想通过这种方式放弃自己的生存权,而是有其他的生存方式更具有吸引力;从国民待遇的角度来讲,相比于对城市居民可以自由辞职赋闲而言,国家不允许农民轻易放弃土地而干预其个体生活方式,相对于城市居民可以自由选择工作与否、选择不同的工作性质的自由来说,这具有一定的局限性。被承包的集体土地无论如何流转,其所有权仍旧为本集体所有,且不能改变土地的使用现状,国家的粮食安全在土地性质和总量上仍旧是可以保证的。因此,该条款出于国家粮食安全的角度对出让人的流转权利进行限制显然是不合理的。

（2）对承包权受让人条件的限制过多

《农村土地承包法》第三十三条第四款规定土地承包经营权的受让方"须有农业经营能力"。就该条款的立法目的而言,立法者希望农村土地流转到具有农业生产能力的主体手中,并且能够保持农业生产的基本水平,防止没有农业生产能力的主体侵占有限的农地资源而不进行农业生产,这样的立法初衷是正确的。但从立法技术的角度上讲,由于没有对农业经营能力进行细化解释,该条款不具有可操作性。当前我国农业还是处于相对原始的阶段,技术含量低且无须投入大量成本,因此具备经营能力的起点相对较低;如承包人自身没有经营农业的能力,完全可雇佣其他农业生产者进行耕作,也完全可以达到保证农业生产的目的;若转让主体具有相当的农业经营能力,如其不专注于农业生产,也完全不能实现保障农业的目的。

对承包人受让条件的苛刻限制,导致农村承包土地无法顺利流转而撂荒的情况已有发生,在并不以农业生产为主要经济来源的地区尤其明显。在实地调研过程中,海口市灵山镇东营村和迈聘村的耕地撂荒情况都比较严重:东营村的经济来源以渔业捕捞为主,迈聘村主要依靠附近高校区的建设安置了大批中青年劳动力就业。针对耕地撂荒的现象较多,两村都采取了"撂荒罚款"的方式督促农地的使用或者流转,但由于对受让人资格的严格限制,很多土地无人耕种;为了避免罚款和收回土地,农民都在种植农作物后不予管理,反倒浪费了大量可用耕地。因此,为使土地资源得到充分的利用,该条款应将对受让方的限制改为:"以农业生产为主要收入来源,具备长期的农业生产经验,并接受集体组织监督和指导。"

(3)"承包合同"成为农民集体处分权受侵犯的漏洞

前文已经论述,农户的土地承包经营权来源于农户的身份,是农户的一项基本人权,该项权利的产生和承包合同并没有关系;承包合同是承包权借以实现的方式,是从理论上的生存权过渡到现实中的财产权的媒介。从这个角度上讲,承包合同的签订双方应该是农民集体和农户,但由于长期以来农民集体概念的模糊和集体土地所有权人的缺位,村委会这样的自治结构就在政府的支持下成为农村事实上土地权利的行使者。这本身就违背了民法所有权的基本理论。但要完善农户承包土地的法律程序,显然政府出面签订合同也是不合法理的。就在这样无奈的选择下,村委会这个民意代理机构反而成为土地承包事实上的权利人。

承包合同是承包权实现的方式,是从理论上的生存权过渡到现实中的财产权的媒介。《农村土地承包法》赋予了发包人较大的法律权利,如第二十六条第二款和第二十九条均规定了发包方得以收回承包地,但却没有具体说明如何处理。在农户全面签订土地承包合同,并相对稳定的情况下,发包人手中拥有收回的土地就成为一种稀缺资源。如果村委会擅自将这些土地对外承包,那就是代行了所有人的基本权利,作为土地所有人的其他农户的权利就受到了侵犯,显然这是有违法律基本原理。由于村委会的组成人员在集体当中一般是富裕或有势力的强者,一般农户也无法以个体形式对其进行制约,他们面对利益诱惑时自然就放弃了农民集体代言人的身份,土地与资本的暗地交易就无法避免。2014年的平度征地血案,就是村委会假冒村民集体的名义,伪造村民签名私自出让土地而最终酿成的惨剧。因此,土地承包合同发包人的权利应当局限于履行签订合同、监督土地使用情况;对于处理承包地的发包、收回等关系农户生存的重要的权利,应当收归农民全体享有并通过村民大会的形式予以决定,以确保集体土地所有人的权利。

除了发包人利用自己的优势地位"代行"农民集体的土地所有权以外，基层政府权力机构也通过"承包合同"中的不合理规定，侵犯应属于农民集体的民事权利，例如《农村土地承包法》中的第十一条赋予了地方基层农业主管部门"管理"土地承包合同的权力——作为承包人与发包人的私法约定，国家机关只能对其合法性进行监督，"管理"到底是包含怎样内容的行政权力，条款没有详细的界定，在实践中也就出现了地方政府对"与谁签订""如何签订""期限多久""签订标的"等全方位的"管理"，农民集体作为所有权人的基本权利也就被"管理"取代了；第二十条赋予国家基层权力组织规定合同期限的权力，也是侵犯合同当事人约定的一种越权规定；第二十七条规定："承包期内，因自然灾害严重毁损承包地等特殊情形对个别农户之间承包的耕地和草地需要适当调整的，必须经本集体经济组织成员的村民会议三分之二以上成员或者三分之二以上村民代表的同意，并报乡（镇）人民政府和县级人民政府农业等行政主管部门批准"，第四十八条规定："发包方将农村土地发包给本集体经济组织以外的单位或者个人承包，应当事先经本集体经济组织成员的村民会议三分之二以上成员或者三分之二以上村民代表的同意，并报乡（镇）人民政府批准"，这两条规定显然是将主管部门的"批准权"凌驾于土地所有人的所有权之上，其本质是对所有权权能的侵犯。

所有权本是《民法》赋予权利人处分私有财产的最高权力，但立法者还是将农村土地视为国有土地的一部分予以管理，赋予行政管理主体超越所有权人的权限，是典型的国家权力越权和计划经济立法思维。在土地承包的领域中，应当最大限度让权于农民集体这个真正的土地所有人，让农民对自己的土地负责、对自己的权利负责，才能从根本上引导农民承担对集体土地管理的责任，发挥主人翁的精神，提升土地利用的效率。

3. 禁止土地承包经营权抵押有损农民的财产利益

（1）对农户家庭承包土地流转的方式的梳理

《农村土地承包法》第三十二条规定："通过家庭承包取得的土地承包经营权可以依法采取转包、出租、互换、转让或者其他方式流转"，也就是认可了转包、出租、互换和转让等四种基本的流转方式,在维护法律稳定性的基础上兼顾随着经济和社会的发展可能出现的新的流转方式,在立法技术上采用了"其他方式流转"的兜底条款,以期对新方式的创造和认可;《物权法》第一百二十八条规定:"土地承包经营权人依照农村土地承包法的规定,有权将土地承包经营权采取转包、互换、转让等方式流转",相比于《农村土地承包法》,该法删除了"出租"这一土地流转的基本方式;由于土地承包经营权在《民法通则》中被列为财产权,又被《物权法》确认为物权,因此在《物权法》第一百八十四条明确规定"耕地、宅基地、自留地、自留山等集体所有的土地使用权"不得作为财产进行抵押,尽管有例外条款,但是在关联法律中也并没有相关规定,则可视为法律规定该权利不能进行抵押,其赋予农户自由流转土地承包权的权利较《农村土地承包法》有所保留;最高人民法院于 2005 年 7 月发布的《关于审理涉及农村土地承包纠纷案件适用法律问题的解释》第十五条明确规定,家庭承包的承包方以其土地承包经营权进行抵押的,应当认定无效。《农村土地承包经营权流转管理办法》第三章第十五条规定:"承包方依法取得的农村土地承包经营权可以采取转包、出租、互换、转让或者其他符合有关法律和国家政策规定的方式流转",这一规定与《农村土地承包法》的精神是一致的;值得一提的是,该法第十九条规定:"承包方之间可以自愿将承包土地入股发展农业合作生产,但股份合作解散时入股土地应当退回原承包农户"[①],这是土地立法对以入股为流转方式的明确规定,是不同于《农村土地承包法》与《物权法》的特别之处。综上所述,我国土地立法中对土地流转方式达成一致的为转包、互换、转让等三种方式,有明确立法认可的为出租和入股,抵押成为土地承包经营权流转明确否定的方式。

在学术界,学者们主张的土地承包经营权流转的方式较之立法则更为丰富。丁关良、马新彦、梁亚荣等学者在土地承包经营权流转的问题上,对

---

① 《农村土地承包经营权流转管理办法》,法律图书馆,http://www.law-lib.com/law/law _view.asp? id=88052,2005 年 1 月 19 日。

于转包、转让、出租、互换、入股、抵押、托管、信托等方式都给予支持;在经营模式上,还设计出反租倒包、两田制、集体农场和合作等几种方式。不难看出,学界更希望为土地承包经营权的流转开拓更多的道路,以最终实现该权利的财产属性。对照学者们的研究成果,虽然在托管、信托等新型流转方式上还未能达成一致,对农场经营形式也尚在讨论,但各位学者都将抵押作为承包权流转的一种方式予以认可的态度却是一致的。

(2)土地承包经营权抵押的禁止论分析

土地承包经营权能否抵押在《物权法》的立法过程中一直是争议的热点,特别是对建议稿的反复争论就可见一斑:《中华人民共和国物权法(草案三次审议稿)》第二百零六条就土地承包经营权抵押问题做了否定性规定,就此产生的争议在全国人大物权法草案修订情况的汇报(四读)中有着明确的记载;本着对农民融资困难的理解和对抵押与转让问题的通盘考虑,在草案四次审议稿第一百三十五条改为"土地承包经营权人有稳定的收入来源的,经发包方同意,可以将土地承包经营权抵押。实现抵押权的,不得改变承包地的用途"①,即允许了土地承包经营权的有条件抵押;面对第四次审议稿持续引发的热烈讨论,全国人大最终还是在五读中转变了立场,再次否定了承包权的抵押——这一决议最终表现为《物权法》第一百二十八条、第一百三十三条和第一百八十条,为法律实践提供了确定的依据。可以说,《物权法》最终否定承包权抵押的理由主要在于:一是,抵押权的实现将导致农民失去土地,这是较严重的社会问题;二是,抵押权人将取代农民成为集体土地的使用者,将影响农民集体的稳定性;三是,抵押权人有可能改变作为抵押标的的土地的基本用途甚至土地性质,这将给全国的农业生产安全带来不稳定因素。但更多的学者对此表示质疑,并认为赋予农民将土地承包经营权进行抵押乃是社会发展的大势所趋,也是符合农民的根本利益的。理由如下:

---

① 全国人大法律委员会:《关于〈中华人民共和国物权法(草案)〉修改情况的汇报展》,法律图书馆,http://www.law-lib.com/fzdt/newshtml/20/20051023173231.htm,2005 年 10 月 23日。

首先,承包权抵押有利于农民融资及创业。

农产品是当今社会科技含量最低的初级产品,农民很难从农产品的种植和销售中获得巨大的利润,因此,农民更愿意选择如办工厂、养殖场等项目开展多种经营,但大量的启动资金除抵押承包经营权或宅基地以外是无法筹集的。当前,虽然法律有着否定性的明确规定,但学者和部分地方政府已经开始了相关的调研甚至是尝试——中南财经政法大学农村土地问题立法研究课题组于 2007 年对贵州、湖北、山东和黑龙江四省就土地承包经营权抵押问题作了调查,在 1799 份有效调查问卷中,有 4.39% 的农民表示本村有抵押承包经营权的行为,有 13.62% 的农民表示希望能够以抵押方式流转土承包经营权,而这一数字在 2009 年上升为 17.9%。[①] 2012 年 3—5 月,沈阳农业大学农地金融课题组对河南省四个改革试点县(濮阳县、杞县、固始县、汝阳县)进行实地问卷调查,在 281 份有效问卷中有 37.4% 的农户希望进行土地承包经营权的抵押,同时其中有 46.4% 的农户希望将贷款用于农业生产,27.3% 的农户希望将贷款用于个人创业。[②] 说明了土地承包经营权抵押对于推动农业生产有重要意义。除此之外,湖北荆门、福建三明、辽宁法库、宁夏同心县等几个农村信用贷款机构已经在 2008 年开始实地开展了土地承包经营权的抵押贷款,为当地的农业发展提供了有力的资金支持。

2010 年 7 月,中国人民银行、银监会、证监会和保监会联合下发了《关于全面推进农村金融产品和服务方式创新的指导意见》,可以说是中央政府机构对土地承包经营权抵押态度做出转变的风向标,该《意见》提出,要探索推出农村土地承包经营权和宅基地使用权抵押贷款,在不改变土地集体所有制性质、不改变土地用途和不损害农民土地承包权益的前提下,探索开展相应的抵押贷款试点,丰富"三农"贷款增信的有效方式和手段。

---

① 陈小君等:《农地流转与农地产权的法律问题——来自全国 4 省 8 县(市、区)的调查报告》,《华中师范大学学报(人文社会科学版)》2010 年第 2 期。
② 杨应杰:《农户分化对农村宅基地使用权流转意愿的影响分析》,《经济经纬》2014 年第 1 期。

在中央试点政策的推动下,《海南省农村土地承包经营权抵押融资管理办法》《成都市农村土地承包经营权抵押融资管理办法(试行)》《重庆市农村土地承包经营权农村居民房屋及林权抵押融资管理办法(试行)》《浙江省湖州市农村土地承包经营权抵押贷款管理指导意见》《杨凌示范区农村土地经营权抵押融资管理办法(试行)》等一系列地方性法规的出台,都在尝试为土地承包经营权的抵押解禁;党的十八届三中全会也传达了深化土地流转制度改革的精神,2013 年 11 月 15 日公布的《中共中央关于全面深化改革若干重大问题的决定》(以下简称《决定》)指出,保障农民集体经济组织成员权利,积极发展农民股份合作,赋予农民对集体资产股份占有、收益、有产退出及抵押、担保、继承权;《决定》还指出建立农村产权流转交易市场,推定农村产权流转交易公开、公正、规范运行。这些信号都预示着,随着经济改革的深入和社会发展的不断推进,相关的立法规定也随着人民的需求和经济发展规律开始发生着变化。

其次,抵押权的实现具有或然性。

有学者主张,如果允许土地承包经营权进行抵押,将在事实上实现土地的自由流转并最终可能导致新的土地兼并,失去土地的农民在当前国家社会保障体系尚未完全覆盖的情况下,可能因失去土地而成为流民并导致社会动荡。这种主张从社会分析的角度出发,旨在防止出现封建社会时期因土地高度兼并而发生的社会动荡,虽然这一出发点是好的,但实则是一种认识误区——抵押权是一种民事权利,当事人可以选择将抵押物抵押,也可以选择不采用抵押的方式融资,实现土地承包经营权的抵押,并不意味着大部分农民都将采用这种方式进行融资;抵押也是一种担保物权,只有在抵押人无法偿还借款的情况下,抵押权才能实现,但在当前市场经济环境下,任何一个参与市场经济的主体都是一个理性人,每个人在判断与自身利益有关的经济关系的时候,都将根据自身利益的最大化为标准进行仔细考量,没有任何人会做出违背自身利益的选择,在另有其他风险较小的方式能够进行选择的时候,农民不会盲目地单纯选择抵押土地承包权,并且抵押的期限、方式、额度都是双方商议的结果,那种"抵押即失去土地"的想法是不能成立的;同理,资本市场也未必将土地承包权视为抵押标的的最好选择,因为土地承包经营权的性质就决定了作为该权利标的的土地是不能改变用途的,只能按照原有的农业劳作的形式进行使用,对于资本所有人来说这种收回资金的方式相对较慢,而且付出的成本较高,抵押物标的的"性价比"太低,因此形成大面积的土地兼并可能性很小。

最后,设定抵押权与农民的生活保障并不冲突。

土地承包经营权具有相当的保障功能是立法者认为不应设定抵押的重要根据,但在物价指数居高不下的今天,农产品的价格始终相对较低,能够给农民带来的利润十分有限,仅够满足日常生活和基本的生产积累,如家中有人大病,则很容易陷入返贫的状态;而如果农民通过实现承包权抵押从而在其他经济领域获得更高的经济效益,反而是对自身生活的最好的保障。经营土地虽然对农民生活具有保障性,但不应对其作用进行扩大化理解,在经济发展相对发达的东部沿海,很多农民投入到经商、办厂和其他经济领域取得了良好的经济效益,土地不再是他们的主要生活来源,其保障作用也就不那么明显了。说到底,农民是我国公民的一个重要组成部分,对于一个国家来说,为公民提供完备、特别是平等的社会保障,是一项基本义务;农民耕作土地和城市居民上班工作一样,是谋生的基本手段,但他们不享有平等的社会保障;如果将农民社会保障的来源固化于土地之上,就是混淆了社会保障与土地生产的作用,也是国家有意推卸责任的表现。如果如此担心农民因抵押失去土地而不能保障生活的话,那在土地承包经营权法定的流转模式中,"转让"这一模式反倒是让农民直截了当地放弃了承包土地的权利,相比之下认为设定抵押权影响了农民生活的保障理由显然不充分。

从抵押物应当具备的一般法律条件看,土地承包经营权具有特定性、可转让性和有价性等抵押物的一般属性;抵押权不以移转标的物为成立要件,就充分保障了抵押人对土地的使用和对土地价值的保障;如果抵押人在合理评估抵押风险和还款能力之后进行理性抵押,并在约定的期限内偿还了债权,就能既实现有效融资,又保障了对土地承包经营权的有效掌控。

（四）国外土地流转方式的启示

主要发达国家已经完成了传统农业向现代农业的转型，这一历史期间，形成了各具特色、符合本国国情，又行之有效的土地流转制度；通过对不同国家和法系土地流转制度的考察，可以对构建我国的土地承包经营权流转的抵押权制度提供有效的经验借鉴。

大陆法系国家的土地流转制度深受《罗马法》影响，逐渐确立了农地用益权、永佃权等法律制度，立法的目的在于通过农地的合理流动和提高农地使用效率的最大化，实现扩大农地经营规模和发展现代农业的基本目标。从这个角度出发，土地使用权的抵押被各国法律所接受。法国对土地租佃农地的流转通过用益权制度进行调整，《法国民法典》第581条规定了在农地上可以设立用益权；第595条赋予了用益权人出租、出卖或者无偿转让用益权的权利；第2118条规定，用益权可以成为抵押权的标的。可见，出租、出卖、无偿转让、抵押都是法国农地用益权认可的流转方式。《日本民法典》第369条明确规定地上权和永佃权可以作为抵押的标的物，而且在1970年后日本政府通过促进土地所有权和经营权的分离，以解决农业人口不足及土地抛荒的现象，积极鼓励自由借贷和自由买卖。

英美法系对于土地的利用和使用与大陆法系有着较大的差异，结合经济学领域的产权理论，形成了适用于农用地流转的"地产权"，这是一种在土地私有基础上形成的财产性权利。按照英美法系的一般理论，"地产权是一种私人财产权，可以转让、抵押、出租或继承等。对于农用地而言，这一规则同样适用。"[1]英国土地名义上为国家所有，实际上有90%的土地是由私人所有者通过享有永业权而私有。在1925年，英国颁布了土地授予法、财产法、信托法、土地登记法、土地负担法和地产管理法等六项财产性法律，并确定了以土地保有为基础的现代财产制度框架；当前英国农地流转的特

---

① 左平良：《土地承包经营权流转法律问题研究》，中南大学出版社2007年版，第62页。

点就是鼓励私人购买土地,是典型的土地私有制度,既然土地归农民私有,则作为私人财产权利当然是可以进行抵押的。美国农用地是由农场主通过购买或者政府无偿赠送等方式原始取得的,是典型的产权明晰的私有财产,土地所有者可以通过转让、抵押、租赁等方式自由处分财产,甚至土地租赁者通过租赁关系获得的土地权利,都可以通过转租、继承和转让等方式进行流转。

目前我国正在出现的或者可能出现的土地兼并、土地流转和土地抛荒的情况,在西方发达国家的土地发展历程中也都有所经历,在经过长期复杂的改革和试验过程之后,符合本国社会习惯、经济情况和意识形态的流转方式被逐渐确立下来,从而完成了传统农业向现代农业的转型。总结此间各国的成功经验和制度构建,对我国土地承包经营权的流转方式的探索可以提供有益借鉴。

1. 土地产权明晰而完整是权利流转的前提条件

无论是大陆法系还是英美法系土地法律制度,要实现对土地的有效利用和最佳配置,前提条件都是具有相应的明晰的土地产权。明确、清晰、完整的土地产权是土地流转中不可缺少的基本要素,是产权之上各项权利和利益的重要保证。如果产权处于模糊不清的状态,附着于产权之上的各项权利都将失去根基,只有清晰的土地产权才能在土地流转过程中最大限度地降低土地流转的交易成本,使流转的利益切实落到产权人手中,同时赋予土地权利流转的相对方以稳定、安全、有保障的使用权利。由于国家性质和法律制度的选择,西方发达国家一般都采用了土地私人所有的法律制度,保证了土地产权的清晰、完整;这并不是说土地私人所有制是优越的,但相对来讲,我国的集体土地所有制在产权方面有诸多问题尚待解决,土地承包经营权呈现出债权、物权和其他特殊权利性质的复杂结合,这是我国构建有效的土地流转制度需解决的首要问题。

2. 相应的配套机制

西方国家在清晰土地产权的基础上,为土地流转构建了一套完整的法律制度,如健全的抵押登记制度、土地流转服务机构、风险防范机制及科学合理的土地价格评估体系,同时建立了支持土地自由流转的一套完备的法律制度,使土地流转有章可循、有法可依;但最重要之处在于,在西方国家,土地的各项权能更被视为是一种单纯的财产性权利,如美国鼓励私人农场主积极参加市场竞争,但当面对由于市场竞争原因导致农产品价格下跌而引发农场主损失的时候,美国政府是采用政府补贴的形式来保障农场主利益并弥补损失的。相对于我国来说,除相关的土地流转配套制度尚不健全外,土地的保障属性依旧强烈,这就极大限制了土地的自由流转。对于政府来说,保障农民的生活应依赖于完整、有效的社会保障制度,由土地保障替代社会保障是一个政府推卸社会义务的表现。

3. 根据经济发展形势探索新的流转方式

西方国家的土地法律制度都是经过了一个不断变化、不断演进的过程,现在的制度构架都是在原有的基础上随着经济发展的形势完善而来。以日本为例,就以促进农地流转和实现规模化、现代化经营为目的,分别在1952年至1999年间,密集地修改和制定多部新法律,以期适应经济的发展变化,推动农业生产力的发展。就我国当前的经济形式来看,农业和农民的基本情况较改革开放之前有了翻天覆地的变化,特别是农民家庭经济增长呈多元化趋势,国家粮食生产连续多年丰收,农业科技水平不断提高,农地的规模化、产业化发展模式具备了初步的条件。面对这样的新形势,政府和学者们应当就新形势下的农村土地承包经营权流转方式进行积极地探索,以推动传统农业的转型和升级。

4. 充分尊重农民的个人意愿

西方国家的立法更侧重于保护个人意志及个人权利,在土地立法中会充分考虑到农业生产者的实际利益;农业生产者作为劳动的个体在关于土地立法的过程中有充分的参与权和发言权,这就保证了土地政策和措施在实践中得以顺利开展。历史是人民创造的,农业生产是由农民进行的,相关的法规、政策都要围绕着保护农民的利益为出发点,设身处地为农民着想。当前在我国,农民缺少一个向国家反馈意见的渠道,没有设立专门能够代表农民反映意见的农会组织,在《物权法》讨论的过程中,又有多少农民知道自己的生活会因此改变？又有多少农民能够参与到讨论过程中并发表意见？所以，立法和政策的制定应当更多倾听到农民的意见，以充分保护农民的权利为政策和法律制定的核心。

5. 建立有效的土地流转中介机构

由于西方国家市场经济程度较高，因此组织健全的土地流转中介机构在农地流转中发挥了重要作用，特别是在流转信息搜集、农地产权评估、加速土地流转、节约交易成本等方面发挥了重要作用，其高度的专业性和广阔的市场覆盖面为流转主体双方交易的达成节约了大量的成本和时间，从一个侧面加速了土地经营规模化的形成。目前我国农村土地流转仍以乡土关系为纽带，因法律规定而局限于村落、集体和亲属之间，距离市场化较远。随着国家对农村控制力的减弱和市场化的增强，土地流转中介机构所能起到的畅通流转信息、明确土地产权、增加流转几率、降低交易成本的作用将日益明显，如同城市的房屋中介和房产交易市场一般，更加便于实现土地流转的市场化。不过就此问题，以习近平同志为核心的党中央领导集体高瞻远瞩地认识到了建立、规范、引导农村土地产权交易市场的重要性——2014年12月30日，国务院办公厅发布《关于引导农村产权流转交易市场健康发展的意见》，从总体要求、定位和形式、运行和监管、保障措施等四方面提出了对当前许多地方建立的多种形式的农村产权流转交易市场和服务平台的规范意见，其最终目的就是要"有利于保障农民和农村集体经济组织的财产权益，有利于提高农村要素资源配置和利用效率，有利于加快推进农业现代化"。[①]

四、土地承包经营制度的完善

土地承包经营制度是农民土地承包经营权形成的根源和制度载体。要

---

① 《关于引导农村产权流转交易市场健康发展的意见》，中国政府网，http://www.gov.cn/xinwen/2015-01/22/content_2808182.htm，2015 年 1 月 22 日。

实现对农民土地权利的保护,就要从根源上对土地承包经营制度进行完善,并以此形成农民土地权利实现的制度基础。

(一)明确土地承包制度的参与主体

《农村土地承包法》中规定了土地承包经营制度中的三个主体:发包人、承包人和政府,具体地规定了发包人和承包人的权利义务关系;第十二条特别细化了发包主体的构成资格;第十一条赋予了职能部门和基层政府参与土地承包的机会,而目的就是通过模糊立法的方式给政府权力参与土地承包留下空间。通过这样的立法内容,发包人、承包人和政府三个角色就在我国农村土地承包关系中被确立下来。根据法律规定的权利义务,发包人和承包人之间的关系是相对的,甚至在某些方面处于一种监督与被监督、管理与被管理的地位,这显然和《民法》主体平等的基本原则不符。但从土地所有的角度来讲,特定范围内的农村土地属于特定范围内的农民集体所有,也就是说特定范围内的农民个体都是土地所有者的组成部分;村委会等组织虽然是发包人,但却是村民的民意执行机构,应当服从于真正意思机构——村民大会。基层政府和部门在农村土地承包经营的法律关系中,实际上应处于监管、调控的位置,其立法的法理基础就在于确保权利不发生滥用,并服从于国家对于全国土地使用的统一规划,个体的发展服从于全国的发展,这是典型的公法应秉承的立法原则。本着国家权力与民事权利相分离的原则,政府执行国家赋予的权力,就应当从民事权利领域退出;在民事权利领域能够通过当事人自由确定权利义务的方式而实现的立法目的,就应当在《民法》框架下由平等主体进行调整。因此,在农村土地承包经营的民事法律关系中,实际上只存在农民本身这一个主体,土地承包经营中发包人和承包人的法律关系本质,其实是农民间整体和个体之间的关系。从这个角度上讲,在土地承包经营过程中,凡不涉及国家权力发挥作用的领域,都可以由农民以土地所有者的身份自由行使权利,这和前文重构集体土地的私权属性理论是互相配套的。

（二）促进土地承包权和经营权分置

我国农村土地权利在传统意义上被划分为所有权和使用权两种，即集体土地所有权和农村土地承包经营权，现行的土地立法都是围绕着如何保护农民对土地的占有、稳定土地的承包关系、最大限度地降低农民失去土地的风险为原则而设立的，具有较强的时代特征和政治意味。当前我国正处于经济发展转型这一深刻的变革阶段，土地承包物权化为农民提供了相对明晰的产权界定和占有保护，但对于土地具备的重要的财产属性和作为生产资料进行流转的方面，物权化的土地承包法的硬性规定则显得刚性有余而弹性不足。十八届三中全会通过的《中共中央关于全面深化改革若干重大问题的决定》站在推进农村经济改革的战略性高度，首次提出在"稳定农村土地承包关系并保持长久不变"的前提下，"鼓励承包经营权在公开市场上向专业大户、家庭农场、农民合作社、农业企业流转，发展多种形式规模经营"；2014年的中央一号文件《关于全面深化农村改革加快推进农业现代化的若干意见》进一步提出，"稳定农村土地承包关系并保持长久不变，在坚持和完善最严格的耕地保护制度前提下，赋予农民对承包地占有、使用、收益、流转及承包经营权抵押、担保权能。在落实农村土地集体所有权的基础上，稳定农户承包权、放活土地经营权，允许承包土地的经营权向金融机构抵押融资"，[1]即将二元土地权利转化为所有权、承包权和经营权三部分，是农村土地改革理论和实践的重大突破。

集体土地所有权本质上是一个权利束，具备着占有、使用、收益和处分的主要权能，包含着所有权、经营权、承包权和取得收益权等基本权利，在新形势下促进土地作为经济因素进行流转，目的在于使土地的承包权和经营权的潜在经济价值得以实现，同时形成生产要素的有效配置。经营权和承包权的分置，仅是对整个所有权体系中权利使用和流转的调整，不涉及集体

---

① 《关于全面深化农村改革加快推进农业现代化的若干意见》，中国政府网，http://www.gov.cn/jrzg/2014-01/19/content_2570454.htm，2014年1月19日。

土地性质的变更，因此也就不会影响到集体土地所有权的本质。同时，在制度变迁成本方面，由于我国国体、政体的原因不可能使我国农地制度改革成为像西方一样的私有化，也就保证了农民权利将在一个相对稳定的法律环境中进行转换，降低了由于制度转换在实践中可能形成的社会波动和成本增加。

既然经营权和承包权的分置是建立在集体土地所有权基础之上的，因此要充分发挥农民本身在制度改革之上的推动作用和主体地位，最大限度地调动农民参与改革的积极性和提升农民的根本利益；同时，要尽量避免在制度改革中的国家权力侵入。由于缺乏法理基础，国家权力的侵入可能与农民土地利益的实现相矛盾，同时强力贯彻的国家意志也会在无形中将集体土地变为国有土地的附属，这在土地权利界定上是一种倒退。国家权力，特别是行政权力在土地权利分置过程中应当起到引导和辅助的作用，帮助经营权实现分置和流转，以适应现代农业发展的趋势，实现规模化和产业化经营。但影响土地规模经营的因素很多，比如我国农民根深蒂固的土地观念几乎是世界上任何国家的农业工作者都不能体会的，农民的生老病死完全都依赖于土地，拥有自己的哪怕是小块土地，都是农民追求的目标；虽然我国未能形成像美国一样高机械化、高生产率的农场，但在狭小土地上精耕细作仍旧保持了较高的单位生产率，而且我国农业地形多样，单位生产率如不能较大幅度提升也较难吸引经营权的整合；此外，我国从事第一产业的人数巨大，截止到2012年底尚有2.577亿人从事第一产业，虽然农户数量有所下降，但是劳动力流出并未形成制度化方案，"民工潮"和"用工荒"的同时出现就说明了劳动力的流向和农户数量的下降没有得到科学的引导。从上述几个方面可以看出，以家庭经营为基础的农业规模经营更不能急于求成，而对其进行科学的探讨和引导应当是公权力发挥作用的领域。在程序和配套制度方面，为了便于权利的分置和流转，降低交易成本和风险，必须要求明确土地权利归属，这就要求政府及其部门要完善土地承包权登记制度、流转制度和公示方法的设计，完善土地承包合同和证书的制作以及查阅工作，明晰权属、定分止争，为保持土地承包关系稳定并长久不变、促进土地承包经营权规范有序流转奠定坚实的产权基础。

（三）推进两权分置中经营权的"债权化"

土地承包经营权的物权化是土地经营制度改革的基本方向，对此学界和立法者都达成了共识。毫无疑问，物权作为对物的直接支配性权利所具有的对世性和排他性，相比于债权的请求权效力，赋予了农民对土地更加直观、有效的保护，显示出对农民权利保护上债权所不可比拟的优势。特别是《农村土地承包法》在推动土地承包经营权的物权化方面采取了诸多有效的措施：首先，在区分农民家庭承包和"四荒"承包的基础上，规定了土地承包的发包原则、程序和权利登记制度，使土地承包的具体操作具备了法定程序效力及相当可操作性；其次，以具体规定的方式确定了对承包地占有、使用、收益和流转的权利，使承包人拥有了自主组织生产经营和处置收益产品的权利，通过比较详细地规定承包人和发包人的权利义务关系，明晰了相应的法律责任；再次，明确了土地承包权的成员权资格，通过强制性规定稳定了土地承包的权利和期限，明确规定了不得收回承包地的情况和相应的法律责任，使农民土地权利的保护落实成具有可操作性的法律条文；最后，通过详细规定土地承包经营权的流转方、当事人的资格限制和发包人的最终确认权，在将土地承包经营权纳入可流转的财产权序列的同时，不但增强了土地的融资和保值能力，而且最大限度降低了随意流转并改变土地使用方式的可能性。但土地承包法仍旧在土地承包经营权的物权化上尚存部分遗漏，如未能规定土地承包经营权的继承权、发包的撤销权和承包人的抛弃权，而这些权能由于土地的特殊性是否能够参照《民法》执行又成为学界不断讨论的问题。但总体上来讲，土地承包经营权的物权化趋势是公认的权利改造的基本方向。

但随着法律的施行和研究的深入，土地承包法的部分规定在法理和现实中都遇到了质疑和挑战：首先，发包方和承包方在承包合同中的对于土地承包经营的自由约定直接违背了"物权法定"的基本原则，该原则要求当事人之间既不能创设与物权法定相异的权利内容，也没有权利根据双方合意决定物权的内容，"作为用益物权，其共性在于，虽经由债权合同而创设，但随即与之绝缘，具有强烈的物权长期性和稳定性的色彩，因此须于法律中明确其具体的权利义务，以在不动产的所有人与用益物权人之间维持利益的均衡，避免物权法律关系过于复杂，避免不必要的纷争迭起。对这些规定，当事人不得以合同的约定加以变更。"①

其次，农村家庭承包的土地在经营权流转时须经发包人同意的规定，以及承包权可以依法收回和调整的情形，与物权的支配权和绝对性相违背。一方面，发包人没有权利限制农民转让承包经营权的行为，这违背社会发展的一般规律和国家城市化建设的进程；另一方面，作为土地所有者的全体农民，当然有权利对成员处分所有物的行为予以过问，其限制流转的条件只能是流转土地的行为侵害了本集体的整体利益或者违反了国家对于土地的整体规划。前一种对于土地承包经营权流转的限制是根据立法者意志的人为制度设计，认为农民都有放弃土地并向城市流转的盲目性，对于这种制度设计的臆想，只能说明他们没有真正了解中国农民坚韧、谨慎的性格和对于拥有土地的坚持，也隐含了"农民永远是农民"的身份歧视；后一种限制的合理性根源于所有权权能的体现，也正是物权支配性的体现。同理，对于土地承包经营权的回收和调整，中央确定了"增人不增地，减人不减地"的稳定方针，尽管该方针在成员土地承包权问题上引起了争议，可在稳定土地承包关系上起到了至关重要的作用。但《土地承包法》第二十七条还是违背了物权保护的绝对性，从政治的角度赋予了发包方在特殊条件下对于承包地重新洗牌的特权，而物权的特性在面对这种情况的时候则完全没有发挥作用。

最后，土地承包经营权的物权特性缺乏应对经营权撤销和抛弃等方面的能力。《土地承包法》第三十七条规定，"承包经营的单位或者个人连续两年弃耕抛荒的，原发包单位应当终止承包合同，收回发包的耕地。"根据物权的绝对性原则，既然承包人已经取得了土地承包经营权，发包人凭借债

---

① 傅穹、彭诚信：《物权法专题初论》，吉林大学出版社 2001 年版，第 6 页。

权关系收回土地承包经营权这一物权,显然是有违法律基本原理的;但如果不赋予发包人这样的权利,面对土地抛荒而承包人又不愿交还土地的情况,物权就失去了物尽其用的作用,反倒成了浪费土地资源的保护伞。同理,我国法律应当规定土地承包经营权的抛弃行为,根据物权法定的原则,物权人不能享有在法律上没有规定的物权权能,这就导致农民在耕种土地不能获取相当利益的同时还不能够主动放弃对土地的承包,只能通过抛荒的方式离开土地的束缚,而两年的时间限制又变相造成了土地资源的浪费。显然土地承包经营权的物权化并不是在土地使用的各个方面都能起到作用。既然单纯的"物权化"尚不能完全满足理论改革的需要,就应当根据制度设计的目的和权利分置理论进行重新调整。

物权虽然是反映对物的控制和支配效力,但最终反映的是人与人之间的关系;土地承包经营权曾经是一种权利,随着经济和社会的发展,逐渐演变为承包权和经营权的分离。综合上述两种理论,在农地使用的宏观背景下分析,土地的使用关系发生在国家和农民之间,保护农民的承包权不受侵犯就是土地承包经营权的目的,农民利用物权的支配性、绝对性、对世性和直接排除妨害的效力来确保公权力不会随意侵犯到承包权领域,这是权利物权化发挥作用的最重要方面。在土地承包经营的微观领域,发生的法律关系是农民集体与农民个体承包权的二次分配和农民个体对土地行使经营权,在这两个法律关系中,是完全排除了公权力干预的私法范畴,公民的自由意志和平等协商在这个领域中应当发挥着重要的作用,具体来讲,承包合同所载的权利义务内容、土地承包的方式方法、土地承包的期限、土地承包权的取得和收回以及关系到农民个体与农民集体之间关于承包权二次分配的内容都应该通过协商的"债权化"方式进行,而不宜通过法律硬性规定采用一刀切的方式予以解决——应当相信每个农民都是理性的第三人,都是参与市场竞争的主体,不会对土地这种稀缺资源进行盲目的处分;而法律应当站在指导和建议的角度上,对农民在可能产生市场竞争盲目性的方面进行引导,法律条文应当是建议性而非强制性的,只有这样才能充分发掘农民理性思考和市场竞争的能力,构建一个新型的、富有竞争机制的二次承包关系,同样也是土地流转和规模经营的法律基础——特别对于备受争议的土地承包期限问题,学界和立法者普遍认为越长的承包期限越能稳定农村承包关系,就越能稳定农业生产和保证农民生活;但无论从田野调查还是从理论分析上看,超长硬性的承包期限并不是满足农民心理预期的有力保障,而且对新生农业人口的生存造成了压力;因此,法律关于承包期限的规定应当从刚性的最长规定转变为柔性的最短建议,即建议不同性质土地的承包期限的最短年限,以供合同双方协商参考。而在具体的土地经营问题上,更应该是农民自由意志发挥作用的空间,农民对国家和集体的权利义务关系在今天已经演变成为一种货币义务,只要农民满足了交付货币的义务,同时在不违背国家整体规划和不侵害社会整体利益的前提下,如何利用土地、用哪种经营方式利用土地都是农民的自由选择,不必通过法律列举的方式加以规定,当然更无须一定用物权化予以限制。因此,土地承包经营权的改造应当根据不同的法律关系和不同的权利内容进行区别对待,物权化立法应当站在抓大放小角度上予以建议和引导,债权化立法应当充分尊重当事人之间的协商,这样才能避免单一的法律规定而引发的理论冲突,同时也能激发农民用地、经营的主观能动性。

(四)设定符合现代经济发展模式的土地承包经营权抵押制度

随着土地承包关系的稳定和农业经营水平的不断提高,越来越多的农户希望加大生产投入以获得更多的利润,但无论是购买优质的化肥、种子还是扩大土地耕作面积并租用农机,都需要大量的资金支持。当前农村最主要的融资方式为个人信贷融资,虽然简便、快捷,但是最高额度一般都在五万元左右,要是农户希望开展价值更高的规模经营,就需要通过民间借贷的方式融资,存在一定的风险。土地承包经营权作为农户最主要的财产直到现在都被法律屏蔽在可抵押的范围之外;当前学界对农户以家庭为单位承包的集体土地进行抵押的呼声高涨,且地方政府立法和金融机构不乏探索。构建符合现代农村经济发展模式的家庭土地承包经营权抵押制度是大势所趋。

1. 土地承包经营权设定抵押的发展现状及问题

首先,有些地方立法通过打擦边球的方式,尝试着变通法律明确否定承包权抵押的最基本规定,其实是变相增加了承包人的融资成本,反而扰乱了土地融资的途径和市场。2005年国家开发银行重庆分行推出"江津模式",即通过将承包人的承包权和附着物量化为股份公司的股份向银行申请贷款,并由其他的担保公司担保这种方式从表面上看没有与任何土地承包经营权不得抵押的规定相抵触,但农民股份公司除了土地承包经营权没有任何有价财产,因此,这是一种隐蔽的抵押方式;类似的福建明溪为扶持农业大户而设定的承包权抵押、武汉的农业规模经营试点、崇州的土地融资试点基本上都是采用了变通的方式规避法律规定,其共性都是增加了抵押人的法律程序和融资成本,是将"权利抵押"转化为"收益抵押"的隐蔽过程。其次,对土地承包经营权抵押物的差别认识也造成了制度设计的混乱。当前多数学者主张明确区分承包经营权和经营收益权,并认为土地承包经营权的抵押实际上并不存在实际意义,因为银行等抵押权人作为金融机构根本不需要实际占有土地,不能转化为货币的抵押物对于金融机构实现抵押权是没有任何用处的,土地承包经营权抵押的实质应当是经营收益权——该观点的实质是将抵押物设定为土地的预期收益,并最终归结为一种货币给付义务从而蜕变为普通的财产抵押。最后,当前部分改革"试水"有违民法基本理论,容易造成理论冲突。就土地承包经营权进行抵押尝试都是一种自下而上的需求诱致性制度变迁,缺乏政府和理论界的有效引导——几乎所有的试点方式,首先都将农民个体或者农户家庭作为和银行等抵押权人相对的抵押人,这相当于将土地承包经营权凌驾于集体土地所有权之上、将土地的使用人地位提升为土地的所有人、将处分集体土地的权利擅自赋予非集体成员(银行等抵押权人),这些都违背了民法的最基本理论。特别是在抵押权实现的环节,抵押权人俨然可以通过处分抵押物的行为侵入到农民集体对农地的处分环节,成为除成员权之外,赋予其他主体得以处分农村土地的又一途径——这显然与农村土地的立法基础和《宪法》规定是相悖的。

改革应当抛弃现有理论的桎梏而绝非在原地画圈,对于土地承包经营权抵押的制度设计必须从该权利的全部权能进行思考。基于上述分析,与其放任承包权抵押尝试的自由发展,不如由政府主导、学界配合,对土地承包经营权的抵押制度设计进行整体的、全面的研究和探索,以避免理论尝试的偏差并解决在新经济形势下农村融资发展的现实需要。

2. 土地承包经营权抵押制度设计

按照抵押权的一般理论,土地承包经营权一旦被抵押并至抵押权实现,对于农民来说将失去对土地的一切权利。深谙土地保障重要性的官员和立法者当然完全不能接受这种"以地换钱"的制度。但这种思想完全误解了抵押权制度的设定目的——其作为担保物权的作用不在于处分抵押物,而在于为抵押人的融资提供便利,同时为抵押权人的资金提供安全保障。正因为有抵押物的存在,抵押人才有资格参与融资行为,解决资金困难,促进自身的发展;当抵押人有足够的能力偿还债务的时候,抵押物权属自然不会发生流转。同样的,在土地承包经营权上设定抵押权,其制度宗旨并不在于变相获得农村土地的使用权,而在于帮助农民获得一个更方便、更稳定和更有保障的融资渠道。在这个融资体系中,土地承包经营权的价值实现和金融机构的资金安全是制度设计的核心,围绕这个核心并结合抵押权、土地承包法和物权法的相关规定,土地承包经营权抵押的制度设计及实现方式为:当农民个体或者农户需将以家庭为单位的、权属清晰并进行登记的土地承包经营权进行抵押时,向村民集体提出申请并经村民大会讨论同意后,以农民集体的名义向金融机构申请贷款并将土地承包经营权抵押——经金融机构、农民集体和有资质的评估机构根据土地承包经营权剩余的承包期限和价值进行评估后发放贷款,经农民集体转发至农民——当农民不能按时清偿贷款时,农民集体将承担连带责任,即将该土地承包经营权通过出让、拍卖等方式流转给其他农户,或通过出租的方式返租给原承包人以保障抵押权人的资金安全。相对于现行各地的抵押制度尝试,该制度设计有着以下特点:

(1)参与主体明确、法律关系清晰。在制度构建的主体中,虽然只涉及金融机构、农民集体和农民个体,但并没有将政府排斥在制度构建之外,政府的作用在于在土地权利明确登记的环节提供完备的权利登记制度。在实际的法律关系中,建立起金融机构和农民集体、农民集体和农民个体两组互不相交的关系,鉴于农民个体不是土地的所有者,土地承包经营权也不能替代集体土地所有权的地位,农民个体和金融机构直接发生法律关系显然是违背了现行法律规定;农民集体作为土地的所有者,代表农民个体并以集体土地的承包经营权为担保,向金融机构进行贷款是符合抵押法律关系的。在这两组法律关系中,农民集体都发挥了土地所有者的重要作用。

(2)便于操作,有利于减少社会矛盾。如果农民无法偿付贷款,就要走到抵押权实现的环节,也就证明了农民这次的借贷投资是失败的。当农民在直接面对抵押权人实现抵押权的时候,无论是对于生存的考虑还是对于土地的留恋,都可能出现不够理智的行为。作为抵押权人的金融机构,本身是没有权利参与对土地使用权的决定的,同时也没有精力独自面对众多的农户。从维护法律制度的科学性和社会关系和谐的角度上讲,金融机构直接与农民集体发生对接是最简单、高效的行为;农民集体是全体农民的集合,其决定对于个体农民来说都是具有一定约束力的;同时由于地理位置上的相近和生活的朝夕相处,对于一个农户是否需要贷款、有无还款能力、集体有无承担连带责任的风险,农民集体都可率先进行预判;特别在于后期处理土地承包经营权的流转问题上,农民集体都较金融机构有着不可比拟的地缘优势。因此,在法理上和现实中,充分发挥农民集体的主体性作用,不但合法合理、容易操作,而且有利于最大限度地降低社会矛盾。

(3)具备有效的抵押风险防范机制。土地承包经营权抵押的制度设计中,有效的抵押风险防范机制的建立是十分重要的。我国农业是一个相对脆弱的产业,如果没有合理的风险防范机制,金融机构的资金没有保证,将没有任何主体愿意贷款给农民,那该制度就将失去作用。在制度构建中,为了确保抵押权人的资金安全,通过农民集体以拍卖等方式将承包地出让给其他有能力的农户进行经营,可将出让金用来偿付贷款并实现土地的规模经营;对于有经济能力的集体,也可直接代位偿还贷款,再将土地承包经营权返租给失地农民,不但确保了金融机构的贷款安全,也能保证失地农民的基本生活,同时巩固农民集体的经济利益。

在此之外,仍有一个问题需要进行讨论,那就是土地承包经营权是否有权转让给非农主体进行承包?本书的观点是肯定的:首先,农地的所有权在于农民集体,全体农民自然有权处分农地;其次,在不改变土地用途的前提下,承包主体的身份变更对于农业生产没有任何影响;再次,非农主体的加入有利于偿还贷款;最后,由于土地承包有期限的限制,不存在非农经营主体长期占据土地,导致原农民集体成员少地、失地的情况。因此,土地承包经营权抵押的制度的科学确立,对于解决农民融资困难、增强农民市场经济主体意识、推动农业的规模发展,都有重要的促进作用。

3. 相关配套制度的建立

土地承包经营权抵押是一项法定的担保物权,但该权利的启动依赖于市场经营主体的自由意志,政府不是该抵押制度的利害关系主体,但却负有配套制度的建设义务:

(1)权利登记制度。产权清晰是抵押制度的前提,目前我国农村土地的权属登记工作尚不完善,尚有土地权属登记需明确核实。作为抵押物来说,必须具备完整清晰的产权登记,因此也就特别有必要对土地承包的登记情况和土地负载的权利信息进行完善和明确;同时根据《土地登记办法》《土地权属争议处理暂行办法》等法律文件在土地登记的相关权利种类、设定、变更、终止及权利、义务和效力的登记上细化规定,增加可操作性。这是土地承包经营权抵押制度构建的先决条件。

(2)土地登记代理人制度。土地登记是专业性较强的法律行为,专业的土地登记代理人可以降低农民进行土地登记的成本,有利于农村土地登记的推行、提高土地登记的专业水平,确保土地登记工作的质量,促进土地登记制度的完善,既提高了工作效率,又保证了登记的准确性;更重要的是,能够及时反映附着在土地上的各项权利,有利于明晰土地承包经营权在抵押过程中所处的法律状态,可以降低权属调查的成本,明晰土地权属状态,加速土地的流转进程,保证抵押关系双方的权利义务。

(3)农村闲置劳动力转移。市场经济是一把双刃剑,在促进经济发展的同时,必然淘汰出不能适应市场经济发展规律的主体。土地承包经营权抵押不是慈善机构派发救济金,有些农户的承包权被作为抵押物实现将是不可避免的,是经营能力不足和风险评估不当所应当付出的代价;经过土地承包经营权的流转,他们的土地被其他农户接收并形成竞争力更强的规模经营,说明这部分失地的农户较其他人不具有农业经济发展的优势,但这不能否认这些农户在其他经营方面可能获得成功的机会和剥夺他们生存的权利。政府自然应该承担起引导和保障这部分农户,在整体承包期到来之前进行再次创业并实现劳动力转移的责任。首先,通过发挥小城镇吸纳功能和乡镇企业的接收能力,可以引导一部分农民加入到工商业生产和第三产业的就业,并有机会让这些农民通过技术培训加入到非农业就业的行列中。其次,发展现代农业,鼓励失地农民和闲置劳动力发展特色农业和服务业,比如海南城市近郊农村,有大批农民开发休闲度假村、生态文明村等具有乡村特色的绿色旅游产业,不但丰富了城市居民的业余生活,而且为自己带来了良好的经济收益。最后,提供劳务输出和技能培训,为失地农民开发新的就业岗位,当前我国经济还是以劳动密集型为主,对于以加工生产为主的企业来说,缺少的并不是普通工人而是熟练工人;政府应当加强对农民进行有针对性的培训,提升他们在城市的就业能力,以此来取代农地经营获利在农民收入中的比重。

(4)提供劳务输出和技能培训,为失地农民开发新的就业岗位。当前我国经济还是以劳动密集型为主,对于以加工生产为主的企业来说,缺少的并不是普通工人而是熟练工人,政府应当加强对农民进行有针对性的培训,提升他们在城市的就业能力,以此来取代农地经营获利在农民收入中的比重。

(5)对于年老等不适宜再就业的农民来说,政府应当承担起相应的社会保障责任,在当前政府财政不能均等承担公民社会保障责任的前提下对特殊农户进行适当倾斜。

(6)重视对农民工合法权益的保护。农民工是在我国经济转型期出现的特殊群体,在城市建设中发挥了不可估量的作用,他们通常从事着低技术、大强度、重体力、高危险且低回报的工作,他们的存在降低了城市发展建设的成本,提升了我国城市化进程的速度;但是他们在社会保障、工资待遇、劳动保护甚至是子女入学等方面的待遇都与城市居民相差甚远,造成了一定的心理失衡,特别是在具有回乡创业条件的时候,一般都会选择回到家乡;如今,"90"后新生代农民工已经成为新一代劳动力的主力,结婚、就业、成家、教育等问题亟待政府提出改革的政策。

上述制度的制定是政府应当承担的社会责任;在经济的转型期,更要求政府转变观念,从经济行为的参与者、领导者转变为制度构建的设计者和维护者,使市场经济主体在科学的制度框架内以积极主动的态度进行经济行为,而政府同样应遵守经济规律,以科学负责任的态度掌握经济发展的未来走向。

五、土地承包经营权法律保障机制的完善

我国农村基本的经营制度是以家庭承包经营为基础、统分结合的双层经营体制,赋予了农民更加充分而有保障的土地承包经营权,在保持现有土地承包关系稳定的前提下,完善了土地承包经营权权能,依法保障农民对承包土地的占有、使用、收益等权利。完善土地承包经营权的法律保障机制,就是要在明确权利、赋予权能的基础上,做好对土地承包经营权的维权工作。

(一)完备的立法体系是维权的基础

作为典型的政策性立法,土地承包经营权在立法层面的法定化就注定是一个逐步渐进的过程,农民的权利的保护和义务的承担都是由政策层面加以确定和规范的,一直到《农村土地承包法》的出台,是第一次将农村土地承包经营权进行系统化、法治化的规定,但由于该法规定的条款过于原则而操作性不强,适用时要依靠行政机关和司法机关进行解释,又给行政权力

侵入司法审判留下了机会。2005 年 9 月 1 日起开始实施的最高人民法院《关于审理农村土地承包纠纷案件若干问题的解释》,在土地纠纷审判实践中发挥了重要的作用;在《物权法》颁布之后,土地承包经营权在法律渊源上形成了以《宪法》为总纲,以《土地管理法》为核心,以《物权法》和《农村土地承包法》为基础,以其他法律、法规、规章、司法解释等法律渊源为补充的层次分明的法律框架体系。

不可否认的是,党中央的政策还是土地法律渊源的最重要组成部分,当然这是和土地承包经营权形成的历史过程分不开的,但更重要的是这是一项独创的、没有任何先例可以参照效仿的权利,要想对其逐步推进和完善,只有"摸着石头过河";对于大陆法系国家来说,特别是关系到国之根本的农业立法,更不能朝令夕改、随意变动,因此土地政策的主导即成为必然的选择,其中,《中央办公厅、国务院办公厅关于进一步稳定和完善农村土地承包关系的通知》《中共中央关于农业和农村工作若干重大问题的决定》《中共中央关于做好农户承包地使用权流转工作的通知》等,在解决农业问题方面具有很强的时效性和针对性,为解决农村社会发生的实际问题发挥了重要的导向性作用。但政策的不稳定性和领导意志性仍旧是实践中面临的最大问题,特别是地方性政策的出台,往往和地方的经济发展任务相联系,甚至和中央的基本精神有所违背,这种政策性的尝试很容易导致农民利益的损失。如何将土地承包新政上升至法律层面,形成科学、完备、可操作性强的立法体系,是目前亟需解决的问题,因为法律的长效性和稳定性不但能够给予农民长期稳定的信心,而且排除了领导主观意志和国家权力侵入的可能,是维护农民土地承包经营权的基础。

(二)建立土地行政管理追责机制

行政机关肩负着农村土地规范化管理的指导和实施责任,在农村土地承包经营工作中具有不可推卸的行政职责,在土地承包工作开展的合法性和合理性方面,基层行政部门有义务对村委会的代理行为进行指导和监督、接受农民的咨询和质疑;有义务对广大人民群众明确发包人和承包人的权利义务关系,并定期对土地承包行为进行常态性检查;特别是在土地权利的登记和变更方面,行政机关更应该做到工作细致、准确,能够及时为权利人提供关于土地权利方面的一切信息服务工作,以促进土地权利的明晰、流转等;有义务宣传土地法律、法规和相关政策,提高农民的整体法律意识,对于土地承包过程中产生的问题进行解惑答疑;推进农村土地管理信息化建设,形成如同城市居民住房类似的管理机制,以提高农地管理效率。这些都应该是行政机关在农地管理方面所应承担的基本义务。

建立土地行政管理追责机制,一方面是要求行政机关主动承担相关服务义务,以方便农民、推进基本的土地管理工作,另一方面则是要对其越权范围和违规行为予以警示,要求政府权力从农民自由意志支配的范围退出,真正实现农地农有。特别是县乡两级干部最容易忽视农村土地政策的硬性要求,和村民自治组织干部相勾结,公然违反法律政策,干涉土地承包,强迫土地流转,不但严重损害和侵害农民土地承包权益,更影响了党的农村土地政策的贯彻落实,损害了党和政府在人民群众中的威信。根据国土资源部调控和监测司在国土部网站上发布的《2013年上半年国土资源有关统计数据》显示:上半年,全国共发现土地违法行为2.09万件,涉及土地面积6980公顷,其中耕地2237公顷,同比分别下降28.9%、40.7%和47.7%;全国共立案查处矿产违法案件2003件,同比下降27.4%。农业生产是国之根本,对于此种违法行为,中央和政府必须出台相应的处分制度,以党内处理、行政处分和司法审判相结合的方式,对已经发生的违法行为予以坚决的纠正,对相关责任人予以严肃处理,对给农民造成的损失予以赔偿,对企图违规利用农地的潜在意图予以震慑和警示,构建全面的监督、检查和追责机制,用制度约束截断政府权力侵犯民事权利的途径,还农民一个自由行使权利的空间。

(三)建立村规民约与规范性法律冲突协调机制

我国封建历史久远、乡土感情联系浓重,"村规民约"在平时农村生活的日常治理中还是占有重要的地位,较之法律反而威慑力更强。进入到新社会以来,我国将"村规民约"进行了法制化改造,在此基础上形成了村民自治制度,成为农村社会维持稳定发展的重要政治制度。虽然《村民委员会组织法》第 27 条第 1 款赋予了村民会议制定"村规民约"的权利,同时在第 2 款也规定了对"村规民约"不得与《宪法》、法律、法规和国家的政策相抵触,不得有侵犯村民的人身权利、民主权利和合法财产权利的限制;但村规民约产生于乡间田野,和现代法律科学的精神、原则和价值选择还是有着本质的区别,且目前农民法律意识还有待加强,将村规民约完全统一于法律还是有一定难度的;村规民约的维护主体一般是村里有一定势力的宗族长辈,依靠传统的地位和其他强势控制着村民的行为规范,这是很普遍的现象,因此,村规民约的不合法性也往往表现为确立不符合程序及内容不合法律规定。

当前我国还没有任何机构能够对村规民约进行审查和规范,在法律规定与村规民约相冲突的时候,明确适用法律反倒会引起法律在现实中的适用不能,造成执行过程中受到抵触,这一现象尤其表现在妇女土地权利的保护上,根据 2011 年《中国流动妇女土地权益状况调查》,"调查了 1044 名进城务工妇女,年龄段在 20—49 岁,结果显示流动妇女出嫁后在娘家的土地让渡给亲属的比例为 23.5%,被集体收回的为 49.6%,仍归本人的为 20.2%,但也只是空挂名而已。到婆家后,在婆家村拥有土地的占 51.2%,没有土地的占 43.1%。根据 2004 年全国妇联对 30 个省市区 202 个县 1212 个村的抽样调查,在没有土地的人群中,妇女占了七成,有 26.3% 的妇女从来没有分到过土地,有 43.8% 的妇女因结婚而失去土地。"[①]这说明农村妇女土地权利被村规民约侵害的现象十分严重;与此同时,《宪法》以根本法的形式赋予了妇女与男子同等权利,《妇女权益保障法》第三十条、第三十一条、第三十二条对妇女享有的平等权利进行了强调和保护,《农村土地承包法》第六条、第三十条更是明确规定了妇女的土地权利,连同该法的第二

---

① 全国妇联:《中华人民共和国妇女权益保障法修改论证材料》,中国妇女出版社 2004 年版,第 67 页。

十六条、第二十七条规定,说明当前一般地区剥夺妇女土地权利的行为是没有合法性基础的。这么明确的法律规定,正是与我国农村社会男尊女卑、重男轻女的封建思想联系在一起,一直到今天还没有被完全贯彻和执行下去,严重挫伤了法律的威严,这就充分说明了村规民约与法律规定之间缺少冲突的协调解决机制,一方面依据传统思想的民间规范必将出现社会分配的不公平;另一方面完全执行法律规定又在基层有着较大的阻力。要解决这一问题,首先要认识到这是一项长期而艰苦的思想转变的过程,毕竟要改变千百年来的思维模式不是一朝一夕的;更重要的是要行政机关,特别是民政机关担负起对村规民约的审查和备案工作,要对不合法、不合理的相关规定进行疏导和修改;对于审判机关来说,要做到维护社会公正的最后底线,在涉及妇女土地权利保护的时候,应当正确认识妇女与村委会之间的权利纠纷的民事属性,承认妇女的民事主体地位,明确适用法律,开展相关的说服教育工作,加大对违法行为的纠正和执行力度,做好妇女等特殊群体的权利保障。

(四)建立健全多元化土地纠纷预防和调处机制

土地承包经营关系到农村家庭的基本生活保障,是每一个农民都予以珍视并不能轻易放弃的权利,在面对承包经营权受到侵害的时候,特别是土地承包经营权因物权性质而具有的最典型的救济方式就赋予了农民以自力率先排除妨碍的权利,但这种权利的行使往往会出现导致暴力和群体事件的发生,很显然,事后的排除妨碍并不是最好的解决土地纠纷的办法。因此,要建立一个事前预防、事后调节的纠纷处理机制,对于土地承包经营权的保障是十分必要的。

首先,要求机关干部,特别是各基层政府领导和农业部门干部要特别重视对农业法规的宣传和学习工作,熟悉法律的精神、精通法律的规定,加强对自身法律意识的培养,自觉抵制行政权力的扩张冲动和避免制定侵犯农民权益的地方性政策。其次,要特别注重基层政府的调节作用和基层调节组织的建设,一般来说,具有权威性并容易让人信服的基层政府、调节组织和高素质的纠纷处理队伍,对于土地纠纷的及时解决是有巨大优势的,通过自愿谅解进行协商的方式可以最大限度地维护农户之间的关系,容易化解纠纷。最后,重视农村土地承包纠纷的仲裁工作。相对于调节来说,仲裁方式实效性略差但更具法律权威性,相对于诉讼来说,其程序简便又易于被人接受。积极探索符合农村土地承包特点的、便于农民熟悉和参与的仲裁程序,对于降低土地诉讼的数量和强度,都有着十分重要的影响。仲裁也是具有法律效力的纠纷处理程序,就要求必须建立高素质的专业仲裁队伍,不断总结在生活中发生的新情况、新问题和新方法,不断探索、研究农村土地承包纠纷案件诉讼的前置程序,以减少土地纠纷进入诉讼程序的案件数量,相对及时、高效的地处理农村土地承包纠纷。

(五)建立农地财产保障机制

作为全体农民的"财产",集体土地是农民创造财富的最主要来源,在针对农地而进行的各种开发和利用手段中,对农民财产侵害最为明显的当属农地征用行为,因为农地征用行为是彻底地剥夺了农民在土地上的一切权利,而且还是法律性质的单项转变,从而彻底断绝了农民从土地获得财产利益的可能性。因此,针对征地行为对农民土地财产权的剥夺,必须要明确征地主体的权利义务、坚持征地补偿款优先由政府支付的基本程序、完善集体土地征用的市场价格评估体系、明确土地承包经营权在征地补偿中的相应份额、引入被征土地价值市场评估体系,赋予土地承包主体独立的诉讼资格,全面保护农民因征地而可能失去的财产权利。

农产品流通领域也是对农民土地财产影响较大的环节,长期的剪刀差和粗放型经济增长方式让工业社会对农产品初级资源的采购始终处于压制状态,农民经常出现丰产后不能丰收的尴尬,由于农民个体接触市场经济时间尚短,个体应对市场竞争风险的能力较差、盲目性较强,也经常出现由于个体对市场形式分析判断不足而出现的投资失败行为,此时应当形成以政府为首、全社会配合的农产品价格调控和保护机制,通过政府补贴、市场引导和价格保护等制度,保护农产品的基本收购价格,以保证农民来年的生产资金。在农地流转制度安排方面,应当实现对农地价格的合理评估,特别是建立健全农地的抵押融资制度,在融资过程中应当特别注意对融资条件的适当放宽、对担保物的合理评估和对贷款利率的合理确定,尽量减少农民在资金运转中的压力,将大部分精力投入到农业生产中,真正实现从土地承包中获利、依靠科学经营致富的根本生存能力。

第五章

集体土地增值收益权的研究与改革

集体土地所有权确立了农民农村土地所有者的地位,并明确保护了所有权人关于土地的财产性权利;土地承包经营权成就了农民自由经营、长期利用土地的梦想,最大限度地实现并保护了农民通过辛勤劳作获得的财产收益。但这部分财产收益却不是农民依靠土地获得的收益的全部,因为我国农地还可通过投资、增值和用途性经营等多种方式实现土地价格的上涨;特别是在推进我国城市化建设过程中普遍进行的征地行为,更是导致农地价格的大幅上涨。对于现代经济社会来说,农民已不能通过经营土地实现自然经济的自给自足,必须要将土地收益进行交换以获取相应的生产、生活资料,因此在拥有土地、经营土地之后,保有相应的增值收益即成为农民土地权利保护的一个重要方面。

一、集体土地增值收益权相关基础理论阐释

影响土地价值与价格关系的主要理论包括地租、地价和产权理论,是我国集体土地增值收益权构建的基础性理论,结合我国国情和农民权利的发展历程,集体土地增值收益权又表现出不同于世界其他国家的特点。因此,在研究该权利之前,有必要对相关理论进行阐释。

（一）地租、地价理论阐释

西方经济学与马克思主义的地租和地价理论既有联系又有区别,我国学者在此基础上,形成了适合我国国情并符合农民利益的土地价值与价格理论。

1.地租理论

（1）西方经济学家不同时期的地租理论

资产阶级古典政治经济学家威廉·配第在《赋税论》中率先阐释地租是剩余劳动的产物,土地价格就是预买一定年限的地租总额;配第还第一个提出了级差地租的概念,并初步论证了级差地租Ⅰ和级差地租Ⅱ的形态;尽管他将地租和剩余价值等同起来,混淆了二者的关系和本质,但还是为地租尤其是级差地租理论奠定了初步的基础。古典经济学的代表人物亚当·斯密在《国民财富的性质及其原因的研究》一书中指出,"作为使用土地的代价的地租,自然是租地人按照土地实际情况所支给的最高价格";[①]在提出地租概念的同时,他把地租看成是土地所有权的结果;虽然没有在理论中明确应用绝对地租的概念,但通过对农产品垄断价格概念的解释,阐释了绝对地租的内容。大卫·李嘉图在《政治经济学与赋税原理》中区分了一般意义上的地租和经济学意义上的地租,并认为经济学上的地租仅指"为使用土地的原有和不可摧毁的生产力而付给地主的那一部分土地产品。"[②]他指出地租是由土地的有限性和土地肥沃程度及位置的差异共同作用产生的;同时他通过研究土地产品的生产价值对级差地租进行了表述;但李嘉图的地租理论中由于混淆了价值和生产价格而无法对绝对地租进行解释,另外他把级差地租形成的条件说成是形成的原因,没有认识到地租产生的根本原因来自于土地私有权和土地经营权的垄断。

詹姆斯·安德森通过《谷物法本质的研究:关于苏格兰提的新谷物法

---

① ［英］亚当·斯密:《国民财富的性质及其原因的研究》,商务印书馆1972年版,第136—137页。

② ［英］李嘉图:《政治经济学与赋税原理》,商务印书馆1962年版,第55页。

案》一书,表述了自己对级差地租所做的详细研究,他认为地租形成的前提是在不同生产条件下生产出来的农产品具有同一的市场价格,在等量投资的前提下,肥力不同的土地会有不同的产量,因此耕种较肥沃的土地所得的利润会超过其他级别的土地,这种超过通行的一般利润的超额利润就是由于土地肥沃程度不同而形成的级差地租。但由于其阶级的局限性,安德森不承认资本主义社会土地私有权垄断的存在,也就否认了绝对地租的存在。杜能在其著作《孤立国同农业和国民经济的关系》一书中构造了一个孤立国的假设,并以此为基础系统论证了土地位置与地租的关系,其本质就是区位地租。杜能的分析构建是一种高度抽象化的静态分析,而实际生活中的情况则在不断发生变化,因此在高度抽象的环境下进行静态的分析与实际生活产生的情况有很大差别,但他对于地理位置与地租关系的研究对于级差地租理论的形成具有开拓意义和理论贡献。

作为法国资产阶级庸俗政治经济学创始人的让·巴蒂斯特·萨伊从效用价值论来考察地租,"劳动除借助于资本即劳动从前所创造的产品以创造别的产品外,同时还利用各种各样的其他因素的力量。这些因素不是劳动自己创造的东西,而是自然赐给人类的东西。通过这些自然力的合作,劳动把一部分效用给予各种东西。"①他的劳动、资本和土地三要素说抛弃了以斯密为代表的关于地租是劳动生产物的一部分的论断,同时割裂了社会各阶级的收入同工人劳动之间的关系,混淆了商品价值和使用价值的概念。英国资产阶级庸俗经济学创始人托马斯·马尔萨斯是土地贵族利益的代表,他提出土地的肥力、特殊性质和相对稀缺性是地租产生剩余部分的原因,并以地租是"自然对人类的赐予"的观点否认了地租是土地所有权垄断的结果,以彻底抹杀地租所表现的剥削关系和经济关系。

新古典经济学的约翰·贝茨·克拉克提出了土地的边际生产力原因力,在其经济理论中,地租被视为土地资本的利息,是利息的派生形式,而不是一个独立的范畴;阿弗里德·马歇尔根据土地的开发主体将地租划分为

---

① [法]萨伊:《政治经济学概论》,商务印书馆1997年版,第72页。

原始价值、私有价值和公有价值三部分,随着一定数量土地上资本和劳动的不断投入,土地报酬受收益递减规律的影响,其边际产量将出现递减现象;总产量和边际产量之间的余额便成为生产者剩余,也就是马歇尔理论中的地租。

现代西方经济学的代表人物保罗·萨缪尔森认为使用土地而付出的代价就是地租,土地需求者之间的竞争是地租量的决定因素,他的理论片面强调了供求关系对土地资源价格的影响,但没有涉及土地本身的价值研究,因此对于土地市场上不具有稀缺性的土地资源,其理论就失去了作用。巴洛维认为:"地租可以简单地看作是一种经济剩余,即总产值或总收益减去总要素成本或总成本之后余下的那一部分,各类土地的地租额取决于产品价格水平和成本之间的关系"①,即地租总产值或总收益减去总要素成本或总成本余下的那一部分。

(2)马克思主义地租理论

马克思主义地租理论是地租发展历程上的里程碑,其理论区别于其他流派的主要标志是他的研究是建立在劳动价值论的基础上,并紧密联系着农业和土地制度进行考察;分析了在资本主义农业生产关系中涉及的土地所有者、农业资本家和农业雇佣工人之间的关系,揭示了农业工人创造的剩余价值的分配流向;指出了资本主义地租的本质是剩余价值的分配形式之一,明确指出了绝对地租、级差地租和垄断地租等形式。具体分析如下:

级差地租——马克思认为级差地租是被土地所有者占有的、由于土地等级差别所产生的超额利润,地块的丰度、地理位置和连续投资的生产效率是造成土地等级的原因,可见产生级差地租的原因是土地有限而产生的资本主义经营垄断,这种有限且优越的自然条件被部分经营者垄断,在所有权存在的条件下产生出持久而稳定的超额利润即转化为级差地租,这是归土地所有者享有的部分。根据土地等级划分的原因不同,马克思将由于土地

---

① [美]雷利·巴洛维:《土地资源经济学——不动产经济学》,北京农业大学出版社1989年版,第101页。

自然条件而产生的超额利润转化的级差地租成为级差地租 I,将由于连续投资的劳动生产率差异产生的超额利润转化为级差地租成为级差地租 II。两者的具体区别在于:首先,投资方式不同。一种是对条件不同的土地进行等量投资,另一种是对同一条件土地连续追加等量投资。其次,转化为地租的时期不同。级差地租 I 在签订租约时土地所以者就开始享有,级差地租 II 在租约期满后并缔结新约的时候才全部或者部分由土地所有者享有。最后,地租产生的经营方式不同。级差地租 I 产生于土地耕种面积的扩大,级差地租 II 产生于土地经营水平的提升。

绝对地租——绝对地租是由土地所有权的存在而决定的,无论土地质量如何,只要使用就必须要缴纳地租。这种地租产生的根本原因在于土地所有权的垄断;同时,马克思认为绝对地租的实体表现为农业中的超额利润,即土地产品价值高于其生产价格的差额。一般来说,影响绝对地租量的原因有农产品的市场供求状况,当农产品供不应求时,其市场价格就会上升并按照较高的生产价值出售,与生产价格之间会产生较大差额,绝对地租就会随着地租量的增多而充分实现,反之绝对地租实现较小;农业资本的有机构成,相对于工业资本,农业资本由于生产技术装备水平低而导致有机构成也较低,当社会平均有机构成不变的时候,农业资本有机构成与农产品生产价值成反比;农业资本投资总量,是当农业有机构成相对水平和市场价格一定时,与绝对地租量成正比的影响因素,即投入的资本越多,同样的绝对地租量就越多。

垄断地租——垄断地租是一种特殊的地租形式,是指由垄断价格带来的超额利润转化而成的地租。其中垄断价格即"一般是这样一种价格,这种价格只由购买者的购买欲和支付能力决定,而与一般生产价格或产品价值所决定的价格无关"[1],而垄断价格之所以能产生超额利润,原因是"由于土地所有者对这块具有独特性质的土地的所有权而转化为地租,并以这种

---

[1] 《马克思恩格斯全集》第 25 卷,人民出版社 1974 年版,第 873 页。

形式落入土地所有者手中"。①

(3)地租理论在我国的应用与意义

通过上述各项理论的分析可以看出,地租的形成取决于土地所有权和使用权分离及劳动者创造的剩余价值和剩余劳动,其本质是土地所有权在经济上的实现形式,在当前我国的经济形势下研究地租理论,也就是研究我国土地所有权如何在经济上实现的问题。在社会主义条件下,也存在着土地所有权与使用权分离;地租也并不会因为我国的社会主义性质而消灭;社会主义地租也体现着国家、集体、企业和个人对超额利润的分配关系,但和资本主义社会的地租有着本质的区别。研究地租理论对于我国农民土地权利的意义在于,充分肯定了土地的价值及其来源是农民土地增值收益权的基础。

首先,地租理论在我国有实际应用的基础。我国土地经济中存在级差地租。在社会主义国家的农业生产也是依附于土地进行的,根据马克思经济学的有关原理,不同的土地生产力必然存在着级差生产力,在商品经济占统治地位的市场经济条件下,级差生产力必然转化为级差超额利润;我国的社会主义经济正是这种市场经济,按照经济规律,社会主义土地级差生产力当然也会产生级差超额利润,也就是级差地租。因此,明确我国农村适用级差地租理论是有很强的现实意义的,对农民的土地增值收益如何进行分配具有指导作用。我国土地经济中也存在绝对地租。当前我国农业的生产力水平较工业有很大差距,同时在农业资本有机构成低于工业的情况下,农产品价值高于社会生产价格而产生的差额就构成了绝对地租实体的那部分超额利润;由于我国实行的国有和集体所有的土地制度,就必然存在和国有土地所有权和集体土地所有权的垄断,也存在着土地使用权和所有权的分离,这是形成绝对地租的基本条件。因此,要实现土地所有权的经济价值,土地使用者就必然要向国家或者集体租赁土地并支付地租,也就当然产生了绝对地租。

---

① 《马克思恩格斯全集》第25卷,人民出版社1974年版,第874页。

其次,地租理论有利于建立科学的土地市场机制。市场机制就是通过价格、利率、竞争等机制,通过相互作用来影响着资源的流向、价格和比例结构。其中价格机制是市场机制的核心内容,而地租理论又是反映地价的基础和核心,是建立土地市场机制的基础。对于土地的使用者来说,通过地租理论可以综合分析利用土地的最佳方式、最佳地点和最优惠价格,例如在城市核心区的土地适宜建立商业区、金融机构等给付租金能力较强的项目,在远离居民聚集的地方,适宜开展农业生产或者养殖等低租金给付项目,在交通便利、地价合适的区域还可以建立工厂等生产项目;同样对于土地的所有者来说,与使用者就租金进行讨价还价的基础也就是地租理论。我国过去在特定历史阶段使用土地无需支付对价,脱离了市场经济规律,就产生了用地单位乱圈地、乱占地,国家规划无法统一执行,土地市场无法建立,正常的土地流转处于混乱阶段。因此,合理的地租理论就如同在市场中为商品定价的价值规律一样,给土地的价格和价值提供了确定的依据,是科学的土地市场机制建立的基础。

最后,地租理论有利于保护农民的土地权益。地租理论肯定了所有权在价格制定中的核心作用,也就为保护土地所有权人的利益奠定了基础。作为农村土地的所有者,在当前农地的价值分配面前,没有得到相应价值分配的利益,特别是在土地征用领域,没有遵照地租理论获得相应的补偿价格,造成了目前农地在征收方面价格低廉,而在政府转让之后身价倍增;农民由此丧失了作为土地所有者而应获得的更多补偿,形成了对征地的不满情绪和反抗行为;失去公平的土地增值收益将农民的土地利益划分到财政进行二次分配,不但有失社会公平,同时容易滋生腐败。因此,地租理论在我国土地经济领域的确立,对于农民的土地权益,特别是增值收益权的保护有着重要的现实意义。

2. 地价理论

(1)现代西方经济学的地价理论

西方经济是以市场经济为基础建立起来的,其地价理论当然也是服从于市场价格理论,在此基础上形成了土地收益理论、供求理论等学说。

土地收益理论——西方的土地收益理论认为,土地价格是土地收益即地租的资本化,在这里,地租指经济地租,即土地总收益扣除总成本的余额。① 土地收益又分为:正常情况下的土地收益,即在生产条件、生产能力和经营能力正常的情况下所能得到的一般收益;最佳利用方向的土地收益,是指根据土地位于最佳方向上的用途来利用土地,是土地利用的价格的最大化体现;土地纯收益,是指扣除一切支付成本后总收益的剩余值。

土地供求理论——我国台湾地区的张德粹教授认为土地价格的决定和其他商品的价格变动规律一样,取决于供给和需求的关系——供大于求,则地价下跌,供不应求,则地价上涨。西方经济学家马尔萨斯、萨伊、马歇尔、萨缪尔森也是这一学说的主要代表人物,并且他们认为,土地作为生产要素的价格完全是由其需求度来决定的。

影子地价理论——该理论在土地的有限性基础上,以通过一定的资源配置约束条件和确定最佳使用方法的前提下,要求一个单位的土地资源要获得最大的经济效益。该理论将土地的稀缺性和消耗性结合起来,采用边际分析法得到土地边际产品价格,以及随着社会经济目标或资源约束条件改变而改变的价格。

(2)马克思主义地价理论

马克思在其地租理论的基础上,建立了以劳动价格论为基础的地价理论,提出地价是地租的资本化这一观点。其主要观点如下:

土地具有特殊的使用价值,存在价格。马克思认为只有用来交换的人类劳动产品才有价值,自然状态的土地未经人类劳动开发是不存在价值的,因此当然没有以这种价值为基础的用货币表现出来的价格。尽管"土地不是劳动的产品,从而没有任何价值"②,但人类可以通过永续的劳动让土地不断产生商品和提供服务,通过使用而让土地产生特殊的价值,这就是地租。土地因其具有使用价值而能产生地租,才使土地有了可量化的价格,正

① 袁伟:《当代资本主义地租的政治经济学分析》,《天中学刊》2010年第25期。
② 《马克思恩格斯全集》第25卷,人民出版社2003年版,第702页。

如马克思指出:"实际上,这个购买价格不是土地的购买价格,而是土地所提供的地租的购买价格。而地租的产生,都是来源于人们对土地的垄断,由于土地的有限,产生了土地私有权的垄断。"①真正为土地所有者带来地租的基础,是没有经过人类劳动物化的土地物质,也就是抛开了土地资本或土地改良物价值的土地;现在被人类利用的土地,由于经过长期的开发和利用,都融入了人类的劳动。马克思将在这种固定在土地中的劳动定义为土地资本,并列入固定资本范畴;体现为租金一部分的土地资本能为土地所有者带来利息,但土地资本并不能脱离其他固定资本的属性,都会产生损耗并消灭。土地资本的利息决定着土地价格,是土地所有者收入的组成部分,正如马克思所说:"土地价格无非是出租土地的资本化的收入。"②

(3)地价理论对我国的现实意义

有利于明确土地所有人和使用人的权利——没有经过人类劳动物化的土地是没有价值的,也就没有以这种价值为基础用货币表现出来的价格;自然状态下的土地价格是土地使用权或所有权转让时,受让所有权或使用权人所支付的一定的对价。就我国现实来说,集体土地转为国有土地是当前我国土地价格变动幅度最大的经济行为,在这一所有权转变的过程中,集体土地由于主体模糊和国家权力介入等原因,基本上失去了为自身所有权和使用权转让定价的权利,也就是说土地所有权人和使用权人没有得到相应的收取地租的权利;我国土地所有权的转变只有从集体向国有转变的一种情况,不存在逆向流动,因此集体土地权利人没有再追溯损失的可能性,这和市场经济的公平性是相悖的。因此,地价理论有利于集体土地所有人行使和保护自己的土地权利。

有利于科学制定土地价格——由于土地地理位置不同而产生的级差地租I造成了土地价格的基本差异,这种差异在我国目前的征地过程中有明确体现,越靠近城市的地理位置和交通条件都比较优越的农地,在征用的时

---

① 《马克思恩格斯全集》第23卷,人民出版社2003年版,第703页。
② 《马克思恩格斯全集》第23卷,人民出版社2003年版,第705页。

候价格相对较高;但因对土地进行投入所引起的地价差异的级差地租 II,在地价确定过程中就表现不甚明显,这一矛盾集中体现在该部分补偿价格是通过地块多年的平均产值确定的,但在现实中土地承包经营权人对土地的长期的、隐形的投资却无法从这样的定价中得以补偿,这就是很多学者一直主张的要将土地承包经营权作为土地征收的独立项目进行补偿的理由,然而核心结论却是因将土地承包经营权作为单独的土地权利而进行补偿,显然忽视了马克思主义地价理论的基础性地位。

综上所述,土地价值和价格的确定有着复杂的理论基础,虽然土地本身的性质具有特殊性,但其价值和价格的确定还是延续着一般的经济规律。土地是财产,土地也是一种特殊的商品,在市场经济的条件下,土地是有价格的,同时也有着科学的定价依据,作为定价基础的地租和地价理论,并不是为了保护某一方利益而存在的,是为了在市场经济条件下保证参与交易主体的交易公平性。我国土地问题有着更加复杂的情况,在土地法律的保护价值中不但存在着对所有权人和使用权人的保护,也存在着集体利益和个体利益冲突的选择;但科学的理论和经济发展一般规律是不会因为社会性质的变化而变化的,是具有普遍适用性的。因此,正确解读和运用马克思地租理论、地价理论是保护农民土地增值收益权的基础。

(二)集体土地增值收益权研究范围的界定

学者朱道林通过对土地增值形式进行研究后,将土地增值界定为价值的增加;孙陶生认为土地的增值是人们在开发土地的过程中,由于土地价格上涨导致土地效益的提高而获得的增值收益;周诚将土地增值的涵义与土地构成联系起来,认为土地增值包括现实经济生活土地价格的增加和土地劳动价值的增加。[1] 根据现有理论并结合马克思主义的地租地价理论和我国土地使用的实际情况,本书对土地增值收益基本理解为:土地增值就是由于对土地进行生产要素投入、用途转换、区位改变、权属交易和供求关系的

---

[1] 何俊烨:《我国土地增值收益分配研究综述》,《现代商贸工业》2014 年第 5 期。

变化,在达到相应的条件后而发生的土地价格的上升,这正是土地超额利润产生的过程。具体来说,土地增值收益的具体数额是征地补偿费、土地开发费、建设配套费、地上投资利润等资本性收益与土地增值率的乘积。

根据马克思地租地价理论,土地本身的价值是需要通过人类劳动而增值的,包含了人类劳动的土地增值被称为土地资本价值的增加,即因对土地的持续追加投资而发生的土地价格的上涨,其原因可以分为生产性因素和非生产性因素:生产性因素是指对土地投入资金、劳动力等生产要素后使土地的资本价值增加,从而引起土地价格上涨,其中由土地经营者对土地通过追加投资而提升土地生产力的方式称为直接投资性增值,而由于土地使用者对土地进行开发形成的"效益辐射"引发周围土地得到相应的增值,是间接投资性增值,又被称为"土地资本效益的扩散性"——国家对基础设施和公共设施的完善和土地投资者进行规模化投资是土地价格上涨的主要方式。非经土地所有权人和使用权人投入资本、劳动而导致地价自然增长的,被称为土地价格的增值,这种方式导致的地价上涨主要是因土地的某些自然属性而引起的,如稀缺性、地理位置和成分的差异性等自然因素,不可再生、不可替代和空间不可移动性是引发土地稀缺的主要原因,此外还有就是因为土地用途的调整和规划的变动而引起的增值。

1. 集体土地增值收益的理解及研究范围的界定

根据上述理论可知,集体土地的增值收益就是指农民集体所有的耕地、林地、草地和集体建设用地等发生土地价格的增值或土地资本价值的增加。由于我国土地征收制度的特殊性,集体土地的处分权因征地制度的存在而分由国家和农民集体在不同阶段享有,因此依据集体土地所有权是否发生转换,可将集体土地增值收益类型划分为内部增值收益和外部增值收益两类。

内部增值收益就是在不改变集体土地为所有权人的情况下,农地发生的价值和价格的增加和上涨。根据土地的利用方式和我国的现实情况,集体土地增值的方式为直接耕种和流转增值,直接耕种特指的是土地的承包经营权没有发生转移的情况下,权利人和实际土地利用人为同一主体时,通过增加劳动、资金等生产要素投入而提高单位土地生产效率而产生的农产品收入;集体土地流转增值是指土地的承包经营权人将实际经营使用土地的权利转移给他人,通过生产要素的投入和土地利用方式、供求关系的变化而提高土地收益,具体的利用方式有:将土地承包经营权转让给其他土地经营者,通过提高劳动生产率的方式增加土地收益;利用农地的地理位置优势开展相关的农业经济开发,如旅游、农家乐等第三产业经营活动;将集体所有的建设用地进行使用权流转后通过转变土地用途,如居民点转为乡镇企业用地等方式来增加收益。

集体土地的外部增值收益。相对于内部收益所有权主体的稳定不变,外部收益最重要的特点在于土地的所有权由集体所有转变为国家所有。现阶段我国农村土地所有权转换的主要途径就是土地征收,即政府作为唯一法定征收人征收集体土地并支付相关补偿费用,经过必要的法律手续后土地性质即转变为国有土地。集体用地转为国家用地后被投放到一级土地市场,其中农业生产用土地转变为商业、住宅、工业用地,这是最常用的,也是土地价格提升最快的途径,具体来说这种土地利用的方式为:(1)农用地转非农用地增值收益,通过改变所有权的方式将农地的利用并入国家整体建设规划并出让,在国家行政权力行使的同时结合土地自身的位置差异、距离远近和不可替代及稀缺性,使土地的非农收益远高于农业收益,这体现为级差地租Ⅰ;(2)建设用地增值收益,在非农业生产使用的农地转为国家建设用地后,土地由于地理位置差异、投资辐射和政府的规划管理等因素,均能导致农业建设用地的收益在转为国家建设用地并出让后实现较大幅度的增长。

本书将集体土地增值的研究范围界定为集体土地的外部增值收益,也就是将集体土地转变为国家用地并出让后而实现的土地增值。首先,外部增值方式相比于内部增值方式所涉及的主体更多,即涵盖了国家、用地单位、集体土地所有人等多方利益,法律内容更加复杂;其次,外部增值收益不但体现了土地使用人和所有人之间的意愿,同时涉及国家整体经济发展战略,其增值原因及方式更具复杂性;最后,外部增值收益的如何分配牵涉到集体土地所有权人、使用权人和用地单位的经济利益,不但产生了广泛的社会影响,而且已经上升到了政治层面,有些学者认为国家采用强制征收的方式获得集体土地并不存在利益分配问题的观点显然是错误的,因为集体土地被征收而导致的增值分配问题虽然是国家以法律条文形式予以确认的,但正是多方力量博弈的体现,且已经成为当前社会关注的焦点问题,对这一问题的研究显然成为土地增值收益分配最具价值的部分。在不做说明的情况下,本书中的土地增值收益即指集体土地的外部增值收益;农民的土地增值收益权也即特指农民集体由于国家征收集体土地并通过招、拍、挂等方式出让土地而产生的收益并参与分配的权利。相对于集体土地的增值方式而言,这是一种狭义的增值收益权,也当然是一种基于所有权而产生的财产性权利。

2. 农民的集体土地增值收益权的演变历程

自 1950 年土地改革至今,我国农村土地经历了四次大规模的土地制度改革,农村土地的所有权也发生着相应的变化,由于权利主体的不断变更,农民的集体土地增值收益权也随之发生着演变。

(1)20 世纪 50 年代土地改革,农民土地增值收益权的完整享有阶段

新中国初期颁布的《中华人民共和国土地改革法》体现了当时党中央对土地改革重要性的认识和土地制度的改革方向,即通过农民土地所有制取代封建地主所有制,用法律和制度保证农民享有土地的所有权及因经营土地而带来的经济收益。这一阶段,农民的土地增值收益权涵盖了土地收益除去必要税费的全部,即几乎完整占有因土地"自由经营、买卖和出租"的权利,是土地所有权人收益权能的完整体现。

(2)公社化时期,农民土地增值收益权的失去阶段

从合作化运动到人民公社的形成,是农民土地增值收益权的失去阶段。在这一过程中,土地私有被人民公社集体所有取代,随着所有权主体的变更,个体农民当然不再享有占有土地增值收益的法律基础;由于集体概念的虚化和组织结构的行政化,农村土地集体所有本质就是国家所有,个体农民不再与土地生产存在任何法律上的产权关系,而是转变为国家农业生产链

条的一环,因此农民不再完整拥有土地增值收益权。

（3）改革开放至今,是农民土地增值收益权改革的探索阶段

土地的有偿使用是土地市场改革的开端,也是农民土地增值收益权改革的起点。随着国家城镇化建设的深入,1988 年的《中华人民共和国宪法修正案》和《土地管理法修正案》为了解决家庭分散经营引发的生产效率低的问题,规定"土地使用权可以依照法律的规定转让",这是国家正式以法律的形式认可一系列的土地流转的创新实践。但这些法律制度都局限于认可在土地承包经营权与所有权分离的基础上而形成的土地规模经营,并不是本书研究的土地增值方式,原因在于农地转为国家建设用地并进入土地一级市场的最终处分权始终掌握在国家手里。

2004 年的《土地管理法》把"集体所有土地进行征用",修改为"集体所有的土地实行征收、征用并且给予一定的补偿",才是农民再次享有土地增值收益的标志。但在现行的征地制度中,征地补偿标准低、征地范围广、缺乏有效的制约机制成为争议的焦点,学者普遍认为当前的征地制度侵犯了农民集体的土地财产权利,应当按照市场经济规律进行补偿;农民个体也因为土地被低价征收而被高价转让认为自己的财产权利受到了剥夺。当前,我国农村土地制度改革将重点集中在土地使用权改革和农民集体土地的征收补偿问题上,但前提条件必须是要认可并还原农民的土地权利,享有完整土地权利的农民才能在收益分配机制中拥有更多的话语权和参与权,因此农民土地增值收益权的探索才刚刚开始。

（三）我国当前集体土地增值收益权归属的基本观点

集体土地增值收益的归属决定了集体土地增值收益权的享有主体,也是我国集体土地征收等重要社会制度的核心价值体现。土地增值部分的占有和分配权的归属是当今学界一直讨论的焦点问题,主流的观点有"涨价归公""涨价归私"和"公私兼顾论"。

孙中山是"涨价归公"理论的倡导者,其地权理论的核心体现在《土地平均条例》中,即"核定地价、照价收买、照价征税、涨价归公",他认为地价

的增长是"社会之进步发达"的表现,社会进步发达的根本原因则是因"众人之劳力致之",因此地价的增长部分理应归于国家所有,这也是平均地权的四个步骤;19世纪美国经济学家亨利·乔治的观点也认为土地增值是由社会发展创造的,应当将增值收益部分收归社会所有。国内支持此观点的学者普遍认为,国家对交通、道路、绿化、水电等基础设施和公共设施的建设改造、国家征收土地等行为都是土地增值的重要原因,据此主张集体土地征收后的巨大增值收益应归属于国家所有。

以周其仁、张小铁为代表的一批学者是"涨价归私"理论的坚定支持者,他们不认同"涨价归公"理念是因为忽视了权利本身的价值,是单纯的以资源的成本决定收益的归属的概念错误;农民集体是集体土地的唯一权利人,因此在农地转变为非农用地的任何情况下,农民集体都有权利获得完整的"非农地价格";土地之于农民具有其他资产所不能替代的价值,但农民为了公共利益和经济社会的整体发展放弃了对土地的占有,国家应当对于这种价值的取舍做出相应的补偿,因此土地增值收益应当完全归属于农民。

"涨价归私"理论的出发点只关注到农民应当享有的土地开发权和收益权,而忽视了国家、社会甚至是城市居民在土地增值中起到的作用,就显然有失偏颇,如不能有效考虑土地增值的各种联系和其他主体的贡献,单纯的涨价归农理论便是不能成立的。相比之下,"涨价归公"论因承认农地自然增值产生的社会经济根源而认定全社会拥有集体土地的开发权,反而否定了农民集体作为土地所有者的天然权利,进而剥夺根据所有权权能要求进行补偿的权利,让广大处于弱势的农民继续遭受不公平待遇,并无法享受社会整体发展带来的福利,这显然也是不可取的。

以周诚为代表的部分学者提出了土地增值收益分配的"公私兼顾论",主张在对失地农民进行公平补偿后,将剩余部分通过财政的再分配以用于农村建设。这种富有传统中庸态度的理论核心在于在保证公平补偿失地农民的前提下,兼顾各方面的利益,将经济发展的成果惠及全体人民。该理论在设计上融合了所有权基本理论和土地增值的"成本论";但制度设计上欠缺可行性,其所谓的"公平补偿"无法通过量化确定,同时也不能解释当前政府土地财政构成的理论基础,但作为我国集体土地增值收益改革的尝试显然做出了一定的努力。

二、当前集体土地增值收益权的现状及分析

从前述各种理论看,我国集体土地增值收益权的归属还具有相当大的争议。要判断该权利是否属农民应当享有的基本土地权利,就必须要对权利的现状进行认真的研究和分析,以此作为创新研究的基础。

(一)当前享有集体土地增值收益权的主体分析

土地征收是我国集体土地外部增值的唯一原因,也是集体土地实现增值幅度最大的方式,在当前我国经济发展中占有重要的作用,也引发了广泛的关注和社会影响。在这一社会制度中,结合征地制度本身、国家农业发展整体战略及土地经济发展模式,我国享有集体土地增值收益权的主体有:政府、农民集体、农民个体和其他主体。

1.政府

政府是土地增值收益的分配的重要主体,土地增值收益反映了社会经济的发展,作为经济发展主导者的政府以规则的制定者和游戏的参与者双重身份享受土地增值的收益。根据利益出发点的不同,分享主体又分为中央政府和地方政府。中央政府是土地征收制度的构建者和决策者,集体土地转为建设用地正是推动经济发展的巨大动力——自改革开放以来,我国GDP始终保持的高速增长就是建立在土地大面积征收的基础之上,中央政府虽没有在土地征收微观领域享受到收益分配,但从国家长远发展来看,中央政府是土地增值最大的受益者。

地方政府在土地增值收益分配中是一个复杂而矛盾的角色,一方面作为国家行政体系的一环,地方政府必须无条件执行中央政府关于土地使用的总体规划、耕地保护的政策;另一方面,地方政府和中央也存在着巨大的利益分野,特别是在1994年我国开始实施分税制财政管理体制以后,税收

收入在地方财政中的比例明显下降,而用以弥补税收不足的"土地财政"的比重,从 2001 年的 14.4%猛增到 2012 年的 31%;同时在"压力型体制"下,出让土地可以提升招商引资的水平、数量并提升产业规模和税收收入,又满足了上级对经济发展指标的考核要求。因此地方政府相比于中央政府有着更为冲动的征地欲望和需求,也就导致全国的耕地急速减少。

2. 农民集体

农民集体是集体土地的法定所有者,虽然当前农民集体的概念到底是什么仍旧在学界争论不清,但在土地权属上,农民集体享有着法定的集体土地所有权,这是农民集体参与土地增值分配最基本的法律依据。根据《中华人民共和国村民委员会组织法》第 8 条第 2 款的规定,"村民委员会依照法律规定,管理本村属于农民集体所有的土地和其他财产,引导村民合理利用自然资源,保护和改善生态环境",据此村委会就想当然地成了农民集体内的土地的管理者。但现实中,村委会往往僭越村民大会的权力而成为实际上集体土地所有权的行使者,一切改变土地用途、转变土地所有权的行为都要经过村委会的认可并加盖行政村印章,村委会也就当然具有代表农民集体在土地增值收益分配中分一杯羹的权力。

剥开村民自治代表的面纱,村委会实际是基层政府的政策的服从者和执行者。在现有政治体制下,村委会成员的任命都受到基层政权的支持,在电视剧《乡村爱情》中镇政府对村长任命的随意指派是真实存在的;此外,村委会作为村民的自治机构,其经费来源本应来自于本集体,但因当前农民的家庭联产承包制的现状是"分而不统",加之农业税的取消,村委会的运行资金其实主要来自基层政权的支持,村委会则更希望参与到补偿款分配中以获得足够的集体财政。除去管理职能,村委会还应当代表农民集体在土地征收过程中与政府进行博弈和谈判,当然这在现实中是很难实现的,如海口市中心等待参加城中村改造的上某村换届选举时,由海口市某公司出资以每户 500 元的价格公开替村民某某贿选村长一职,目的就是在土地开发谈判中取得优势地位。既有获得土地增值收益的权利,又欠缺讨价还价的能力和资本,这就是农民集体在土地增值分配中的尴尬地位。

3. 农民个体

由于农村经济的快速发展,土地的利用形式出现了土地所有权、承包权和经营权的分离,也就相应出现了土地所有权者、经营者、承包者等不同的身份。根据《土地管理法实施条例》第 26 条之相关规定,农民个体是有权利参与土地增值收益分配的。首先,农民个体本身也是集体土地的所有者,其土地所有权是农民集体权利不可分割的一部分;其次,农民个体是土地承包经营权的权利主体,土地承包经营权是一种财产权,当前学界的主流观点是该权利应当在土地征收中予以独立补偿,但通常情况下实践中都将该部分补偿并入集体补偿的费用,因这部分财产权属于绝对地租、级差地租 I 和级差地租 II 的一部分,由此土地承包权人就有权利单独分享土地的增值收益;最后,农民个体或其他农业劳动者还是土地的最终使用者,他们通过投入资金、劳动、技术和其他生产要素努力提升土地的产量,这是马克思理论中典型的级差地租 II,本着"谁投资,谁受益"的补偿原则,《土地管理法实施条例》明确规定"地上附着物及青苗补偿费归地上附着物及青苗的所有者所有"。

4. 其他主体

集体土地转为国有建设用地的动力是新的土地利用方式能够推动经济的快速发展,国家不能也没有必要亲自对所有征收的土地进行开发,除关系到国计民生的重点建设项目以外,都采用土地出让的方式由房地产公司和工商企业进行开发建设。一般来说,开发商在取得土地使用权的时候,土地都已经经过了前期开发处理,也就是所谓的"三通一平",而需开发建设的土地也都是在政府现阶段规划发展的范围内的,具备相应的配套设施,因此从狭义上讲土地开发主体还是享受到了部分增值收益;从广义来讲,开发主体获得土地使用权需支付土地出让金,这是国家根据土地的用途和地理位置确定的土地供应价格,在整个集体土地增值收益过程中,是土地价格的最终体现。除了开发商以外,服务于房地产企业的银行、中介等机构通过银行利息和中介服务等方式都参与到了土地增值收益分配的范围中,只不过以更隐蔽的经济形式占据了相对较小的份额。

(二)实现集体土地增值收益权的阶段分析

集体土地被转变为国有土地需要通过征收和出让两个阶段,所对应的利益关系主体是农民集体、地方政府和用地单位。

世界各国都将征地权视为对土地进行规划利用和产权调整的最基本的对内管理权,具体到我国,启动征地权和征地程序的法律根源是《土地管理法》第2条:"国家为了公共利益的需要,可以依法对土地实行征收或征用并给予补偿",[①]这里规定的补偿是集体土地在外部增值过程中的第一次增值收益,具体表现为国家在征地过程中给予农民集体的征地补偿款;《土地管理法》第47条具体规定了补偿款的项目内容,"征收耕地的补偿费用包括土地补偿费、安置补助费以及地上附着物和青苗的补偿费",[②]在具体的计算中,征地补偿的主要依据是征地片区综合地价和统一的年产值标准;在实际操作中,由于被征农民集体和农民彻底失去了土地所有权和承包经营权,基于原用途补偿原则,一般支付的征地补偿均高于实际使用农地的收入,这就形成了在土地征收过程中集体土地的增值。这部分增值是必须由农民及农民集体获得的,既包含了对农民集体失去集体土地的等价交换,也包含了对农民参加土地征收后的补偿和未来生活的基本保障,否则在失去土地收益时不能获得实现创业或改善生活的"第一桶金",农民是不会支持并参与到土地征收过程中的。在征地环节集体土地增值的基本公式为:农民集体土地增值收益=实际支付的征地补偿-农用地价格。

在集体土地被转为国有土地之后,土地的最终价值将取决于土地被以何种方式使用。一般来讲,国家将国有土地用于公共事业建设对土地收益的增值影响较小,因为公共事业都是公益性的。如果将国有土地出让给用地单位,则需根据《中华人民共和国城镇国有土地使用权出让和转让暂行

---

① 《中华人民共和国土地管理法》,中国政府网,http://www.gov.cn/banshi/2005-05/26/content_989.htm,2005年5月26日。

② 《中华人民共和国土地管理法》,中国政府网,http://www.gov.cn/banshi/2005-05/26/content_989.htm,2005年5月26日。

条例》的规定,由国家以土地所有者的身份,在一定的年限内将土地使用权让予土地使用者,而土地使用者则需向国家支付国有土地使用权出让金,这一过程中土地的所有权具体出让方式为招标、拍卖和挂牌等行为。《国务院办公厅关于规范国有土地使用权出让收支管理的通知》第一条规定,"国有土地使用权出让收入是政府以出让等方式配置国有土地使用权取得的全部土地价款,包括受让人支付的征地和拆迁补偿费用、土地前期开发费用和土地出让收益等",①由此可知,地方政府能够实际取得的土地增值收益可以表述为:地方政府土地增值收益=土地出让成交价款-土地前期开发费用-征地和拆迁费用补偿。

在土地征收和出让过程中,还存在第三种土地增值收益的形式,就是各级政府的税费收入。根据现行法律规定,用地单位使用被征用农村集体土地的,在支付土地出让金的同时,还应该支付相应的税费,包括耕地占用税、耕地开垦费、新增建设用地有偿使用费、征地管理费、农业重点开发建设资金(新菜地、水利建设开发基金)等,简称为"一税四费"。在土地征收过程中,上述费用都是由用地单位支付的,除征地补偿费以外,其余费用都属于政府收益;由于征地补偿费在实践中或者是由用地单位向被征地主体支付,或者是由用地单位上交政府进行转移支付,总之对政府的收益没有任何影响。土地征收税费在中央与地方各级政府之间按照一定的比例进行分配,并明确规定将这些税费运用在农村土地的复垦、整治和提高农地数量和质量的方案中,做到取之于农、用之于农。但实践中,这笔专项费用由于各种原因往往不能被完全投入到农业生产中,从而被政府剥夺了被征地农民在税费上增值收益的分配权。

集体土地经过征收实现了第一次的外部增值收益,在转变为国有土地之后,只有通过确定土地的用途和方式并明确了用地单位之后,土地的第二次增值才会产生,这是一个完整的集体土地增值的过程。土地的征收和出

---

① 《国务院办公厅关于规范国有土地使用权出让收支管理的通知》,中国政府网,http://www.gov.cn/zwgk/2006-12/25/content_478251.htm,2006 年 12 月 25 日。

让在制度设计上是两个过程,以政府角色转变为分界形成了两个相对独立的法律关系,按照集体土地性质的转变来说,农民集体在土地征收后就不再是土地关系的参与者,没有分享土地出让增值收益的法律基础;但征地制度的设计和实践操作并不是要求政府随意将农民集体的土地征收转变为国有土地作为储备搁置起来,再择机出让给用地单位,而是要规范和促进城市发展的节奏,实现用地单位和农民集体之间的有序对接,保障集体土地征收、出让符合国家发展总体规划。换句话说,征地程序的启动实际是因为有用地的需求,因此在实践中往往先由用地单位和农民集体就用地及价格进行商谈,再报请政府启动征地程序,可以说政府的征地行为是有的放矢的,从这个层面上来讲,集体土地征收实质上就是由政府主导的用地单位购买土地使用权的行为,那么集体土地的增值收益在用地单位获得土地使用权时才是真正得以实现,作为原土地所有人的农民集体就是这一买卖过程的参与者,就有权利参加被征土地的二次增值收益分配。

有学者以房地产开发获得土地使用权为例进行土地增值及收益分配的研究后认为,开发商取得土地使用权通过建设房屋并予以出售,同时也是将房屋所占有的土地一并卖出,这一过程所产生的土地增值收益是由开发商以所卖房屋价格的形式取得的,而这一过程是集体土地征收后土地增值过程的延续,农民集体对该部分土地增值也有分享的权利。这一观点是有待商榷的,因为土地的不可移动和不可替代性,无论土地的使用方式如何,土地本身的位置是无法改变的,作为有限的社会资源,土地的使用方式还会不断发生变化,如果无限度地延长土地增值收益的判定阶段,将永远无法明确各方的收益分配的比例,对于各阶段的土地使用者来说也是不公平的;土地被出让给用地单位是整个征地环节的结点,原来的各方的权利义务关系都将确定下来,未来土地的使用和收益都将是新的土地使用者独立行使其权利的范畴,是一个新的物权。因此,将集体土地的征收和出让环节,确定为农民集体参与集体土地增值收益分配的总体过程,是比较科学和可行的。

但就目前集体土地增值收益分配的实际情况来看,政府占有的份额偏高,而作为原土地所有人并失去土地的农民个人和农民集体占有的份额偏低。以全国土地出让为例,1995 年全国每公顷土地出让金纯收益为 66.1 万元,其中政府获得 47.2 万元,集体和农民获得 18.9 万元,政府与集体和农民的土地增值收益分配比为 2.5∶1;到了 2005 年,这个比例扩大到了 9.7∶1。[①] 集体和农民土地增值收益分配比例不断降低,直接原因在于征地补偿标准提高幅度远跟不上地价上涨幅度。比如,1995 至 2005 年间,全国土地出让价格平均上涨了 3.6 倍,而征地补偿标准只提高了 0.5 倍。[②] 如果计算土地在不同阶段增值的绝对值进行对比,结果将更为直观,学者林瑞瑞、朱道林等通过对全国 21 个重点城市和 23 个省份的综合地价和统一年产值标准进行研究,并结合《中国国土资源年检》和《土地市场动态监测监管系统》,计算出土地在不同阶段的增值收益比例,成为现行收益分配比例的有力佐证——在省级分析层面,集体土地被征收所获增值为 67.92 元/㎡,增值比例为 3.70%,政府出让土地获得增值为 551.24 元/㎡,增值比例为 22.32%;具体到城市层面,集体土地被征收所获增值为 99.02 元/㎡,增值比例为 4.21%,政府出让土地获得增值为 777.17 元/㎡,增值比例为 26.01%。[③] 从上述数字不难看出,由政府主导的“征地制度壁垒”使农民集体在土地增值收益分配中处于弱势地位,而且与政府取得的增值收益相比差距很大,反映了在集体土地增值收益权的归属混乱和设计缺陷,这不但造成了两者产权关系的不对等,也使农民在心理上产生了失衡。

(三)当前集体土地增值收益权属分配的实质

征地制度的本质是以政府进行参与并主导的土地使用权买卖行为,通过最基本的供求关系,确定土地所有权、使用权的流转方向和模式,在新的土地使用方式下创造土地增值的最大化,满足社会发展、城市建设的需要,在保护最基本耕地数量的前提下确保国家的粮食安全。政府同时作为土地

---

① 姚昭杰:《农村土地征收补偿原则研究》,《特区经济》2010 年第 11 期。
② 姚昭杰:《农村土地征收补偿原则研究》,《特区经济》2010 年第 11 期。
③ 林瑞瑞、朱道林、刘晶、周鑫:《土地增值产生环节及收益分配关系研究》,《中国土地科学》2013 年第 27 期。

的征收者、出让人和规则的制定人,在征地过程中完成了土地性质的转换,并在土地市场通过法律规定的程序将土地出让给用地单位,本应是一个相对单纯的行政行为,但正是这种所谓的"公平交易",造就了地方"土地财政"的神话和地产、工商业的兴起,而失去土地的农民只能领到少得可怜的补偿款;随着越来越多的农民意识到了土地的真正价值,心理落差招致农民对征地的一定程度的反感和抵触。学者们从行政、法律和经济等多个角度加以分析,试图揭示影响征地因素的核心问题,但基本观点都集中于通过提高征地补偿的标准来破解征地难题,这显然是缺乏对问题的整体和深入的把握。通过分析集体土地增值收益权的享有主体和集体土地的增值环节,不难看出政府在整个集体土地增值收益过程中占据了本应由农民集体占有的份额,这已经超越了经济管理的范畴,是一种典型的对内主权行为,其深刻体现了国家对农民的态度,征地制度的价值核心正是国家与农民之间关系的反映。

三、集体土地增值收益权的重构

保护农民的平等权益是社会主义国家的本质要求,也是社会公平的基本体现,农民作为失地、供地的主体理应实现他们的基本权利要求,这也是解决农村问题的一个重要环节;由于集体土地增值收益权被侵犯而引起的全国范围的征地冲突,不但严重滞后了国家经济发展的战略和速度,而且损害了干群关系、重挫了党和政府在农民心中的地位和形象,是社会发展的不和谐因素。只有科学重构集体土地增值收益权,实现农民的权利要求和权益保障,才能缓解人地冲突,这对完善国家的社会保障体系及促进理性政府的形成也有重要意义。

(一)重构集体土地增值收益权的理论价值

1. 重构集体土地增值收益权是尊重法律科学、缓解人地冲突的起点

重构集体土地增值收益权的前提是还原集体土地的农民集体所有权,

这种所有权相对于国家所有来说是一种独立的民事权利,是农民集体对集体土地的"私有",是具有私权属性的所有权。在认可农民和农民集体对集体土地拥有所有权的前提下,无论集体土地在哪个投资主体和以何种方式升值并获得多大的升值空间,其作用对象的所有者都是明确的。根据物权、财产权的基本理论,作为土地所有者的农民和农民集体是最有权利享受土地增值收益的主体,这符合现代法治科学的精神。

在征地过程中,国家是规则的制定者,是"权力—权利"关系的强势一方,其规则的合理性对集体土地增值收益权的权利主体有着深远的影响,因此制定规则应当更加科学、兼顾公平;在社会财富的积累方面,国家应更着眼于通过提升社会经济发展水平,通过合理的税收结构来积累财富,而不能滥用暴力机器和政治优势,利用本已经捉襟见肘的集体土地资源与农民争利,给国家粮食安全保障埋下隐患。因此,在法律科学的框架下,保障农民对集体土地增值收益权的实现,对构建和谐的农村关系、人地关系和干群关系都有巨大的推动作用。

2. 重构集体土地增值收益权有助于实现农民的社会保障权

相对于城市居民完整的社会保障体系来说,土地对于农民的社会保障作用始终是无法替代的,到目前为止,绝大多数的农民的主要生活和保障来源还是依赖于土地耕作和产出。但多数被征地后的农民年收益却较之前有所减少;高楼大厦、喧嚣都市、水电费支出让农民失去了低成本的生活方式;有相当数量的农民由于年龄偏大、技能缺乏等原因无法被就业安置,只能成为失去土地、失去工作、失去保障的"三无人员"。"对农民而言,除非能找到一份较为稳定具有较高收益的非农岗位的工作,否则不会轻易出让能给自己提供最基本生存保障的土地"。①

因为国家始终没有给农民落实与城市居民平等的社会保障措施,这一庞大群体还是主要依靠劳动和土地来养老。国家没有将在土地上获得的丰

---

① 杨光:《我国农村土地承包经营权流转的困境与路径选择》,《东北师范大学学报(哲学社会科学版)》2012年第1期。

厚收益用于建立完善的农民社保制度,而是要他们用低廉的补偿款自谋生路、自担保障,这不符合社会主义国家共同富裕的政治目标。

3. 重构集体土地增值收益权有助于促进理性政府的形成

虽然我国已逐步迈入市场经济发展阶段,但地方政府依旧贪恋特权,"官本位"思想严重,不愿接受在经济活动中作为经济主体参与平等经济活动的游戏规则,特别是在土地征收问题上,各级政府维护着计划经济时代的特权,混淆着征地启动者、补偿决策者和出让受益者的角色关系,不计成本地为短期的经济利益,寻求一切可能的办法进行土地和权力的寻租,新工业园区、大学城、商业区等新时期的征地活动不但滋生腐败,也导致中央的整体规划不能有效执行,浪费了最宝贵的土地资源。曾经在海南长期矗立的大面积烂尾楼,就是对政府进行非理性投资决策巨大失败的最好见证——1993 年 6 月 24 日,国务院发布《关于当前经济情况和加强宏观调控意见》,使海南房地产热浪应声而落的同时,给占全国总人口 0.6% 的海南省,留下了占全国总量 10% 的积压商品房。全省"烂尾楼"高达 600 多栋、建筑面积 1600 多万平方米,闲置土地 18834 公顷,积压资金 800 亿元,仅四大国有商业银行的坏账就高达 300 亿元,[①]甚至由海南省政府成立的为解决众多信托投资公司由于大量投资房地产而出现资金困难的海南发展银行,都在 1998 年因支付危机而由央行宣布关闭。到 2006 年下半年,海南省用了整整七年的时间,才将积压房产基本处置完毕。[②]

在整个房产泡沫期间,国有资产被大量浪费、流失,国有银行蒙受了巨大的经济损失,海南省政府支持的银行破产关闭,地产经济失序混乱,政府公信力严重受挫,改革的步速停滞、成果殆尽,这些都是地方政府一味追求眼前利益的非理性决策所导致的恶果,而地方政府欠下的账单和损失都将通过税收的方式转嫁到普通百姓身上。作为失去土地的农民,不但无地耕

---

① 李俊:《地产商只是政府手中的棋子》,和讯网,http://house.hexun.com/2011-12-18/136422431.html,2011 年 11 月 28 日。

② 杨彬彬:《上世纪 90 年代海南房地产泡沫警示》,财经网,http://www.caijing.com.cn/2007-08-30/100028626.html,2010 年 8 月 30 日。

种,而且因经济衰退失去招工安置的机会,成为地方政府失策的最大受害者。因此,地方政府必须清醒地认识到,在经济活动中,必须尊重经济规律,必须具备"经济人"的投资理性和角色定位,以更加理性的态度对待有限的土地资源,以期促进人地和谐发展。

(二)重构集体土地增值收益权归属的理论依据

现行的补偿标准实质是补偿农民在土地上耕作所付出的劳动力和原材料的价值,根据"谁投资,谁受益"的原则,补偿款显然应由农民独自享有,其他任何主体没有权利进行截留和分享。

集体土地因被征收增值是基于土地的稀缺属性、地理位置、国家城市化建设水平、土地性质和用途的转变以及土地市场供求关系等多种因素共同作用的复杂过程,这虽不是单靠土地所有人自身就能实现的,但也不能就此否认土地所有人分享这种增值收益的权利。"土地增值收益权的归属是一种产权经济现象,农地增值收益的归属取决于农地收益权的归属,而农地收益权当然属于拥有农地产权的所有者"[①]。根据我国法律规定,农地的所有者为农民集体,即便是农民集体的概念尚未澄清,国家也不能代行其权。这类似于城市居民出卖自有房产的行为,整个房屋价值的增值部分(除税费)最终由所有人享有。

"涨价归公、归农"理论本质都未明确区分农地增值收益的归属权与分享权,混淆了农地收益分享与城市化利益分享的概念,因此都是不可取的。而所谓以公平补偿为土地增值收益补偿标准的"公私兼顾"理论,也具有不合理之处:首先,公平补偿是一个浮动的市场化概念,在具体补偿中可能会出现在同一地区因某种因素导致的补偿价款评估不同,这种显性的不同价是农民们无法接受的;其次,如果公平补偿是尊重市场价格而产生的最高补偿标准,那么为何政府还要对用地企业收取更高的出让金,这些高出的部分无疑将转嫁给城市居民负担,这又是一种政策上的歧视;最后,公私兼顾理

---

① 李慧中、张期陈:《征地利益论》,复旦大学出版社2011年版,第259页。

论认为将多出公平补偿价格后的款项转由政府用于支援农村建设,是支持政府支配农民私有财产的一种改良理论,在补偿款差额转移到政府财政之后,地方政府的二次转移支付的实质就是在不同地区的农业发展投资中"拆东墙,补西墙",而这些补偿款的使用方式本应由其所有者——农民集体进行处理。可以说无论是当前学界的理论研究还是社会实践现实,对于土地增值收益权的归属研究都有欠缺。

(三)国外相关经验和做法

土地发展权是一项随着生产力发展和社会进步而确立的土地权利。在农耕社会,土地的利用方式只有耕种这一种单一的方式,只有工业发展之后,土地的利用方式才有了新的变化。土地发展权于 20 世纪 40 年代末由英国率先创设,为有效缓解战后城市重建和人口增长带来的土地需求压力,提出应在国家层面上编制土地利用规划、建议私有土地所有人在使用土地时,应以公共福利作为限制条件,由此创立土地发展权移转的法律思想。美、法、日等国也相继意识到淡化土地所有权绝对性和对空间权、地上权进行限制的必要,纷纷开始创设本国的土地发展权,并使其成为当时国际性的土地调控政策。

英国为了解决国家重建、人口增长和土地利用管理与城市规划方面的问题,通过了《The Barlow Report》《The Scott Report》和《The Uthwatt Report》。其中,《The Uthwatt Report》明确提出设立国家土地发展权来解决土地征收补偿不公平的问题。1947 年,英国《城乡规划法》将土地发展权通过法律的形式予以确认,并规定:一切私有土地将来的发展权转移归国家所有,由国家独占,实行"土地发展权国有化一,而私有土地的所有权性质不变。任何人若想改变土地原有使用类别,进行开发建设,必须事先向政府购买发展权;反之,如果政府公布土地使用计划,变更私有土地原有使用类别,致使土地价值降低,政府应按地价降低导致权利人的损失予以补偿"[①]。英

---

① 柴强:《各国(地区)土地制度与政策》,北京经济学院出版社 1993 年版,第 107 页。

国创设土地发展权制度,其目的在于更有效地控制土地开发使用及实现土地"涨价归公"。

美国于19世纪末从德国引进分区办法,用来管制土地开发的密度和容积率。由于土地区分制度没有有效防止城市对农地的大量蚕食,美国于20世纪60年代末转而效仿英国设立了土地发展权,其主要由1968年的土地发展权转让制度和1974年的土地发展权征购制度构成。土地发展权转让是指受限制开发区的土地权利人通过交易市场将其土地发展权转让给可开发区土地权利人,土地发展权受让人因此获得土地发展权并支付对价。[1]土地发展权征购是指美国各州或地方政府出于保护农地的目的,从土地所有者手中以政府公共资金购买土地发展权。土地所有者将土地发展权卖出后,仍然可保留该农地继续耕种,但没有改变土地用途以获取更多利益的权利。[2] 不过和英国不同,美国的土地发展权是基于土地私人所有而同样归属于土地所有者所有,不过在权利构成上可以脱离所有权而与之分离。

法国于1975年颁布的《改革土地政策的法律》规定了"法定上限密度限制",这是一种类似于土地发展权的法律制度,制度的核心是以政府设定的建设开发权的指标限额作为国家和土地所有者之间的权利分界,指标限额之上的权利归国家所有,私人所有者在指标限额以下行使权利;但为了稳定地价、减少地产市场的盲目性和自发性、实现土地所有者之间的公平,在一定情况下国家所持有的超标限额也可以出售给土地开发者,以增加地方财政收入。这种模式,是典型的土地发展权由国家和个体共享的模式。

英、美、法三国的土地发展权制度是最具有代表性的三种典型模式,在此之后日本、新加坡、德国等国设立土地发展权的模式都可以归于以上三种之内。

---

① 刘国臻:《论美国的土地发展权制度及其对我国的启示》,《法学评论》2007年第3期。

② 刘国臻:《论美国的土地发展权制度及其对我国的启示》,《法学评论》2007年第3期。

对于我国是否设立土地发展权的讨论,学界大多持支持态度,认为土地发展权的设立对于我国农地保护、完善产权制度、征地制度等都有着重要的作用。经上述研究可见,西方国家的土地发展权的设定是为了完善土地所有权制度和土地利用方式的缺陷,其发展权本身并不特定归属给国家或土地所有者,而且设立这样的土地发展权的制度模式是有前提的:首先产权制度已经是明晰存在的,不存在任何争议;其次,发展权的转移代价都遵循了严格的市场补偿标准,这是一种平等的、公平的补偿方式;最后,西方国家设立土地发展权的目的,在于平衡土地利益,消除土地所有者之间因规划等原因导致的地价不均,最终是以经济杠杆来稳定地价。构建合理的土地发展方式当然有利于我国农村经济的发展,但我国特殊的国情和现实与西方国家有着本质的区别——西方国家确立的土地发展权的背景是土地私人所有,设立的发展权的目的在于弥补土地管理的缺陷,为了缓解土地供需矛盾、充分合理利用土地并推进城市化、工业化建设,而对私人权利加以限制;而我国以土地国有和集体所有为主,在广义上讲土地都是属于人民所有,并且集体土地的最终处分权也掌握在国家手中,国家土地统一规划、发展的阻碍很小。因此,在讨论我国土地发展权问题之前,应考虑我国当前社会现实和土地制度仍面临的一些现实困境:首先集体土地的产权关系仍是混乱、模糊的,集体土地的所有人及权利内容在法律中尚未明确;其次,当前对集体土地征地程序的启动,是完全不以土地所有人意志为转移的,反而是国家的单方法律行为;最后,土地原权利人所获得的补偿的基础主要来源于行政权力,市场经济发展情况只是行政权力确定土地价值的参考依据。综上,现行的、严苛的征地制度将集体土地的最终处分权、定价补偿权和用地知情权收归国有,这本身就是一种国有土地发展权的制度模式,只是在理论上没用发展权这一概念定义而已。

(四)重构集体土地增值收益权的具体措施

集体土地承载着农民的生存和保障权,如何对待农民集体和集体土地是关乎社会公平正义的基础,要制定切实可行、既符合现代法理又合乎民族习惯的方案,只有将完整的收益权都归属于农地所有者——农民和农民集体,才是最科学、最合乎民心和民族习惯的做法。

1. 改革现行集体土地征收法律关系主体的权利义务关系

当前集体土地的征收是以政府为核心主导的行政管理行为,仍旧体现出极强的计划经济色彩,一方面政府单独制定征收土地的标准,另一方面政府垄断了一级土地市场。在征地过程中,本应作为财政负担的需要支付给农民的征地补偿款,最终也通过土地出让金的方式转嫁给了用地单位,政府作为两个经济行为的垄断者,无需支付任何对价也无需承担任何义务,可谓是"无本万利";必须说明的是,在现实中政府是根据用地单位指定的用地位置和用地要求,启动相应的土地征收程序,而并不是一次性将农地征收完毕,并按照国家整体发展规划将相应的土地出让给符合用地条件的用地单位,由于社会的发展永远处于变化之中,政府永远也不可能设定最完美的发展规划,那么其作为中间人参与征地的行为,仅将集体土地性质进行改变赢得巨额利润行为的意义就值得商榷——政府参与征地的最终目的到底是什么。市场经济主体在经济活动中,不可避免地会产生盲目性和逐利性,如果完全将土地征收行为完全市场化,将可能导致有限的土地资源被浪费或者被商业化囤积;如没有完善的追责机制和法律保障,将无法制约各主体履行合同义务,市场规则就会因失信而被破坏。此时,政府的宏观调控和监督权应当发挥作用:一是通过规划确认用地要求和用地范围是否合理;二是主持土地出让的"招、拍、挂";三是监督用地单位是否及时开发土地;四是监督和调控土地出让的价格始终在合理的范围内浮动并确保出让金支付及时、到位;五是提高和保障失地农民再就业的能力和机会;六是确保在土地征收过程中各项税费的及时收缴。但地方政府却不可否认地通过土地征收环节成为经济上的最大赢家,也让本来简单的征地关系变得错综复杂。

如果地方政府愿意以"守夜人"的身份退出征地利益范围,以单纯的行政管理者的身份主持征地活动,征地程序和法律关系将变得简单而清晰——用地单位只需将用地申请和位置报送地方政府审批,通过行政审批后将协商确定的用地费用直接支付给供地主体,双方向政府支付相关税费之后由地方政府将用地行为登记备案并制作权属证书,用地单位即可使用土地。这样,供地主体和用地单位将就土地问题直接发生协商和对接,减少了地方政府的中间环节,能保障农民集体的土地增值收益权最大限度地实现。这样的操作方式虽然和当前的法律规定不符,但在实践中却已经成为运行常态,既然很多地方政府为了避免与农民集体讨价还价的安抚和麻烦主动放弃了权力,事实证明地方政府在具体关系中的缺席并没有影响征地的正常进行。

2.明确农民集体应享有的集体土地增值收益权的范围

前文已经将集体土地的增值过程,根据集体土地被征收和出让的程序予以说明,表明了土地在地方政府征收和出让中增值的过程。如地方政府退出征地利益关系,农民集体土地所增值的范围将更加明确,就是各用地单位根据地方政府确认的土地性质、使用方式、使用年限和开发方式等核心要素后,按照市场经济规律和供求关系设定最低出让价格,由各用地单位在土地市场上通过"招、拍、挂"的法定程序进行公平竞争,从而取得土地的"最高价格",即土地出让金,这部分出让金是包含了原征地制度中地方政府支付给农民集体的各项补偿款的,但并不包括用地单位应当支付给地方政府的相关税费。如此设定,集体土地的增值上限将十分清晰,农民集体和农民个体亦将明确自己最终所获得供地对价的数额,且用地价格是双方当事人以市场价格为基准进行的平等的讨价还价的过程,体现了双方当事人的自由意志并维护了双方的基本利益,有利于征地活动的顺利开展。

3.重构各方主体分享集体土地增值收益权的方式

要科学重构分享集体土地增值收益权的主体,首先必须要准确区分归属和分享的概念。归属,属于权利确认问题,要解决权利到底归属哪个主体享有,哪个主体有权利行使,这是整个权利运行合理性的基础;分享,重点关注利益分配的动态运行,解决利益分配的一般问题,对于某些主体来说并不享有某项权利,但由于某种身份或者某种与权利主体的某种特殊关系,使其具备可分享利益的条件。归属与分享,分属于权利确认和利益分配两个完全不同的理论层面。

在集体土地增值收益权的归属问题上，由于所增值的标的始终是集体土地，因此农民集体就是集体土地增值收益权的唯一权利人，有对该权利进行处分的一切权能；同时具有排除妨碍、防止侵权的相关权利。这项权利就是农民集体享有的一项私有财产权，同时也是一种特殊的身份权，也就是说只有集体内的农民才能享有。这种权利所具有的特殊属性只能被放弃而不能被转让。在集体土地增值利益分享的问题上，一方面，国家通过推动社会经济发展和城市化进程需要大量不间断地进行基础性建设，这是推动农地增值的重要原因之一；反之，如果经济发展停滞不前，城市规模无需扩大，农地也没有被征收而增值的可能。国家投入城市基础建设的资金来源是以税收等方式从全体人民手中获得的财富，国家及全体人民尽管不是集体土地增值收益权的主体，但是通过经济方式推动了集体土地的增值，根据公平原则就享有了分享集体土地增值收益的权利，因此税收贡献是全体人民都有权参与分享集体土地增值收益的前提。另一方面，农民通过全社会的共同投入，获得了较高的土地增值收益，实质也是一种分享社会整体发展成果的"搭便车"的行为，享受便利就应当付出对价，这是他们也应当承担将所得收益与国家共同分享的义务的基础。这样，通过集体土地增值收益的构成方式，就形成了一种土地增值的利益分享机制。

这个机制可以通过征收集体土地增值收益所得税的方式实现，虽然农民享有整个集体土地增值收益权，但是国家代表全体人民推动了集体土地价格的提高，发挥了重要的经济作用，就应当享受到与付出相对应的部分收益。这部分收益的计算方式是在明确农民的增值收入总量的基础上设定相应的税收比例征收税费，这样既能充分保障农民的基本权益，也能使国家财政合理利用、适度增值，是典型的"取之于民，还之于民"。至于其他主体通过投资集体土地并使其增值的其他行为，农地所有人也可以通过出租、入股、合作等新的形式与之分享增值收益，既能降低投资人的投资成本，也能提高农民的经济收益，最终使土地关系上的各方和谐受益。

四、以实现农民集体土地增值收益权
为核心的征地制度改革

案例：2011 年海南某公司耗资 2 亿元收购了海南某民办高校。后该校遂以解决教职工住房难为由在教育用地上建立了教职工宿舍。在校内规划地用完以后，该校转而向上某村居民个体"购买"宅基地和农用地。上某村是一个典型的城中村，虽然还有集体土地，但是早就无人耕种并被各家各户建楼出租，全村的主要收入就是出租房收益。在两年中，该校一共向农民个体购买了约 110 亩土地，建筑了五栋所谓的"内部集资房"对外出售，获利上亿元。学校周边的农民土地最是抢手，120㎡的土地及地上约 500㎡的建筑物，被学校以 230 万元的价格进行协商购买，其中房屋按照 1200 元/㎡ 的标准补偿，高出当地标准 300 元；宅基地以 2200 元/㎡ 的标准补偿，高出当地标准 1000 余元；至于搬迁奖励和综合补偿这一部分，学校为促其快速搬迁更是提高了标准。如遇国家征地，农户所得的补偿一般只及违法私下买卖的一半左右，在问及这种私下转让土地行为所带来的影响的时候，上某村村长坦言："村民自己想卖就卖啊，反正有钱了还可以再买。村里也不种地了，留着地早晚都是被征的，还不如早点卖了。"

（一）对现行征地制度理论的反思

此案例在海南并不是个案，在全国私下买卖土地行为也是普遍存在的，这不能不让政府和学者进行反思，同样都是要放弃土地和熟悉的生活习惯，为什么农民更愿意选择违法出让土地，仅仅是为了单纯的高额补偿吗？如果国家也将补偿标准提升到同样的标准，农民是不是还会顺利接受征地行为？符合我国国情的征地制度究竟如何改革，是摆在政策制定者和学者面前的重要问题。

1. 反思"公共利益"的立法目的

在财产征收立法上采用"公共利益"作为征收权启动的要件，受到了世界各国的普遍认可,如美国《宪法》第 5 条修正案规定,非经正当补偿,任何人的私有财产均不得被征为公共使用。根据该条款的规定,国家被允许征收私人财产,但必须是为了"公共使用"的需要。德国《宪法》第 2 款确定了"公共福祉"是立法的价值导向,并在第 3 款中被确认为征收的合法基础,并以负面排除方式确认在征收中对公共利益的保护。法国的《人权宣言》第 17 条明确表述了公共利益对私权征收的限制:"私人财产神圣不可侵犯,除非当合法认定的公共需要所显然必需时,且在公平而预先补偿的条件下,任何人的财产不得受到剥夺。"土地是最有价值的财产,为构建科学的土地征收制度,我国 2004 年《宪法修正案》在第 10、13 条分别规定:"国家为了公共利益的需要,可以依照法律规定对土地实行征收或者征用并给予补偿"和"国家为了公共利益的需要,可以依照法律规定对公民的私有财产实行征收或者征用并给予补偿",①从而确立了"公共利益"原则在我国法律制度中的重要地位。

一般来说,西方国家的绝对私有制度对国家的发展起到了一定的限制作用,为了平衡国家发展和个人利益之间的关系,还要合理限制国家权力的扩张对私人权利的影响,而"公共利益"要件正是一种权利平衡的体现。"公共利益"和正义、公平等词汇一样,无法用标准的定义和方式进行概括和审查,但无论美国法院的要件区分法,还是德国采用的负面排除认定方式,抑或法国采用的行政、司法程序认定方法,都说明公共利益无法被统一判定。即便如此,为了加大对公民权利和财产的保护,为了合理、合法和有效控制征地的规模和幅度,我国也将"公共利益"作为征地程序启动的限制性条件,但由于我国立法和学界无法对公共利益界定达成一致意见,该限制条件反被指责成为政府利用立法漏洞滥用征地权的诟病,甚至被部分学者认为是《宪法》规定的"二律背反",即《宪法》本身在规定上产生了前后不一、无法执行的矛盾。

---

①　《中华人民共和国宪法修正案(2004 年)》,法律图书馆,http://www.law-lib.com/law/law_view.asp? id=82528,2004 年 3 月 14 日。

政府在实践中对公共利益理论的利用最终还是证实了学界的担心,如万宁市人民政府关于征收土地的公告(万府[2012]49号),建设用地项目用途标注为"土地用途为商服用地(酒店用地)"[1];坐落在海口市秀英区的冯小刚电影公社项目征用国有土地29.976亩,集体用地224.978亩,其土地用途是"以导演个人命名的电影主题旅游项目"[2];或者更多的政府公告就项目和用途避而不谈,或以模糊的方式带过。除明确标注为桥梁、水电等建设项目外,大多公告都难以经受"公共利益"的推敲。

面对这样的"公共利益"条款被漠视的现实,学界除了批判之外再没有更好的解决办法,继续将"公共利益"仅作为限制征地权启动的条件,除了苍白的呐喊,就只能是损害法律的尊严和农民的权利。要将法律被架空的规定落到实处,就必须要转变对"公共利益"条款作用的认识,不再将其视为限制征地权启动的条件,而是将其改造为通过能够使征地为公众带来利益和福祉的合理性要件,这受益主体当然包含被征收土地的农民。当前很多"赚钱"的土地开发项目,如工业园区、高档商品房小区、高尔夫球场地等项目占用了大量土地,虽对经济发展起到了推动作用,但大多数公众无法从这些项目中获利,失地农民更是如此,那么这些项目就缺乏启动征地权的合理性;相反,海南灵山镇的"风情小镇"改造项目,其本身是借着旧城改造为契机,将灵山镇重新建设为海南旅游的第一站,该项目能助推地方经济发展和提升城市形象,但最重要的是当地失地农民不仅将得到新的安置房,还将就地转化为城镇居民并就业到当地的旅游、服务行业中,在失地后仍旧享受土地增值带来的收益,这才是真正实现了"公共的利益"的征地模式。

2. 反思征地价值的选择

法律制定的结果就是在不同的立法价值中做出选择,选择一个更适合国家和人民发展的立法价值并予以实现。对于使用土地的立法和对土地价

---

① 万宁市人民政府:《关于征收土地的公告》,海南政府网,http://xxgk.hainan.gov.cn/wnxxgk/bgt/201211/t20121112_796003.htm,2012年10月11日。

② 《海口电影公社项目征地工作完成》,海南政府网,http://www.hainan.gov.cn/hn/zwgk/tdly/zszy/201307/t20130705_1016779.html,2013年7月5日。

值的认识也经历了一个变化的过程。当前,土地的经济价值已经完全显现出来,在立法上原来的无偿使用国有土地的做法和无偿调拨集体土地的政策,向有偿使用国有土地和对集体土地的征收补偿改变,说明了国家在立法价值上选择的变化。无论对土地所有权人还是对政府来说,土地就代表着财富,将农民集体手中零散的土地整合起来,将其纳入推动经济发展的高度轨道,这是国家当前立法的目的体现,也就是国家在土地应用公平和效率的价值选择中,优先选择了效率价值的印证。

选择效率作为优先实现的立法价值,在经济建设之初是正确的,特别是在国家成立之初的经济恢复阶段,大规模地提升经济建设水平不但是实现国家安全的需要,也是保障人民生存的唯一途径;在敌对的政治环境和封闭的经济环境中,优先实现效率是实现大多数人公平生存的基础;由于工业发展所带来的价值和对社会的推动力远超农业,就必须要在经济发展的选择中降低农业的比重,将投资重点转向工业建设。在这些历史进程快速发展并实现之后,不应忽视的是效率的副作用——对于公平的损害,而承担这些损失的正是如今发展最为缓慢、生存最为艰辛、社会地位最低并在入学、工作、受教育等方面备受歧视的农民。在几十年的超高建设速度中,社会存在的不公平的问题逐渐显现出来并被决策层加以重视——2004 年的十六届四中全会用"注重社会公平,合理调整国民收入分配格局"替代了十四届三中全会确定的"效率优先,兼顾公平"的提法;十七届五中全会提出"更加注重社会公平";十八大报告在公平问题上提出:"使发展成果更多更公平惠及全体人民","逐步建立以权力公平、机会公平、规则公平为主要内容的社会公平保障体系,努力营造公平的社会环境。"[①]中央对于公平和效率之间的不同提法说明,中央已经深刻认识到原来割裂公平和效率并没有将其和谐统一起来是有问题的,且关注公平和效率之间的关系应当从经济领域拓展到更加宽广的领域,在公平和效率的问题上应将注重效率转变为注重公

① 《坚定不移沿着中国特色社会主义道路前进 为全面建成小康社会而奋斗——在中国共产党第十八次全国代表大会上的报告》,《人民日报》2012 年 11 月 9 日。

平,因此十八大报告提出了"更公平"和"三个公平"概念。秉承这样的改革思路,征地制度的改革也要求立法重点从注重土地效益转为注重农民能否获得公平的对待和机会,只有将公平注入土地立法改革才可能从根本上解决"三农"问题。

3.反思集体土地关系主体的角色定位

在集体土地法律关系的定位上,国家从来没有真正将农民和农民集体作为集体土地的所有者,无论是国家土地立法、地方土地法规还是官员的执政政策,都将集体土地视为取之不尽的廉价资源,使用集体土地促进经济发展成为不成文的准则。在这样的指导思想下,当前集体土地的关系中的主体角色定位就必然发生错位——农民和农民集体本应作为集体土地的所有人和利益享有的最大主体,但现实情况是他们不但不能左右自己土地的命运,而且也无法在征地和土地发展中获得更多的利益;征地补偿款应该给农民一个更换职业或再发展的机会,起码是土地未来增值利益的平等交换,但目前的补偿款就只能维持农民的生活水平而不是提升他们的生活质量,这种计划经济的思维模式没有考虑到社会未来发展所带来的竞争压力和物价上涨等因素。

在土地的使用权被用地单位购得以后,集体土地的增值收益过程即告结束,此后土地增值的过程将和农民集体不再有任何关系,也就是说用地单位支付的出让金是集体土地增值的最高额度,这最高额度和农民、农民集体所获得的补偿款之间的差额,就是这样被政府占有的。政府,作为国家对内管理的执行机构,本应忠实地践行国家的整体发展战略并为本辖区内的公民谋利益,但地方政府更加看重对土地增值利益的占有,这就让政府从服务人民的角度,转变为和人民争夺利益的立场,成为土地征收的最大受益者。政府一方面维持着低征收成本,另一方面推高出让价格,虽然在这个买卖关系中是用地单位为最后的高价买单,但用地单位不会白白承担这高额成本,根据资本逐利的本性和供求关系等市场因素,用地单位最终将土地高额成本转嫁给了普通百姓,这在房地产市场的表现是最明显的。

（二）对现行征地制度的改革

集体土地征收应该是农民享受改革发展红利、提升社会竞争生存能力、改善生活水平和融入城市生活的最佳途径。为实现这一目的,应当以最大限度实现农民集体土地增值收益权为改革的出发点,对现行征地制度的方略和具体措施做出改革。

1. 将 GDP 与干部考核脱钩是征地制度改革的重要措施

虽然我国的干部考核机制和官员所在的地方经济发展联系在一起,但多数地方官员由于自身执政能力不足、执政环境不熟和日常事务繁杂,很难将全部经历投入到本地区的经济发展的思考上。地方政府官员为在任期内获得良好的政绩,更偏重于 GDP 的增长速度而不是方式,土地财政正符合这种短视的"懒人执政"的要求,其实质是以子孙后代的资源为代价来实现官员个人的政绩。对此,习近平总书记在 2013 年全国组织工作会议上强调:"要坚持全面、历史、辩证看干部,注重一贯表现和全部工作。要改进考核方法手段,既看发展又看基础,既看显绩又看潜绩,把民生改善、社会进步、生态效益等指标和实绩作为重要考核内容,再也不能简单以国内生产总值增长率来论英雄了。"①由此,中央传递出一个明显的信号,地方官员采用竭泽而渔的方式追求 GDP 发展的方式必须被叫停,务求"为官一任造福一方"。考核方式的改革必将有效遏制地方官员卖地的冲动,也将有效减少政府对土地非理性的投资。

2. 明确"公共利益"的判定机制

公共利益的判定是一个复杂的过程,即便是欧美等发达国家的立法也不能就公共利益的判定确定一个通行的办法,而根据他们的立法经验可知,公共利益的认定首先和本国的具体情况、经济发展现状、民族习惯和立法精神相一致,同时要经过合理的认定程序予以判定,最后就其实体正义进行审

---

① 习近平:《干部考核再也不能简单以 GDP 论英雄》,网易,http://money.163.com/13/0630/03/92JB7L4D00253B0H.html,2013 年 6 月 30 日。

查;对于施行判例法的英美法系来说,某些公共利益的案例是具有代表性的,但未必可以通行全国,如美国的新伦敦案对于公共利益的认定,尽管有布什政府的行政命令,但也仅有 21 个州宣布适用该判例,而其他的州根据自身情况采取了有条件适用的方式。具体到我国对于公共利益的判定,既不适宜也不可能由中央通过统一立法的方式予以认定,特别是地方政府在经济发展中有相当的自主权,对公共利益的认定更应当采用"程序认定"的方式——在用地单位提交用地申请之后,首先由政府组织相关专家、部门和第三方独立评估机构,就用地申请的合理性和项目价值进行评估;其次,召开由用地单位、供地单位、利害关系主体、专家委员会和热心于公益事业的其他各领域的公民代表参加的、相对广泛的听证会,就用地项目的公益性质进行审查并投票;最后,将听证会纪要在主流媒体予以公示,再次广泛征求全社会的意见,由政府收集意见并根据结果决定是否报批立项。这样的程序虽然提高了人力和时间成本,但最终的结果可能反映绝大多数人的意见,这才是广泛的公益性的体现。

3. 落实农民和农民集体的参与权

决定是否启动征地的权力主体是市、县两级人民政府,且都是通过政府内部工作程序,以各级党委和政府办公会的名义形成会议纪要并组织筹备的。这一决定被征土地和权利人未来命运的环节,但却没有倾听他们的任何意见,甚至没有让他们在场旁听,这样的程序是缺乏平等、透明和人性化的。

涉及被征地农民的法律程序是征地批准文件下达后的"两公告,一登记"程序,即只有征地申请被批准以后,被征地人才能了解到自己土地被决定征收的事实,而此时该征收决定以各级党委和政府办公会的名义形成会议纪要并组织筹备,在制度层面是不能被改变的。这样的征地程序使权利人的所有权完全成为虚设,无论是在实际权益的争取上还是在心理情绪的准备上,农民都失去了参与权和尊重。这就不奇怪为什么农民的情绪呈现出抵触、反感甚至是反抗。程序不合理、极不人性化的征地制度给国家和农民都造成了某种程度的伤害。

　　为了改变这种现状,《国务院关于深化改革严格土地管理的规定》(国发〔2004〕28 号文)第 14 条,将关于被征地农民知情、确认的有关材料规定为征地报批的必备材料,"在征地依法报批前,要将拟征地的用途、位置、补偿标准、安置途径告知被征地农民;对拟征土地现状的调查结果须经被征地农村集体经济组织和农户确认;确有必要的,国土资源部门应当依照有关规定组织听证。要将被征地农民知情、确认的有关材料作为征地报批的必备材料";国土资发〔2004〕238 号文《关于完善征地补偿安置制度的指导意见》第九条也规定:"在征地依法报批前,当地国土资源部门应将拟征地的用途、位置、补偿标准、安置途径等,以书面形式告知被征地农村集体经济组织和农户",即特别规定征地必须对被征主体进行书面告知程序。可见,告知征地情况、确认征地调查结果和组织征地听证会是行政法规规定的三个征地报批之前的必经程序,但这样明确的要求在现实中地方政府都是采取和村委会直接对接的方式敷衍了事,没有将具体工作做到农民个人。不仅如此,行政法规立法也存在明显失误,在国发〔2004〕28 号文第十四条中,对农民征地的"告知"是报批的要件,而不是结果;但在国土资发〔2004〕238 号第九条中,"在告知后,凡被征地农村集体经济组织和农户在拟征土地上抢栽、抢种、抢建的地上附着物和青苗,征地时一律不予补偿",告知更被视为是土地报批结果的认可,下位阶法律明显违背了上位阶的规定,在农民意见还没有反馈之前就剥夺了他们的话语权。

　　为了保证征地制度真正成为促进地区经济发展、人民生活幸福的有力工具,就必须要从一开始就赋予土地权利人介入征地活动的权利,因为土地权利人作为征地活动的利害关系人,他们的利益也当然属于公共利益的考虑范围,必须要倾听他们的声音,尊重话语权、参与权和知情权,将具体的工作做细致、做扎实,征地才能实现应有的目的。

　　4.调整地方政府在征地工作中的角色

　　地方政府是国家对内管理的组成机构,是国家政策得以贯彻的执行者,更是人民与国家之间联系的纽带和桥梁,特别是肩负着发展地方经济的重任,他的角色定位影响着多方利益。在当前的征地制度中,地方政府是一个逐利性较强的商人,这样的角色定位急需进行改变。在合理的征地程序中,地方政府应当成为如下三个角色:(1)程序启动的召集人。在用地单位提出用地申请之后,政府就应该承担起程序召集人的作用,召集各方主体参与到征地申请价值评估的讨论以及召开各方组织听证会。政府承担这个角色的根源在于,每一项涉及人民利益的社会活动都是政府的职责范围,也只有政府有权组织具有公信力的召集活动。(2)利益关系的协调方。一旦政府将自己从土地买卖中解放出来,政府的关注点就是如何平衡协调征地活动的各方利益。在市场经济条件下,用地和供地双方自然要为自己的利益争取最大化,就会出现土地价格与价值的偏离,政府应当居中协调,让各方在合理的利益区间达成一致,实现多方多赢的局面。政府虽然没有得到真金白银,但在本地区促进了社会稳定和经济发展,这才是真正的收获。(3)契约行为的监督者。征地行为进入到实质性阶段后,双方主要的义务就是搬离土地和支付对价,政府首先应当督促用地方尽快支付对价以保证土地权利人的利益,因为农民相对于用地方来说是弱势群体,又缺乏有效的组织和协调,只有政府才能有效地成为农民要求对价的代言人;对于用地方而言,政府也承担了组织农民搬离土地的责任,可谓是"一手托两家"。政府应当通过这样的协调行为,在社会中大力宣扬契约精神和诚信交易行为,以促进市场经济的良性发展。

我国地方政府尚不能单纯做"守夜人",因为我国的市场经济尚不发达、契约精神尚未形成;政府在经济活动中也不能太过积极主动,政府在经济活动中的特权应主动给市场经济规律让位;政府最应做的就是制定合理合法、操作性强的制度规定,以代替行政干预而实现科学的社会管理。

5. 创新集体土地开发利用的方式

当政府放弃对土地利益的追逐,用地单位和供地单位就可以直接面对面地协商用地事宜,这种制度模式将给土地市场带来根本性的变化,土地的定价不再由不必付出任何代价的第三方决定,而是由当事双方决定;建设项目的用途也必将是对多方有利的开发用途,既能照顾公共利益,又能给开发者和原权利人带来收益。为了达到多利益的最大化,双方也完全可以根据自由协商的方式对土地进行开发和利用,对于精明的商业主体来说,土地的最终所有权对双方的利益没有任何影响;反而对于土地的使用方式,才是讨论的焦点——如用地单位坚持将土地的使用权完全归于己方,既承担高额的出让金,又要对农民进行安置,这些都提升了土地使用的成本,无论对于工业开发和住宅建设等项目来说都形成了资金的成本和压力,很显然是不合算的;但如果采用合作、租赁和入股的方式,将农民集体所要求的对价转换成为股权、租金或者实体投资,不但能有效降低资金成本,而且还能让农民通过获得股息、租金收益等方式提升生活水平。因此,转换集体土地开发利用的方式,也是创新集体土地开发利用的一个有效途径。

第六章

非农用地融资权的研究与重构

融资即资金的融通,是市场经济主体在金融市场上进行的资金的筹措和贷方行为,也就是通过借贷、集资、租赁、入股等方式进行的资金的流通和合并,也就是说广义上的融资是资金在需求和借贷主体之间进行的双向流动;《新帕尔格雷夫经济学大辞典》将融资的概念作了缩小解释,融资是取得资产和获取货币集资的手段,即货币需求者单纯的资金筹集行为。农民的农地融资权是指农民基于农用地和非农用地使用权的经济性特征,将其作为资金融通工具,与货币资金持有者进行的直接或间接的资金融通的权利。这是农民作为经济主体应当享有的基本权利,同时也是农民和农业再发展的持续动力。

一、非农用地融资权基础理论

（一）研究范围的界定

在当前的中国农村,农民货币很少,虽然民间借贷在农民中间比较流行,但总量不大,不能成为农民融资的主流,更多的农民还是选择通过金融机构筹集资金。因此在本书的研究范围中,融资采狭义定义,即农民为实现正常生活和扩大再生产,在自身资金不足的情况下从外界获得的必要资金的融通活动;本书所指的融资行为是特指将土地使用权作为标的而构建的新型融资行为,这里的土地使用权涵盖农村所有的土地,即包含农地和非农用地。

非农用地是指农业用地和暂时难于进行农业利用的土地之外的土地,根据我国农村用地一般办法,非农用地一般包括农村聚居区、工矿区、自然文化保护区、非城市乡镇等土地,都是不直接用于农业生产的农村集体土地。本书中,非农用地的范围将做缩小解释,仅指农村宅基地和农村非农建设用地。前文已经论述了土地承包经营权的可抵押性,就说明集体土地和城市土地一样是可以具有融资功能的;如果说农业生产、居住、办厂和副业生产是农用地的基本用途,那么融资就是其为适应市场经济而拓展出的新功能。因此,农民的农地融资权是指农民基于农用地和非农用地使用权的经济性特征,将其作为资金融通工具,与货币资金持有者进行的直接或间接的资金融通的权利;基于土地承包经营权而设立的融资权不再赘述,这里重点探讨基于非农用地使用权为标的而构建的新型融资权。具体来讲,包含宅基地使用融资权和集体建设用地使用融资权两种。

(二)非农用地融资权是农民的基本权利

1.融资权是农地所有权人的法定权利

农民集体土地所有权的权能属性和一般所有权相同。将集体土地根据成员需求进行流转并获得融资,是运行所有权上收益权能和处分权能的体现,是由最高位阶法律规定并予以确认的基本权利。融资权的存在符合基本法理,出让使用权也正是一个自由的法律主体所应当具有的权利。无论是采取何种融资方式,都不会改变土地的性质和使用方式,保证了国家的土地政策的施行和最终处分权的实施,维持了国家整体发展战略;而出让使用权也正是一个自由的法律主体所应当具有的权利。在特殊的历史时期和在我国国家权力扩张的影响下,农民集体基本权利的行使受到了抑制,但这并不能否定权利存在的合法性和基础性。因此,行使融资权是农民集体的正当权利。

2. 融资权是农民和农民集体应当享有的一种发展权

农民通过使用土地进行农业生产所获收入基本被农民生产生活的成本和重复再生产的投入所消耗了,由于缺少有效的融资手段,农民通过在土地上的基础性农业生产所得,再进行扩大生产或者开展多种经营的后劲,由于收入的限制而明显不足;农地耕种所获得收入具有不确定性,抗风险能力差和市场预期的能力不足都可能吞噬农民相对微薄的积蓄;资本市场运行的复杂性也阻却了农民融资的脚步,从整体来讲,当前的农地制度仅能维持农民的基本生存。

国家为国民提供公平的发展机会和整体发展带来的利益,是国家应当承担的义务和责任。从我国当前的实际情况看,农民的发展权有着较大的缺失,不仅是农民被剥夺的人权的一部分,更是国家权力侵犯公民权的一种表现。以融资权形式赋予农民同等的发展权利,是现代法制进步的要求,也是公民权利实现的过程;从促进阶层和群体发展的角度上看,国家承担了改变公民生存权机会的义务,有利于推动社会的整体发展。

3. 融资权是应赋予农民和农民集体的平等竞争权

在计划经济时代,国家对于农业生产的计划性政策是对农民追求平等的限制,但同时又成为农民规避市场竞争的制度保护伞;在市场经济阶段,农民经济能力的先天不足必然导致面对市场竞争时表现出弱势。现代的经济法律体系的一个重要职能就是在国家整体发展的层面上,弥补自由经济带来的制度性不平等,通过实现起点公平、规则公平和机会公平的方式,为所有的经济参与主体创造公平竞争的环境,实现个体与社会整体发展的和谐。融资权是参与市场竞争的基本前提,我国的融资制度设计主要以服务城市和工商业为核心,融资模式基本采用以私有财产为对价的方式,而由于历史和制度原因,我国农民基本上没有什么私有财产,这就从根源上剥夺了农民参与平等竞争的权利。农民是农村经济的直接推动力,对于我国这样一个人口众多、以农立国的国家来说,粮食安全是保证国家稳定发展的重要前提;拓展农村融资市场,不但可以提升农民的市场竞争能力,同时也为金融机构提供了更广大的业务空间;农民从平等的制度设计中获得竞争的动力,可以促进农业的改革进步并保证金融机构的资金安全,而这种多赢的局面正是一个以科学发展观为指导的政府所应当设计和构建的。

(三)西方主要发达国家农业金融制度经验

融资权能够赋予农民重要的资金支持,提升技术创新的水平和降低农业生产成本;提高农民的福利水平,改善生活质量;拓宽农民就业的领域,推动国家城市化的进程。融资权的有效作用在西方国家的发展历程中被实践有力地证明并不断地进行改进和完善。到目前为止,西方主要发达国家都形成了一套适应本国发展的农业融资法律体系。

美国的综合性农业融资体系由商业性农业金融、合作农业金融和政府农业金融构成;联邦土地银行、联邦中期信用银行和合作社银行组成了美国农业金融机构组织;《联邦农业贷款法案》、《农业信用法案》、《联邦农作物保险法》,共同构成了美国金融法律体系的主干;政府则在以税收、政策性资金发放、直接补贴和准备金梯度差异化为主体的农业金融构建中起到了重要的引导和支持作用,推动着美国农业金融改革的良性发展。日本在制定完善的金融法律法规、提供政府对农业发展的支持和建立专门的"涉农"机构的同时,特别值得注意的是成立了全国范围内的农协系统,不但推动了农户的高度组织化,而且直接参与对农民的金融信贷支持,得到了农民的支持和拥护,充分发挥了支农的作用。作为世界上最早建立农业金融体系的国家,德国建立了世界上第一家农业合作金融组织,建立了完善的风险控制体系,金融机构有严格的管理制度和审计、自律体系,在严谨完善的立法体系和专门机构的监督管理下,通过国家财税支持甚至是政府直接参股的形式,保证着农村合作金融体系的有效运行。

西方国家已经成型的现代农业金融体系展现了政府引导下的、金融机构、农业经营主体和现代融资体系的较好的结合,特别是在制度构建方面有很多值得我国借鉴之处,如西方国家的农业金融体系是在国家法律支持和政府政策引导下建立起来的,政府是制度的支持者和经济活动的参与者;西方的银行业作为一项独立的产业有着相对较高的自由度,在业务的开展上有较大的独立性;西方的农民拥有着独立的私有财产和极高的经营自由度;特别是西方国家的农业金融体系都建立在以土地私有为核心的制度上。这些都与我国的国情有着本质的区别,因此,在法律的继受和移植方面是应当特别予以注意的。

(四)构建符合我国国情和农民利益的新型融资权

由于土地制度的稳定关系着国家整体发展战略、农业安全和九亿农民的生活,中央对土地政策的调整始终保持着谨慎的态度,但这并不妨碍地方政府对农业融资权的研究和探索。温州市于 2013 年出台了《温州市农村产权交易管理暂行办法》,在农村产权融资方面迈出了探索性的一步,第十二条规定:"农村产权交易服务范围主要包括:(一)农村土地承包经营权……(四)农村集体资产所有权……(六)依法可以交易的农村房屋所有权……(十二)其他依法可以交易的农村产权",①将目前在立法和实践领域处于融资边缘化的土地承包经营权和宅基地上房屋作为可以交易的对象。但该条款在规定农村房屋所有权交易的同时却没有规定相应的宅基地使用权如何处理,和我国"房地一体"主义相违背,使宅基地使用权仍旧成为立法领域悬而未决的问题。当然,作为地方政府的尝试,在制度构建上因需满足各方利益和博弈还是有所让步,如其第四章规定的交易行为规范的部分,既提出了成员大会对农村集体产权具有决定权,又赋予了政府对交易行为更高位阶的决定权,使得政府不但有权控制交易价格,甚至可以中止或终止整个交易行为。这说明地方政府对制度改革的探索仍旧在主观上不愿放弃行政权力的特权属性。

2014 年 9 月,习近平在中央深化改革领导小组第五次会议上发表关于农业改革的重要讲话,核心内容就是要通过深化农业土地制度改革,解决好农村和农民问题,走出一条具有中国特色的农业现代化道路。习近平的讲话重点涉及了农业生产领域的"三权分立"、发展规模农业、尊重农民意愿

---

① 《温州市人民政府办公室关于印发温州市农村产权交易管理暂行办法的通知》,温州政府网,http://www.wenzhou.gov.cn/art/2013/8/22/art_4741_9641.html,2013 年 8 月 22 日。

等问题,特别是提到了要积极发展农民股份合作、明晰产权归属、完善各项权能、激活农村各类生产要素潜能。这说明中央已经认识到长期以来农村出现的产权不明、权利主体真空的情况已经制约了农村各项事业的开展,而这正是长期以来学界在一直探讨的赋予农民更多的财产权的核心所在。根据当前的土地制度,农民个体不拥有集体土地的所有权,也没有任何符合现代金融制度的可用于融资的财产,政府对农民融资保持着严格的管控,农民集体的虚位无法在农民融资中发挥主体作用,因此,如何将中央深化改革的精神落实到具体实处,就是学界和政府应当共同探讨的问题,这也是本书在当前制度框架下,探索符合我国国情和农民利益的融资权构建的理论前提。

二、宅基地使用融资权

城市居民拥有着对自己房产及相应土地使用权进行完全处分的权利,在土地资源日益紧张的今天,成为家庭重要的投资、保值的财产。相比之下,法律直接否定了农民宅基地使用权流转的合法性,缩小了农民的融资渠道,形成了农民私有财产融资的障碍。

(一)宅基地使用权相关概念及特征

什么是宅基地,法律并没有给出确切的定义,学界也没有形成一致的通说;就从长时间的实践经验并结合我国的土地制度而言,宅基地就是集体土地所有者依法分配给其成员用于兴建住宅及辅助生活用房的农村集体土地。对我国农民而言,宅基地使用权是一项极其重要的权利,《中华人民共和国国家标准土地基本术语》(GB/T19231—2003)将宅基地使用权定义为:"经依法审批,由农村集体经济组织分配给其成员用于建筑住宅及其他有关附属物的、无使用期限限制的集体土地建设用地使用权。"[1]从上述概

---

① 《GBT19231-2003 土地基本术语》,文档资料库,http://www.03964.com/read/c82fa276d202815a362fa1fe.html,2015 年 1 月 12 日。

念并结合宅基地使用权制度的演变过程可以看出,宅基地使用权相对于一般土地权利又有着更加明显的特征:

首先,更稳定的权利归属。宅基地使用权的权利主体仍旧仅限于农民集体内部的成员,即只有农民集体内部的成员才能享有;但宅基地使用权较其他土地权利又有着更加明显的区别:对于生活场所和财产的保护是个体家庭最为珍视的价值,因此宅基地使用权不设定使用期限、宅基地位置非因不可抗力而不进行调整、禁止向本集体以外的成员进行流转等,这些制约都让宅基地使用权具有更稳定的归属和极强的封闭性,形成了现在农村极为稳定的居住权。这样的权利特征一方面保证了"一户一宅"的最基本生活需求,另一方面也在实践操作中对宅基地使用权的流转预设了较大的现实阻碍。

其次,无对价的绝对福利。农村居民取得宅基地完全是无偿的,1990年国家土地管理局曾就宅基地有偿使用进行试点,拟遵循宅基地使用费"取之于户,收费适度,用之于村,使用得当"的基本原则,对宅基地使用费进行专项管理,对超标用地和级差高的地段要根据实际情况收取费用,这在一定程度上增加了农民的经济负担。本着发挥宅基地使用权具有极强的福利性的特点,1993年国务院发布《关于涉及农民负担项目审核处理意见的通知》一文,正式取消了宅基地有偿使用的试点工作,明确了宅基地的使用不必支付任何费用;尽管学界在《物权法》制定中就宅基地无偿使用提出过不同看法,但在我国当前农村经济发展水平和城乡二元结构仍将长期维持的大背景下,宅基地无偿使用是符合我国国情和农民基本利益的,是一种适宜的制度安排,也成为我国社会制度内少有的绝对福利。

最后,严格的法律限制。因宅基地的使用主体特定、范围的严格控制和绝对福利性,就决定了该权利主体必定要受到严格的限制而以免成为人人都能享受的福利快餐:在该权利的处分方面,受让方式只能是通过转让房屋才能将宅基地使用权一并转让;在受让主体方面,有资格接收转让的只有本集体内部成员;在出让主体权益方面,原使用权人在出卖、出租住房后不允许再申请宅基地,转让宅基地上房屋也就同时丧失了申请宅基地的资格;宅基地使用权不能作为抵押权的标的,同时也不能如私有财产一样予以继承。严格限制虽然最大限度保障了这一福利性权利不被农民滥用,但也制约了农民对私有财产进行融资的需求。

(二)限制宅基地使用权流转所引发的问题

宅基地使用权制度的立法目的在设计之初,更为关注的是对农民生活的保障,在可预见的我国长期形成的城乡二元社会结构中,宅基地使用权的限制性流转实质上就是国家实现对农民的最低生活保障的承诺,但在农民融资等方面也带来了一定的障碍。

1.限制了宅基地使用权的资产功能,为农民融资带来困难

进入到市场经济阶段,随着农民生活水平的提高,保障基本的居住条件已经不再是迫在眉睫的问题,土地本身的资产性功能被激活,逐渐成为能够为权利人带来经济利益的财产;从实证的角度上看,我国土地市场和基础建设对土地的需求十分旺盛,这为土地作为生产要素进入市场流通领域奠定了坚实的现实基础,按照亚当·斯密在《国富论》中的理论,只有通过市场这只"看不见的手"进行流通和引导,才能将土地等生产要素转变为财富,也就是说土地作为保障性要素的静态归属对于创造社会财富毫无意义。对于宅基地使用权流转的严格限制,就是限制了宅基地的生产要素功能。在经济体制的转轨中,作为集体土地所有者和市场经济主体的农民,对于将手中经济价值如此重要的土地进行有价流转的需求是十分迫切的;无论是在农业生产还是在个人消费环节,持续稳定的资金来源都是农民需求的必要保障。限制宅基地使用权流转使土地这一稀缺资源在产权主体手中无法被有效配置,是一种资源配置的低效和浪费;忽视农民对宅基地使用权保障性功能需求的减弱是立法滞后的体现,无法盘活土地在农民个体经济发展中的融资作用,成为农村经济发展的阻碍。

2.法律的模糊规定诱发宅基地使用权的隐形流转

我国法律体系关于宅基地使用权转让的规定并不一致,特别是在法律位阶上规定较为混乱:一方面,《宪法》和《土地管理法》并没有明确禁止宅

基地使用权的转让,《宪法》第十条和《土地管理法》第二条第三款都允许土地使用权可以依法转让,并没有就宅基地使用权的转让予以单独规定或者限制,这就没有封闭宅基地使用权转让的大门;但《物权法》、《担保法》及相关政策却又严格限制了宅基地使用权的流转,《物权法》规定宅基地使用权的受让人只能是本集体经济组织内部成员,并且不能进行抵押,国务院发布的《关于深化改革、严格土地管理的决定》第十条明确禁止城镇居民购买宅基地,《担保法》第三十四条、第三十七条也规定宅基地使用权不得抵押。

法律规定的模糊和冲突让宅基地使用权的流转进入了无序、隐蔽的状态,农民在眼前利益的驱使下采用"打擦边球",建设"小产权房"以出租或出售的方式获得宅基地使用权隐形流转的经济效益。这种方式无法在权属登记上显示农民是否失去宅基地使用权,而且基层政府主管部门并没有能力对宅基地的实际使用情况进行有效监管,同时在日常实践中农民利用乡村熟人社会特有的感情纽带,在某一户转让房屋的同时由全体村民在"转让协议"上签字按印以示认可,由此来保证买受人的实际使用权不受侵犯。根据"房地一体"的基本原则,在宅基地上房屋出卖或出租以后,相应所占用的土地自然也由买受人使用,宅基地的使用权就归属于买受人,农民集体的土地财产实际上出现了流转。

3. 限制宅基地使用权的流转导致土地资源浪费

在尝到隐形流转带来的甜头以后,农民加大了对宅基地改造和使用的力度,通过不断提升地上房屋的建设规模,以此来获得更多的流转收益,这就让农村整体建设规划难以实现;在土地资源十分紧张的情况下,由于宅基地使用权转让的成本较低、收益较高,农民以"成家分户"的名义,在"一户一宅"政策的掩盖下公然侵占耕地等资源,因此在宅基地资源十分匮乏的地区,侵占耕地的做法让农民趋之若鹜。随着经济的发展,更多的农民选择走出去、到城市里打工甚至买房定居,农村的老宅已变成空巢甚至被荒废,由于缺少合理的宅基地使用权退出机制,一方面需要住房的农民侵占耕地,另一方面不使用的宅基地闲置荒废,形成了土地资源的巨大浪费。在海口市灵山镇,面对"你是否愿意买长期不用的空闲宅基地"的问题,村民刘胜的回答代表了大多数村民的想法："以前分了的地就是人家的地,是祖宗地,那是人家子孙的。我要是没地盖房子就会找村里说,要不先盖了再说。"就是因为对宅基地的保障性特征的过分强调,激发了农民对占有宅基地的强烈欲望,加之集体土地所有权主体不明、管理主体不明和乡土社会的自然特征,对宅基地的管理实际上已落后于当代对土地资源利用的要求。

(三)限制宅基地流转的原因分析

限制宅基地使用权流转是兑现国家对农民政治契约的一部分。我国农民无论是在国家成立时还是在建国发展后,都做出了重要的历史贡献,作为一个负责任的党、作为一个以实现全体人民共同富裕为目标的政权,党和政府当然将兑现对农民的政治契约作为政策制定的重要出发点,随着土地作为最有价值的生产资料,自然吸引着城市闲置资本的流入,国家强制限制宅基地使用权流转的本意就在于硬性实现"居者有其屋"的基本政策,保护农民的基本居住需要。

1. 确保农民的居住权,维护社会公平、稳定

科学的国家对内管理制度不会一味地偏向于某个阶层或团体,对于农民来说,正是因为无法在经济上和城市居民竞争,才拥有了免费使用福利性宅基地的资格,而城市居民获得一处住房是要付出一代人甚至几代人的积蓄,相比之下如果放任宅基地使用权的流转,将出现农民获得无对价收益的不公平局面,出现社会阶层对资源占有的不公平,这与共同富裕的基本目标是相违背的。同时,宅基地使用权的随意流转可能会吸引大量城市资金的流入和居民的迁入,将会对城市的房地产市场形成冲击并引发一系列经济问题,而按着目前房地产经济发展的模式来看,受损最大的主体将是银行业,这也将威胁国家经济的基本安全和社会稳定。

宅基地使用权被赋予的最重要的特点就是使用期限的无限性,这符合保障农民居住权的制度设计。虽然都属于集体土地所有权制度框架,但由于"家"的私密性就导致宅基地使用权不可能出现使用期限的限制;特别是在集体土地主体不明、管理者权限不明的情况下,宅基地实际上成了农户的

个体"私产",土地的使用和房屋的建设倾注了农民的个体财产和意愿,比照土地承包经营权规定使用期限当然也是不现实的。因此选择宅基地使用权相对稳定的制度设计,符合国家对内管理的立法精神和基本目标。

　　2. 配合国家进行农村管理的制度工具

　　在国家经济发展的起步阶段,农业所产生的财富都被国家通过人民公社制度控制并提取了,如果没有农业持续稳定地向国家提供对工业发展所需的资金和资源,国家的工业建设必将处于停顿甚至倒退的状态。农民作为社会生存的主体,也同样希望能够过上更幸福、轻松并有保障的生活,这是人作为社会性动物的本能追求;但城市无法吸纳如此庞大的人口,农业生产也无法承受劳动力减少带来的冲击。因此,在特定的时间和制度背景下,能够稳定农业生产、有效控制农村稳定的方法,只有将农民固定在土地上并单纯从事农业生产。在人民公社解体后,这一政治目标是由多个制度配套完成的——户籍制度剥夺了农民迁徙的自由;集体土地承包制将农民的生存权限定在土地经营上;宅基地制度为农民提供稳定的居所。时至今日,国家仍旧没有将农民纳入同城市居民同等的社会保障体系,虽然拓宽了农民增加收入的渠道、放宽了农民迁徙的限制,但农民还是无法同城市居民同等竞争;想要提升农业生产水平、调整产业结构、开展养殖副业经营并实现农业生产的现代化,需要大量的资金支持,一般农户外出打工的收入和小额信用贷款无法填补这样的资金缺口,而农民尚存有价的财产就只有宅基地和房屋。为防止农民居无定所而失去最后的保障,即便在国家启动户籍制度改革的当下,宅基地制度作为保障农民最基本生活需求的最后一环,严格的限制流转仍旧没有改变。

　　3. 政府理性决策的欠缺,制度设计落后于经济发展

　　将自己作为参与经济活动的普通主体、不追求自身经济利益的最大化、着重引导市场的完善并尊重经济规律的作用、限制政府权力并尊重民事权利的理性政府,上述目标在我国至今尚未完全形成。在"三农"问题上,国家在特殊时期所制定的政治、经济和社会管理目标,就只能通过政府权力控制农村、固定农民和牺牲农业的方式来完成,这具有历史的局限性。

在新的经济形势下,农业生产发生了较大规模的变化,发展多种副业经营、引进机械化设备耕种甚至是以合伙、合资、公司的方式耕作土地,这些新现象都预示着农村的产业结构和资金需求将发生巨大的变化。农民作为理性的经济主体,当然会关注融资活动可能产生的风险,毕竟性格保守、行事稳健和抗风险能力差的农民是绝对不会用土地去进行风险巨大的赌博,因此和构建土地承包经营权流转制度的道理相同,农民失去宅基地是具有相当的或然性的。

(四)增强宅基地使用权的流通性以构建农民的非农用地融资权

发挥非农用地的融资作用对于拓宽农民的融资渠道、推进农业现代化和提升农民的市场竞争力,都有着重要的作用;发挥宅基地使用权的财产性和流通性,符合权利的一般特性和时代发展的特征。但我国人多地少,土地资源的有限性和土地的特殊属性决定了随意的制度变更都有可能带来一定的社会风险,因此要构建以宅基地使用权流转为基础的非农用地融资权,就必须要制定合理的制度规则和行之有效的操作办法,以控制可能出现的社会问题。

1. 构建宅基地流转融资权的法律原则

宅基地流转融资权的建立是农民拓宽融资渠道的重要手段,但由于涉及的土地性质和用途特殊,必须要在制度设计前明确如下的基本原则:

(1)权利自由与国家干预适度结合的原则

权利自由是构建合理权利产生和运行的首要原则。作为国家赋予权利人的一项基本权利,权利人有权通过自己的自由意志决定是否行使权利、如何行使权利并何时终止权利运行的自由,这一原则的确立实质上是排除国家权力和其他民事权利的滥用,以免对权利人的利益造成损害。由于农民集体是宅基地的真正所有者,根据我国当前的土地制度,除了无法对抗国家征地权,对于由政府或其他主体主导的"宅基地换房"等试点工作,都应当有自由决定的权利。实践中,海口某高校在校园建设过程中,曾提出对坐落在其规划范围内的海口桂林洋开发区黑矿村进行宅基地置换校内楼房的计划,该校的建设项目属于当年的海口市重点项目,因此该计划得到了当地基层政府的支持,最值得称道的是,无论是拥有国家权力的政府还是在经济上处于强势的高校,都没有对村民的自由选择施加影响,并最终接受了村民大会做出的拒绝置换的结果,出现了海口首个"校中村"。

但尊重权利人的自由意志,并不是赋予农民以绝对权利,随着"社会本位"的弘扬和"个体本位"的局限和修正,宅基地流转融资必须在国家相关法律的合理框架中才能发挥最大效力,这就是国家适度干预原则。自我国文明诞生至今,我国一直是典型的农耕国家,农业和农民在社会生活中占据着极为重要的地位,而维系国家和农民良好关系的标志就是合理的土地政策。历史上时代更替、王朝更迭都与土地政策有紧密的联系,严苛的土地制度和大量的土地兼并往往是社会矛盾激化、民众斗争的导火索。可以说对土地的占有一直是我国民众的传统心理。通过提升宅基地使用权的流转以进入融资市场,如果没有国家的适度干预就很可能出现土地的盲目流通和大规模囤积;而国家适度干预并不是要求国家对每一次宅基地流转都进行合理和合法性的审查,而是要求国家制定合理的制度规则,如宅基地使用权流转的前提设置、具体的方法和规范、权利和权利人的利益保障机制、冲突的协调机制和其他相关配套机制,设立相关机制的目的并不是要限制权利的运行,而是要通过预测权利运行可能出现的问题,通过合理的制度设计来避免农民权利及公共利益受到损失,使国家对土地资源的总体规划和农民基本利益达到协调与平衡。因此,权利自由与国家适度干预是制度建构的起点,反映了制度设计不同环节应遵循的基本准则,是不能割裂的内在统一的整体。

(2)土地财产属性的无差别对待原则

由于我国长期实行的城乡二元体制,导致土地存在着国家所有和集体所有的不同待遇:前者在流转程度上更强、规划性更科学、资本属性更为明显,在不断的流通过程中为权利人和使用人带来了更多的收益;相反,后者由于受到更严格土地立法的限制,流转程度极低、资本性削弱而保障性明显,难以形成融资能力,无法同国有土地一样形成经济效益。土地的稀有和不可再生是不可改变的现实,城市土地在多重因素的作用下价格飞涨,不仅对城市居民的居住要求产生了影响,而且极大地提高了工商业运行的成本,而数量相对更大、价格更低的农村土地却因法律限制而无法随意使用,形成了同样土地的不同待遇。

要从根本上扭转这种不合理的土地利用发展局面,就应当建立全国统一的土地市场,对国有土地和集体土地实行无差别的对待,无论土地的主体如何、性质如何,应当遵循全国统一的土地利用规划,打破主体限制而进行统一合理的利用。土地的地理位置和开发程度也是影响土地利用效率和价格的重要因素,相比于城市土地已形成的配套服务体系和优越的地理位置,集体土地肯定无法在市场中获得与城市土地绝对等同的使用价格,但要实行与国有土地无差别的土地政策,是集体土地走向科学发展的重要前提,也是推进农村经济主体身份改革和权利平等的重要表现。

(3)实现程序正义,维护效率优先

在特殊时期,国家要实现对农村、农民的全面控制,要实现对农民"居者有其屋"的政治承诺,就必须遵循"公平优先"的立法价值选择。《土地管理法》第六十二条规定了至今作为农村宅基地使用权分配最高标准的"一户一宅"原则,该条款明确规定农民以"户"为单位才能使用一块宅基地,明确昭示了农户宅基地使用权分配基础的公平性。该条款所体现出的立法价值选择和所维护的社会正义精神,完全符合国家计划经济时代的思维方式和社会管理模式,因此在相当长的时间内为稳定农村社会、满足农民居住需求起到了重要的作用,不少学者至今仍将"一户一宅"视为农村宅基地改革的基本原则。

由于对该条款没有做过多解释,其确立的"一户一宅"原则被部分学者视为阻碍宅基地制度改革的最大障碍,这是对立法意图的误解。首先,"一户一宅"只是宅基地使用权原始取得的限制,在农民集体为成员分配宅基地的时候,以户为单位进行分配是最基本的原则,但这仅限于对个体农户首次参加对集体宅基地的分配,并不应当对于继承、赠予等其他流转方式的限制;其次,国家并没有对"户"的概念进行明确界定,不但因为这是难以界定的,更重要的是国家实质上将具体认定的权利赋予了农民集体,这种故意的立法留白是为制度的执行预留弹性空间;最后,"一户一宅"所规定的其实是"农村主体有权申请多少宅基地"的资格准入原则,是一种资格审查程序启动的基本要件,是一种程序正义,而不是很多学者认为的"一户农户只能拥有一处宅基地"的现实考量结果。在宅基地使用权流转制度的改革上,充分关注构建一种能够充分发挥宅基地使用权的资本属性和融资能力的良好制度,不但能够尊重当前农村宅基地的现实情况,更尊重了农民集体对于农村土地的意愿和处分权,能有效防止非法圈积土地行为的发生,而最重要的是,通过操作性极强的合法程序保证了农民权利和法律价值选择的实现。

(4)合理的利益分配与义务承担原则

作为福利性极强的成员权,农民获得宅基地使用权是无需付出任何费用的;而宅基地使用权和农民的日常生活息息相关,又具有相当强的私密性和自主性,农民依自由意志进行流转确无不妥。但如果允许农民完全占有获得的流转收益,则成为完全不需付出对价的单方获利,这不符合市场经济的等价有偿原则,更重要的这是集体财产的变相损失。因此,农民和集体之间利益分配比例的确定是十分重要的,这不但是农民作为集体成员所应付出的对等利益,更是集体土地财产价值的保护和增值方式,对于集体共同事业的发展都是有推动作用的。尽管这样的利益分配机制在多个试点地区尚无定论,但只要比例界定合理,必将在保护农民和集体土地利益方面实现双赢的局面。

以宅基地分配形成的农村社区具有极强的成员性特征,这里的成员性特征并不是指狭义的农业身份,而应当扩大解释为在农村社区里生活、能够融入该地域特有的地区氛围,并承担相应社区义务的集体成员身份。对于农民本身来说,有权利分配宅基地是基于户籍上的身份;对于宅基地的买受人来说,要融入农村的熟人社会,不但在法律上要征得全体成员的同意,而且要在感情上获得成员的支持。由于农村人员构成血缘关系较近、排斥外人介入,要得到其他成员的认可就必须承担相应帮扶义务和团体责任,从这个角度上来说,宅基地出让方所应承担的社会义务应当转由买受方负担。

后者作为新的生活团体的成员,应当遵守相应的村规民约、负担社区管理费用,这和城市居民交纳物业费并遵守小区公约的道理是相同的,只不过这是买受人获得全体成员同意宅基地转让的先决条件之一。

2. 构建宅基地流转融资权的具体措施

宅基地流转融资权是农民的私有权利,符合一般的权利结构,应当从权利的主体、客体等方面进行科学的规定,并设定权利的保障及退出机制。

(1)重构各法律主体的权利义务关系

宅基地使用权一旦进入融资领域,就是进入一个开放的土地流转市场,既然是通过市场流转,就应当遵循市场经济的一般规则,首先必须要明确交易主体的市场准入条件。宅基地使用权的流转具有一定的特殊性,在法律关系上除了流转双方,还涉及宅基地的实际使用者。

根据宅基地制度的程序设计和农村的现实生活情况可知,宅基地流转的实际启动者是土地的使用人而不是所有人,因使用人有着融资的需求,才将使用集体宅基地的权利予以流转。这个法律关系中使用权的出让方一定是在农民集体中有权分得宅基地的农户,而不是这个家庭中的某一个成员,因为宅基地的原始取得是以户而不是以农民个人为单位的,这是一个不可分的、共性的处分权。部分学者认为应该给流转宅基地使用权的农户设定某些限制条件,如应当有稳定的收入来源、在城镇有稳定的住所等。设定这些条件的初衷显然没能理解宅基地使用融资权设定的意义何在,如果农民拥有城市住房和稳定的收入来源,就可以正常办理银行贷款手续;城市居民在抵押自家房产的时候为什么法律没有规定如此多的限制?农民融资是为了开拓农业发展的新局面,任何尝试都是有风险的,但也就是因为有风险,才能锻炼农民应对市场风险的能力。因此,失去自家住宅固然是有风险,但这正是一个理性市场主体应该拥有的判断能力。

作为宅基地实际所有人的农民集体,拥有对宅基地使用权的流转的最终处分权,当农户和受让人达成流转意向以后,只有农民集体才有权利签订流转协议;反之,权利人和受让人之间的任何协议都是无效的,都违反了基本的法律规则,因为农民集体才是宅基地使用权流转的真正出让方。

我国现行法律规定,受让人的身份只能是同一集体的内部成员,这就对流转的范围进行了限制,虽然由同一集体内部成员作为受让方可以有效地防止集体土地资源外流,但一般成员的经济能力有限,对需要大量资金的农户来说难以起到有效的融资作用,显然失去了立法所期望达到的目的。因此,在保证不改变土地使用用途、能够承担相应的社会性义务,并能够为农民集体所接受的情况下,受让主体的身份不应受到限制,正规银行等金融机构、民间金融机构和城市居民等都可以成为流转的受让主体。

(2)明确融资权的权利客体及属性

宅基地使用融资权是基于宅基地使用权的流转而建立起来的,在这个法律关系中,宅基地使用权的流转是融资权的客体。有学者认为,放开宅基地使用权对集体之外的主体流转将导致集体土地财产的流失,这一论述显然是误解了宅基地使用权的权利特征,宅基地使用权和国有土地使用权一样,在流通领域只改变了使用权的权利主体,不涉及所有权领域的变动,完全不可能出现集体土地资源流失的情况。

现阶段社会经济的发展较之前发生了较大变化,宅基地的财产性特征较保证性特征更为突出,这不但体现在农民将大量的资金投入到房屋的建设上,而且面积更大的宅基地也能够在土地征收过程中获得更多补偿;对于已经在城镇购房定居的农民来说,农村的宅基地仍然是自家财产的标志,乡村邻里之间默契的约定保证了这些房屋和土地不受侵占;宅基地及地上建筑物作为遗产流转给继承人,虽于法无据,但实践中已约定俗成;由于宅基地及地上附着物本身就是属于农户的家庭财产,即便在家庭成员分户另立之后,仍旧有权利占有原有的老宅,就在现实生活中直接打破了"一户一宅"的规定,导致一个大的家庭拥有多处宅基地的情况,而通过合理的继受取得,这种情况并不违法且成为农村常态。

上述情况表明,宅基地使用权作为一种私权属性极强的财产性权利的特征已深入人心,在农民个体心中,宅基地就是私有财产的代名词,而这与当前的制度目标有着根本的差异。要重构合理的宅基地使用权制度和融资制度,就必须要坚持以与时俱进的、科学的发展眼光赋予宅基地使用权相应的财产属性。

（3）融资权设立的相关配套制度

宅基地使用融资权的构建应当特别注意对宅基地的保护和合理利用，以期如城市居民的房产权一样成为一项长期有效的融资权利，如此应构建如下制度：

宅基地使用方式监督制度——应当明确农民集体作为集体土地所有权人，不但对个体农户行使融资权有最后的决定权，而且对于受让主体如何使用宅基地还拥有监督权，特别是监督受让主体要符合国家规划、集体规划和原来的土地使用方式，合理利用土地、不改变土地用途、珍惜土地资源，以确保本就珍贵的土地资源不被破坏和浪费。

使用权的公开流转制度——为了将宅基地使用权的财产属性得到最大的发挥，充分保证农民的土地权利和融资效果，应当将宅基地使用权和国有土地使用权、城市居民的房产权一样，享有同等待遇，在统一、开放的土地市场中进行公开流转，由其他主体公开竞价，以期获得融资权的最大化。

防止土地囤积的控制机制——一旦宅基地使用权进入流转市场，很有可能出现资本实力较强的主体开始通过融资制度囤积土地、扰乱土地市场或者形成土地兼并的行为，为了防止囤积行为的发生，应当将宅基地及地上建筑物的基本情况统一登记、纳入到住房管理系统，实现住房登记管理系统的城乡统一、全国联网，并通过开征房产税和房屋转让所得税等相关制度予以辅助，可以达到无房者有房、有房者不多占房的基本制度目标；可以有效缓解在城市囤积房产、在农村囤积土地的不合理的经济行为，也可以有效控制农村居民"一户多宅"情况的发生，保障宅基地资源真正流转给需要土地居住的主体，实现资源的优化配置。

（4）开拓融资模式，建立退出机制

目前从我国现行法律规定来看，尚未对宅基地使用权转让的方式进行直接的规定。根据《土地管理法》第六十二条第四款："农村村民出卖、出租住房后，再申请宅基地的，不予批准"的规定，能够反证出现行法律能够接受的转让方式只有出卖和出租，但要受到严格的限制和政府的批准。如果不能对融资模式有所突破,那么宅基地使用权的资本属性将无法有效发挥。

同样作为集体土地使用权一部分的土地承包经营权在《物权法》和《土地管理法》中都规定了具体的流转模式,学界也通过积极地研究提出几种法律没有规定但可以实施的流转方法,主要有转包、互换、转让、出租、抵押等旨在将所有权与使用权、使用权与经营权相分离的具体模式。相比之下,宅基地使用权除适用上述的几种流转方式外,还应当建立宅基地使用权的退出。从一般意义上讲,宅基地使用权的退出机制是指宅基地使用权人在自愿、等价有偿的原则下,自愿将宅基地或被迫将超标使用的宅基地退还给农民集体的行为,这一行为发生的结果就直接导致农民个体使用权的完全丧失,转而由农民集体享有。但很显然,作为农民个体来说,既然宅基地可以长期无偿使用,而且具有很强的私人财产意味,由于制度设计上缺乏吸引力,主动退还宅基地的行为显然不能激发农民的热情,他们宁愿将宅基地在隐形市场进行流转融资甚至是空闲,也不会主动选择退出机制。但人多地少是我国土地利用面临的困境,城市化进程也是不可逆转的方向,随着社会的进步,只会有更多的农民加入到产业工人的行列而不可能发生逆转。因此,改革现有的宅基地使用权制度是社会发展的必然要求。

宅基地使用权产生于特殊的历史时期,不但是国家对农民政治承诺的兑现,更是由于国家没有能力统一对农民的生活进行安置,只能将宅基地使用权赋予农民个体享有,让他们自由建设和居住。但经过多年的发展,国家具备了相当的经济实力,同时宅基地随着人口增多不断侵犯耕地的情况也成为亟待解决的问题,要在保护耕地、维护农民的基本居住权和在推进新农村建设中寻找一个平衡点,就必须要对宅基地使用权退出制度进行改革。

制度改革的基本构想建立在"打破小块藩篱,整合共同开发"的基础上,首先,打破农民集体全体成员放弃对宅基地独立建设的要求,也就是在地理观念上打破宅基地小块划分的物理限制,这样每个农村集体内部所用于农民建房居住的宅基地将最终被整合成为一块完整而没有内部划分的土地;其次,在该地块与国有土地同地同权的前提下,在同一个土地市场中开放流转,寻求有开发能力的经济主体与农民集体共同对宅基地用地进行现代化规划和改造,根据经济社会发展情况、融合农民集体的意愿共同建设新型的住宅区域;最后,原宅基地使用权人可以根据原有宅基地分配标准来获得相应的房屋置换,亦可选择以现金形式获得补偿从而彻底放弃宅基地相关权利。对于有权利分得宅基地而又无地可分的农户来说,可以通过银行及评估公司等机构,根据当地的地理位置、宅基地面积等因素对其拥有宅基地的"权利"进行评估并作价,以贷款的形式引导农民不侵占耕地,实现权利的融资。

这样的宅基地使用权退出机制,从实质上讲是农民个体使用宅基地权利的退出,但却是另一种意义上权利的整合。在这一过程中,农民集体卸掉了改造新农村需要的大量资金压力,不但吸引了资本、整合了土地,还提升了土地价值;对农民个体而言,无论是选择现金补偿还是房屋置换,都保证了原有权利的实现;而对于土地开发者而言,农村土地价格相对较低,较大的利润空间是其参与开发的基本动力;对于国家和政府来说,该机制是对土地资源的整合,能够有效减少宅基地对耕地的侵占,缓解城市用地压力,增加建设用地范围,也是解决农民"一户多宅"现象的有效措施。但最重要的是,通过此种方式的宅基地退出后整合机制,可以进一步对农村宅基地使用的实际情况和具体权限进行整理并登记,并可与城市住房管理系统同时运行,对恶意囤积土地、房产行为能够起到有效的控制作用,也有助于对贪腐官员的转移资产行为进行监督和检查。但这一制度所涉及的是相对敏感的农村土地资源,这就要求在整个制度的运行过程当中要以尊重公民权、财产权为原则,以法律规定为准绳、以既定规划为标准,由政府牵头对集体土地的开发、建设进行引导、控制和监督,以确保开发行为既符合国家土地整体发展战略,又最大限度地尊重和保护农民的土地权利。

三、集体建设用地使用融资权

"建设用地"一词首先出现在1958年国务院公布的《国家建设征用土地办法》中,并适用于地方性法规、规章,而集体建设用地的概念则一直没有得到明确的界定,更准确地说,集体建设用地就不是一个经由法律专家进行推敲而得出的立法词汇,而是在实践中为方便进行概念区分总结出的通俗提法,其目的是为了适应我国现行的两种不同的土地分类理论。根据我国的土地制度和土地实际用途,集体土地可以细分为农用地、宅基地和建设用地三部分,其对应赋予农民利用土地的权利为土地承包经营权、宅基地使用权和建设用地使用权。经前文论述,前两项权利可以通过对权利进行改造而充分发挥其财产属性,在给使用权人带来经济利益的同时而不会造成集体利益的损失;集体建设用地使用权作为集体土地所有权框架下的一部分,也当然具有可用于融资的属性。

(一)概念及研究范围界定

从土地所有权的角度来看,根据《宪法》《土地管理法》及其他相关法律的规定,我国的土地存在着国家所有和集体所有两个相互独立的所有权,从本质上来讲,这两种所有权的存在都属于土地公有的所有制,区别在于所有权主体的范围不同,集体建设用地这一概念首先就明确了土地的性质属于农民集体所有。1998年的《土地管理法》第四条主要根据土地使用的基本功能对建设用地的概念进行了定义,即"指建造建筑物、构筑物的土地,包括城乡住宅和公共设施用地、工矿用地、交通水利设施用地、旅游用地、军事设施用地等",这样的定义是为了区分农用地和未利用地等两种概念;第四十三条则对集体建设用地的使用权限做出了更加详细的规定:"……兴办乡镇企业和村民建设住宅经依法批准使用本集体经济组织农民集体所有的土地的,或者乡(镇)村公共设施和公益事业建设经依法批准使用农民集体所有的土地的除外。"根据上述规定,集体建设用地的使用方式被明确界定为三种,即农村居民住宅用地(宅基地)、乡镇企业用地、公共设施和公益事业用地等。

由于宅基地使用权已在前文做过研究,因此在本段提及的集体建设用地概念取狭义层面,即指乡镇企业用地、集体公共设施和公益事业用地。所谓集体建设用地使用权,即指集体建设用地使用权人以兴办乡镇企业,建造公共建筑物、构筑物及附属物或开展公益事业为目的,而对集体建设用地进行处分和利用的权利。建设用地使用融资权,也就是集体建设用地使用权人以使用权为标的而进行的融资行为。

(二)集体建设用地使用权的制度特点

作为集体土地权利构架的一部分,集体建设用地使用权在制度设计上无法摆脱上位阶法律制度设计的缺陷和漏洞,同样存在着权利主体不明、权利缺失、权利客体模糊和民事权利国家化等通病;但相比于土地承包经营权、宅基地使用权,特别是与国有土地使用权进行比较研究,集体建设用地使用权又呈现出其独特属性。

1. 与国有土地使用权具有高度相近的制度结构

首先,两种权利的标的相同,无论是国有土地还是集体建设用地,权利制度的标的都是化学成分相同的土地,土地在本质上是不会因为附着什么样的权利和制度而改变的;其次,两种权利的实现方式相同,在我国当前的土地制度、法律规定和"人多地少"的国情共同作用下,土地国有和土地被规划为集体建设用地所最终实现的效果是相同的,即土地将永远以非农的方式进行开发和利用;最后,权利实现的效果相同,无论是国有土地使用权还是集体建设用地使用权,都是通过工商业建设来进一步开发土地的商业价值和财产属性,在提升土地价值的同时推进了国家城市化建设的总体进程,提升了对城市居民和农民的社会服务水平。这两种权利的不同之处在于使用权人的身份不同:国有土地使用权的主体非常广泛,任何单位和个人,包括境外的企事业单位和个人,符合依法使用中国国有土地条件的,都可以成为中国国有土地的使用者;集体建设用地的使用人具有极强的身份性,结合前述集体建设用地的法定使用方式可知,只有乡镇企业,农民集体经济组织使用集体土地兴办、入股的企业和乡镇村公益事业单位才能成为集体建设用地的合法使用者,也就是说排除了非集体成员直接单独使用集体建设用地的权利;但例外之处在于通过间接的方式取得集体建设用地使用权的主体具有多样性,我国法律对使用集体建设用地的企业因破产和兼并导致使用权流转,及建设用地上建筑物抵押而导致的流转是支持的,因参与企业兼并、收购和行使抵押权的主体具有多样性,所以通过间接方式获得集体建设用地使用权,实际上是增加了该权利的享有主体。当然,这样的立法结果并不意味着立法者从内心深处愿意看到集体土地随着经济行为进行使用权的流转,但如将集体土地使用权视为一种资产且又允许参与经营活动,如通过法律硬性规定其不能作为承担经济损失的标的,则这种资产在经营活动中的价值将演变为零,同时涉及集体土地使用权的经济行为将不复存在。这对于全国农村整体经济来说将是不可估量的损失。

2. 权利设计所追求的价值不同

就当前的土地制度和农村生活实践来看,集体建设用地使用权在农民的各项土地权利中不算是主要权利,即便是在学界的论述中,相比于土地承包经营权和宅基地使用权来说,数量都相对较少。土地承包经营权和宅基地使用权,一个解决了农民的吃饭问题,一个解决了农民的生活问题,而建设用地使用权的作用就是进一步改善农民的生活水平、提高生活质量,对于农民的现代化发展来说,这"三驾马车"必须要齐头并进。在农业收入占主导的农村,乡镇企业的收入是农民耕种土地收入之外的"外快";公共道路、沟渠等设施都是为了提升农民的生活水平和服务生产而修建的;学校、阅览室、医务室等公共服务机构,都是为了便利农民生活、提升生活质量而存在的。可以说,在经济水平不发达的过去,集体建设用地的利用不是农民集体土地规划的核心内容,土地的价值都需要为生存服务;在生活水平提高的今天,农民也需要提升自己的生活质量、享有应得的发展权利。所以,开发集体建设用地的制度价值就在于通过工商业投入提升农民的收入水平,为农民提供教、科、文、卫等方面的生活服务,改变农民的生活状态,实现农村社会结构向城市转型,通过第二、第三产业的投入,变农民利用土地由公平优先转为效率优先。这是集体建设用地制度设计所追求的价值。

3. 制度结构规定的受益主体不同

尽管土地承包经营权、宅基地使用权和集体建设用地使用权都是农民集体作为所有人才享有的权利,但就当前各项权利的实际运行情况看,各项权利还是不尽相同:土地承包经营权的最大受益人当然是农民个体,承包这种经济行为激发了农民生产的最大热情,在提升产量的同时也就增加了农民的收入,但土地毕竟是集体共有的,承包的经济特性也就要求个体农民在享受利益的同时要付出租金的代价,而这正是当前免除农业税之后农民集体最大的收入来源;宅基地使用权是最具福利性的土地权利,农民从获得到使用到放弃该权利,都无须支付任何对价,而在本书的观点中,农民集体只有在该使用权流转后才能以土地所有人的身份获得一定比例的收益。不难看出,上述两种权利的实际收益主体都是农民个体,农民集体只能因所有权人的身份获得部分利益。集体建设用地使用权的受益主体则发生了很大变化:首先,由于法律规定该使用权范围内的土地属于农村的"公共用地""公益事业",就直接排除了农民个体占有这些土地并获取收益的法律基础;其次,就土地使用的主体的实际情况来看,无论是兴办企业还是开展公共事业,都不适宜由个体农民担任,因此农民集体将直接行使这一部分土地的使用权;最后,农民集体既不是一个法律上认可的法人主体,也不是一个拟制主体,确切的理解应当是个体成员权的特殊的集合,虽然农民集体和农民的关系相对比较松散,但在利益层面并不存在争夺,农民集体享有集体建设用地的使用权虽并不直接为个体农民提供利益,但增强了农民集体本身的经济实力,为在公共领域服务农民提供了可能。因此,集体建设用地使用权的直接受益主体是农民集体,而深层次来讲,是广大农民群体受益。

(三)构建集体建设用地使用融资权

集体建设用地所处的处境比较尴尬,由于农民集体主体虚化不能对其进行有效的管理,农民个体作为集体的成员又没有权利单独进行利用,珍贵的集体土地资源因无人问津反而被国家权力侵犯。和国有土地一样可以用于建设的集体建设用地,在融资方面因如下问题产生了障碍:一是地方政府权力的侵犯;二是利益优先致使总体规划无法客观;三是农民个体意识过强,缺乏集体组织的有效引导。

充分发挥集体土地的融资功能对于资金占有量很少的农民来说,无疑是最直接、最有效的改革方式。经前文论述,土地承包经营权和宅基地使用权完全可以被构建为可用于融资的财产性权利;集体建设用地使用权作为农民土地权利不可或缺的一部分,当然也可以被重构为财产性权利,这对于盘活农民集体土地财产,增加农民集体经济实力,并为农民融资提供帮助。

1. 构建集体建设用地使用融资权的理论前提

集体建设用地用于融资对集体、农民和国家三方都有益处,对该权利进行的建设和创新,关系着集体和农民个体在利益分配中的特殊关系。

(1)坚持科学规划,还原建设用地的私权属性

对于农村和农民来说,建设用地的公益性和公共性决定了对农民生活具有重要的辅助作用,乱占乱用建设用地不但会给农民的生活造成影响,也可能破坏农村整体的生活环境;特别是对于企业用地的使用申请,要以保护土地本身特性和农民生活为基本准则,不能见利就上,以牺牲农民生活和整体环境为代价;对建设用地申请的最终决定权应当归还农民集体享有,这才符合所有权原理和集体土地的私权属性。权利行使的自由当然也是相对的,国家的土地利用整体规划就是限制农民集体权利滥用的法律屏障,国家权力在让权的同时应当承担起科学规划和用地监督的职责,以确保环境保护与土地流转的科学可持续发展。

(2)完善土地交易市场,实现"同地同权"

集体建设用地在属性与用途上和国有土地无任何差别,完全具备在同一个土地交易市场上进行公开流转的条件;如政府放弃通过征地与民争利的理念,通过建立城乡统一、完善、公开的土地流转市场,将可用于非农建设的土地进行统一流转,在增加农民融资收入的同时也能有效降低因城市供地不足而发生的国有土地价格高涨问题;实现"同地同权",是对法律制度的尊重和对权力扩张的限制,并能通过规范的土地流转市场,杜绝集体建设用地的"隐形流转",有利于防范权钱交易的腐败行为;通过加强集体组织的经济实力,也能够增强农民的凝聚力,有利于农民作为一个有机整体应对外部变化和市场竞争。有些学者在"同地同权"理论的基础上进一步提出了"同地同价"等概念,并希望以此为突破口提升集体建设用地的价值,但

这种理论显然有硬性操纵市场经济作用之嫌："同权"是为了土地公平流转建立一个合理的流转平台,而土地流转的价格是由土地本身的属性、位置和现状决定的,是由双方在市场经济框架下自由协商的结果;如果硬性规定"同价",则又是公权力替代市场在发挥作用,当事人的私权也将受限,而这不是市场经济的合理形态。

(3)合理的利益分配方式,实现农民融资新平台

土地承包经营权和宅基地使用权的流转主要受益主体都是农民个体,而集体建设用地的受益主体是农民集体,因此如何在农民集体和农民个体之间进行合理的分配就是一个亟待解决的问题:如将受益完全归于集体,则失去了为农民个体提供融资的作用;如全部归于个体,农民集体作为融资主体的地位则再次归于虚置;较好的办法是在收益全部归于集体之后,再按照一定的规则和比例将收益分配至个体农民手中,而农民集体留下的收益应当满足集体代理人的日常工作费用、集体公共事业维护费用、创办集体企业的相关费用或为个体农民贷款提供担保等费用,农民个体应当享有因建设用地流转而造成日常生活不便的补偿费用和兴办企业占用土地的部分补偿费用。这样既充实了农民集体的经济实力,也给农民融资提供了新的渠道和担保主体,符合我国当前的农村治理结构。

2. 构建集体建设用地使用融资权的具体措施

建设用地融资权不仅是赋予农民集体和个体的土地权利,更是在二者和国家之间通过利用建设用地而形成的特殊的利益分配机制,因此要通过在其民法权利上的构建,实现这一利益机制的有效分配,具体措施如下:

(1)明确集体建设用地使用融资权的构成要件

首先,融资权法律关系的主体应当确定为农民集体而不是农民个体,因为只有农民集体才能公平、公正处理关系到全体农民切身利益的公共土地,也只有农民集体才有权利代表全体成员的意志。但根据当前的法律规定,农民集体仍旧处于虚化的状态,是个有权利能力而无行为能力的"空架子",要将主体要件落到实处,应当确定集体全体成员大会为农民集体的最高权力机构,拥有对集体财产的最终决定权,由成员大会选举出执行机构负

责具体事务的处理,这个机构可以单独构成也可以直接委派村委会承担,总之是要尽职履行责任以对全集体的财产负责。

其次,确定融资权法律关系的内容。国家应当站在公平、科学和可持续发展的角度确定双方的权利义务关系,为供需双方提供一个科学合法的协商框架、具有可操作性的制度模式和可共同遵循的价值选择体系;要突出尊重双方当事人的自由意志,限制国家权力的滥用扩张,恢复集体建设用地使用权的私权属性,将原由国家权力掌握的管理、审批职能转化为服务、监督职能,让市场经济规律替代行政管理发挥主导作用,真正将土地融资带来的利益归还农民集体所有。

最后,要明确融资权法律关系的客体是集体建设用地的使用权,而不是土地的所有权——只要国家征地权没有启动,任何经济行为都不涉及集体土地的所有权变动,因此不会产生农民集体土地资源的流失。这一点在集体兴办乡镇企业和集体土地入股投资时应予以格外注意,实践中,不少乡镇企业因经营不善而致破产清算时,集体土地使用权因附着建筑抵押而使用权不得不实际流转,如附着建筑物的地块不能办理集体土地征用手续,则司法实践和惯例通常将该被抵押的土地使用权以及其上的建筑物的转让限制在该农民集体的范围。但随之而来的问题是,农民集体成员作为受让方,经常因财力不足而导致破产,财产不能在短时间内实现市场价值,这就使得债权人利益不可避免地继续遭受损失。

破产本就是一次资金重组的过程,也是集体土地使用权再度进入融资环节的过程,因此,在鼓励农民集体理性投资的同时,也应当构建公平的土地使用权融资制度,即对集体建设用地使用权做市场价值评估,将评估值与清算后财产价值的差额作为农民集体投资新企业股份的协商基础,而破产财产的受让人无须局限于本集体经济组织,一方面实现了农民以土地进入商业交易以融资的愿望,另一方面也消除了以企业破产方式低价转让集体土地的可能。在整个交易环节中,土地入股不会减少集体土地的总量,而只是在土地价值上发生着变化。

（2）拓宽集体建设用地融资的方式和途径

前文已论述,国家通过行使征地权实现了对农民土地增值收益及收益权的剥夺,如果希望通过现有征地方式实现集体建设用地的增值最大化,显然农民不能获得最大的利益份额。集体建设用地和国有土地在本质上没有丝毫的差别,无论集体建设用地用于何种建设方式,只要不给农民集体的利益造成损失、不影响农民集体的生活环境和水平、不污染环境和整体规划、不违反公序良俗等基本社会秩序,那么何种使用方式都可以被允许,那么集体建设用地实现融资的方式就可以跳过国家征收环节,也就是在操作上实现"同地同权",即供地、用地双方直接在规划基础上,就土地的出让价格进行协商,国家对此过程进行监督以确保价格处在一个公平合理的区间内并为交易提供法律保障;用地单位之所以选择使用集体土地,一方面是因为集体土地的出让价格一般低于国有土地,另一方面就是因为城市扩张至农村地域而使本来偏远的农村变得逐渐城市化,农民集体的收益就包含了国家整体建设的付出,就应当以所得税等税费形式向国家支付相应公平的对价。这是集体建设用地用于融资的制度前提。

在具体方法的选择上,应当在尊重农民集体意愿的情况下,因地制宜地进行自由选择,以最适合本集体经济组织的方式进行,第一,直接出让使用权。农民集体直接将一定年限的建设用地使用权作价出让给受让方,受让方向农民集体支付对价以换取使用权的方式。这种方式比较简单易行,适用于土地资源比较富裕而经济发展水平不高的地区。具体使用年限可以参照国有土地。第二,使用权出租。将土地使用权出租可以减轻受让方的经济压力,提高地区招商引资的成功率,对农民集体来说租期比出让使用权较短,有利于提升自主开发的灵活性。第三,抵押。现行法律否认了农民集体将建设用地直接抵押的权利,而是采取房地一体主义,将使用权的抵押与地上建筑物的抵押捆绑起来,这在法理上侵犯了所有权主体对财产的处分权。赋予农民集体直接抵押建设用地的权利,是农民集体融资的一种直接有效的方式,并不会必然导致抵押权的实现;即便是使用权被拍卖以实现抵押权,土地的所有权仍旧属于农民集体而没有变化,在通过转移一定期限的使用权而偿还欠款之后,农民集体仍旧可以赎回使用权。虽然这种商业行为可能会给农民集体带来经济损失,但市场经济的游戏规则对于参与的主体来说都是公平的,这是农民集体为追求经济发展作为一个平等参与主体而应承担的风险。第四,将土地使用权量化作价为股份或进行合作联营。将土地作为企业用地应当是最有利于农民集体的一种使用方式,对于一个合格的市场经济主体来说,依靠出让有限的土地资源是无法维持长期经济活力的,相比于始终将自己设定为一个低级资源供应者来说,作为现代企业的参与者将更有利于提高本集体经济水平和培养现代商业竞争意识。现代工商企业的兴起,代表了新经济环境下资本运作的方向和方式,农民集体相对于现代企业来说,缺少技术支持、投资资本和其他商业因素,但又拥有最宝贵的土地资源可以利用;对于企业来说,降低运行成本,尤其是价格居高不下的用地成本,是迅速建厂经营并能短期内收回成本的捷径,在这样互补的条件下,让土地和资本在社会主义市场经济环境下结合不但是资本属性的选择,而且能够实现资源的优化配置。除此之外,在思想意识方面,农企合作开阔了农民看待世界的眼光,解放了思想;经济发展方面,双方互惠互利实现了资源整合和共赢;在人力资本方面,就地消化农村剩余劳动力并推动城市化的进程;最重要的是让农民领略了商业竞争的真实和压力,感受到市场的威力与魅力,有助于改变千百年来持续的小农经济意识,是农民集体迈向经济现代化的捷径。

(3)完善融资权利益分配的"监督机制"

通过农村土地制度的改革,农民集体将成为农村财富的拥有者和主导者,特别在土地权利流转上将肩负重大的经济和社会责任,也将通过制度改革获得前所未有的财富。在现实中,农民集体本身地位的虚化让"村委会"等机构甚至是个人掌握了集体的权利和财富,造成了一定程度的腐败,但随着村务公开、村民自治制度的落实和农民法律意识的觉醒,贪污腐败行为只能成为现代监督机制的一部分,也是监督机制的一般意义;而将监督机制提升一个层次来说,对来之不易的集体财富如何运用,如何将财产保值、增值更应该是集体成员监督、关注的重点。农民具有天然的自给自足的本性,天然的小农经济意识总是更希望将积累的财富直接平均分配，但这样的资本控制方式将永远让农民集体处于一个最低级的维持水平，根本谈不到发展。

要实现财富的运用和增值，就必须要用现代的管理制度来改造农民集体，用科学的管理办法在集体和个体之间确定一个全新的利益分配机制，既能够让农民尝到甜头，又能让集体有再发展的资本和动力。为实现这样的"监督机制"，首先在政策的执行层面，应效仿现代公司制度，构建类似董事会、监事会和执行机构的运行机制，而其中"监事会"就应当承担对农民集体资产投资收益的监督和控制——这个监事会的人员构成可以相当广泛，只要有利于农民集体经济发展的，不必局限于本集体成员，特别是在地方经济发展中有突出贡献的企业家、学者和致富能手，甚至是政府官员，都可以以一个普通公民的身份受聘于农民集体。这个"监事会"不但要对农民集体具体的经济往来负责，更要发挥自己对市场、对资金的控制力和预见性，负责监督农民集体将有限的资本投入到可持续发展的项目，充分参与到市场竞争领域，实现从一个原材料供应者向经济发展参与者的转变；不但能够兼顾农民个体和集体之间的利益分配格局，而且让农民在集体经济实力增长的同时，按照一定的方式和比例获得相应的经济收益，这一过程就如同企业的利润分配；但这一比例的确定必须要给集体提供足够的资金用于再发展，不至于被个体吃穷、分穷，最后又回到出卖原材料的起点。

在这样一套集体建设用地使用融资权的制度体系中，农民集体的作用是不容忽视的，集体虚位的格局必须被改变，农民融资的途径从单纯的个体融资，将转变为个体与集体共同融资的多元方式，也将为农民个体融资提供安全保障。

第七章

实现农民土地权利的整体机制研究

作为涉及范围最广泛、影响最深远、政治敏感度最高的社会问题,"三农"问题备受党中央和全国各界的高度关注。在 2013 年 12 月 23 日召开的中央农村工作会议上,习近平指出:"我们必须坚持把解决好'三农'问题作为全党工作重中之重,坚持工业反哺农业、城市支持农村和多予少取放活方针,不断加大强农惠农富农政策力度,始终把'三农'工作牢牢抓住、紧紧抓好。"①可见"三农"问题在我党工作中的地位。

虽然"三农"问题是改革开放后理论界才对农业、农民和农村问题进行高度概括而凝练出的学术名词,但农民和土地是历朝历代自古以来都需要面对解决的问题;哪一个朝代没有处理好农民和土地问题,都无一例外被农民反抗的浪潮所倾覆,可见农民和土地问题是有特殊性、长期性的,问题形成和解决都不是一朝一夕,而是贯穿于我国发展的整个历史进程的。因此,我国的"三农"问题呈现出如下的特点:长期性,农民和土地问题一直贯穿于我国历史,该问题持续时间久、跨度长且没有间断过;综合性,"三农"问题是制度变迁、民族习惯、法律规定和政治信仰等多个因素共同作用的结果,不是某个单一制度作用的产物;阶段性,在每个发展阶段对"三农"问题

---

① 《中央农村工作会议在京召开》,中国政府网 http://www.gov.cn/guowuyuan/2014-12/23/content_2795588.htm,2014 年 12 月 23 日。

的研究,都反映出社会各界对前段研究成果的继承和对现阶段新问题的思考;全面性,对"三农"问题的处理反映着国家的内外政策、综合实力,尤其反映着一国的经济发展、社会制度和法治进程水平。所以"三农"问题是一个具有极强生命力和研究价值的课题,研究的视角应更加开阔、思路应更加宽泛。

一、对几种主要土地权利改革理论的评析

希望在短时间内通过某项或某几项制度改革和法律修订就能够解决"三农"问题,特别是其中最重要的农民土地权利的实现问题,是不切实际的,因为未来将发生的影响制度变迁的因素是无法预知的;制度构建必须是有的放矢,在当前或特定的历史条件下,在相当长的一段时间内,就现有制度进行符合国情的修改、就现行法律进行符合现实的修订,以期在这个阶段内实现制度构建的科学和进步,为未来的发展奠定改革的基础,是学界应当担负的现实责任。

(一)集体土地变革为"国有化"或"私有化"理论

所谓集体土地的"国有化",是指将原属于农民集体的土地收归国家所有,农民对土地享有部分程度的使用权,通过法律规定的方式将农民与国家之间的关系通过核发土地使用证明的形式固定下来;更彻底的"国有化"方案,则是在集体土地所有权转变为国有之后,将原农民集体建制转变为城市居民自治组织,农民集体成员身份转变为城市居民,最后传统意义上的农村、农民因集体土地性质的转变而归于消失。接受过系统的经济学训练的秦晖、胡星斗等部分学者提出集体土地"私有化"改革方案——"私人所有土地的具体形式主要是农民私有的形式,农民拥有比较完整的土地所有权,成了耕地和宅基地的直接所有者,这时的所有者和其法人代表一般是同一的。"①这是两种对集体土地性质进行变革的主要观点,虽然内容截然相反,

---

① 鄂玉江:《农村土地制度深化改革模式选择》,《农业经济问题》1993年第4期。

但体现出学界就解决集体土地问题所持有的不同观点,是基于不同立场和理论的,对现实问题寻求解决方案的积极尝试。

1. 对集体土地"国有化"方案的分析与探讨

支持集体土地"国有化"的主要理论依据在于,在集体土地主体缺位和国家权力对农民土地权利处处限制的现实中,集体土地是从来没有真正实现过农民集体所有,特别是征地制度成为对集体土地的最终处分权,集体土地所有权就更显得无足轻重;如将农民集体土地转变为国有,则就完全理顺了在法理和实践中出现的各种问题,特别是能够解决"征地难"这样的社会问题。然而贸然实现集体土地"国有化",将对农民的土地权利产生如下影响:

首先,集体土地国有将剥夺农民阶级存在的基础。农民集体的土地所有权是《宪法》赋予的基本权利,这项权利的来源不是对农民艰苦生活的施舍,而是来自于对建设国家付出牺牲的报偿,也是农民作为一个阶级同其他阶级共同分享治理国家权力的重要基石,如果被剥夺,无疑昭示着农民作为一个阶级将不复存在,国家的政治结构将发生根本的变化,构建国家联盟的基础也将随之消失。其次,集体土地国有将直接剥夺农民的征地协商权和增值收益权。农民无力对抗征地权的启动并不是因为农民的协商权不合乎法理,而是集体土地所有权被公权力侵犯并剥夺了,这是制度的缺陷,而不是所有权的缺陷。在农民拥有所有权的情况下都尚且不能对抗公权力,如实现集体土地国有,农民将在法律上不具备同国家协商的法律基础,更不要说争取应当由农民享有的增值收益权。再次,农民将失去财产处分权。农民将无法保证自己的处分权。作为土地所有人和市场经济参与主体,农民应当享有将土地作为生产资料进行处分的权利,包括自主经营权和融资流转权。《土地管理法》通篇贯穿了浓郁的国家意志色彩,即便是在应由所有人进行自我处分的民事权利流转方面,都做出了严格的限制。现在农地的所有权归属于农民都尚且如此,不难想象土地国有之后,农民对土地的处分能力将变得如何。最后,农民将失去公平竞争和个体发展的机会。一般意义上,个体的发展权是指个体提升自身竞争能力以在政治、经济等方面获得进步和优势的一种权利,通俗点讲,就是能够过得更好的权利。如集体土地国有化,农民将失去阶级存在的社会基础并与城市居民一样成为国家公民,但他们却要站在当前经济水平落后、受教育水平低、占有社会资源少等不公平的起跑线上遵守相同的社会发展规则,显然让农民从起点上就失去了公平竞争的机会;国家对于农业,特别是乡镇企业在税收、政策上是有扶持的,但如果集体土地国有化,乡镇企业和一般私营企业将没有任何区别,农民也就难以利用集体土地发展副业的方式来提高自己的生活水平。因此在当前条件下,施行土地国有化会让农民失利更多。

集体土地国有不但会造成农民土地权利的倒退,还会给国家现行管理体系造成混乱:首先,国有化的时间节点已不复存在,不宜在内政方针上出现倒退。人民公社时期是土地国有化实现的黄金时期,因为当时特殊的历史条件将人民的热情空前团结起来,达到了制度运行的顶峰,但由于执行中的决策错误才最终导致运动的失败。这一历史条件已经过去,当前国有化缺乏相应的社会环境、外部条件,特别是经济体制改革和农民法律意识的觉醒等,都说明国有化已不合时宜,既然国有化已错过实现的最佳历史时期,就不应当在内政上出现倒退。其次,在市场经济阶段,集体土地国有化将引发巨大的经济负担。为缓解征地矛盾,征地补偿的价格已逐渐与市场化对接,在这样的大背景下政府以强制收购、低价收购的方式都是不可取的,财政根本就无法支付全部集体土地国有所需的费用。因此,国有化于当前确无法开展。最后,土地国有化的配套体系尚未出台。土地国有不仅是土地性质的转变,还涉及农民身份转换、社会保障、社会公共服务、就业培训、基层组织管理、公民政治权利的重新分配等一整套有机联系的制度整体,制度空白很可能引发严重的社会问题,而当前我国显然还没有做好立法和政策上的准备。

但归根结底,集体土地国有化理论的核心缺陷在于混淆了"制度的缺陷"和"缺陷的制度"——这部分学者将农地主体虚化、权能缺陷、产权不明等问题,视为集体土地所有权无法通过变革而消除的"制度的缺陷";但他们忽视了产生这些问题的根源是国家意志的影响和行政权力的侵犯,是国家通过立法硬性改变了集体土地所有权的法律属性,使其无法发挥民事权利在农地领域的作用和优势,是人为造成的"缺陷的制度"。如在坚持所有权法律理论同我国国情和农村实际相结合的前提下,"要在坚持农村土地集体所有的前提下,促使承包权和经营权分离,形成所有权、承包权、经营权三权分置,经营权流转的格局"①,消除人为因素对制度的影响,则集体土地所有权必能发挥其本来的作用。

2. 对集体土地"私有化"方案的驳斥

与土地国有化理论相对的是20世纪80年代,部分接受过系统的经济学训练的秦晖、胡星斗等学者提出集体土地私有化改革,其核心内容为:"私人所有土地的具体形式主要是农民私有的形式,农民拥有比较完整的土地所有权,成了耕地和宅基地的直接所有者,这时的所有者和其法人代表一般是同一的。"②对于土地私有化方案,国内学界主流意见当然是持否定态度,反驳的观点主要集中在不符合国家性质、容易引发农民卖地、危害国家粮食安全和农村稳定以及经济学者夸大了私有制在经济发展中的作用等方面,并没有阐述清楚私有制对农民土地权利的实现究竟有何影响;土地私有表面上看通过将模糊不清的集体所有权转变为明确的个人所有权来将农民个体的土地权利最大化,其实究其本质来说,农民在拥有土地所有权的同时将失去更多的现有权利,如此相比,并没有实际赋予农民更多的权利,具体来说:

首先,农民的政治权利将因分散而受到削弱。农民本就有天生的小农意识,如一旦拥有土地私有权,在生产生活上更将淡化相互之间的联系,与农民集体的联系也将更加松散,在组织结构上将难以再形成合力;农民可选择的未来生活方式将更加自由,更没有动力联系根据某些问题,与其他主体与国家权力侵犯形成对抗的局面;土地私有化将导致农民集体的主导作用进一步削弱,无法以成员利益为理由对农民进行制约和集中,维护个体利益

---

① 《习近平定调农村土改:坚持集体所有前提下的三权分置》,凤凰网,http://finance.ifeng.com/a/20140930/13159134_0.shtml,2014年9月30日。
② 鄂玉江:《农村土地制度深化改革模式选择》,《农业经济问题》1993年第4期。

的天然局限性将分化农民的政治凝聚力,最终在国家权力侵犯时只能被各个击破。可以说,土地私有化是通过有限经济利益分配的方法瓦解并削弱了农民作为一个阶级的凝聚力和政治权力。其次,我国虽然幅员辽阔,但是能够用于农业生产的土地数量并不多,即便是在同一个农民集体中,各家各户所耕种的土地质量都有所差别。在土地集体所有的情况下,农民可以在集体的主持下通过内部调整的方式来交换质量不同的土地,以达到相对平衡的目的,即便是当前的承包期限较长,但也有未来调整的期待权。如实现土地私有,各家各户拥有的土地状况就将固定下来,调整土地质量的期待权将不复存在,政府自然无法实现"耕者有其田"的政治承诺。同样的,新生农村人口对土地分配的期待权也将遭到剥夺,在宅基地和耕地所有权私有的情况下,客观上没有土地可供再分配就是该制度无法改变的硬伤。最后,农民将失去部分发展权。要在市场竞争中立足,仅靠提供原材料将是远远不够的,农业和农民要取得进步和发展,就必须要在发展基础农业的同时,开展深加工和多种经营以提升产品的科技含量,摆脱经济发展中的弱势地位。但土地私有之后,农民只能拥有耕地和宅基地的所有权,在国家用地规划的前提下,这两种土地都不允许用于非农用途;原来农民所拥有的在集体土地上兴办企业、成为农业产业工人以寻求新的发展途径的权利也就将随着土地私有的实现而消逝。

此外,集体土地私有还可能造成国家政令和个体诉求的冲突,一方面既要保护个体的土地所有权,另一方面又要实现国家对土地的整体规划和利用,在权利与权力的平衡和政府指令的实现成本上,都对立法提出了很高的要求。学者刘俊将美国和加拿大的土地制度进行横向对比研究之后认为:美国的土地私有制较加拿大实行的土地英王所有制,在土地利用成本、农地保护、发展城市建设、土地使用和规划以及社会管理等方面,都要付出较大的成本以迂回的方式才能达到土地公有制所实现的管理效果。① 土地在我国自古就是财富的象征,土地私有极易引发大规模的土地兼并;农民仅靠身

---

① 刘俊:"中国土地所有权制度重构",西南政法大学博士学位论文,2006 年。

份便拥有土地这样珍贵的社会财富,对于城市居民来说又是一种资源分配上的不公平,因此,土地私有的方案并不能满足农民对土地权利的正当要求,是绝不可以在我国实现的。

无论是土地国有化还是私有化方案,依赖单纯的土地性质改革方案以此来实现对农民土地权利的保护和实现,在理论和实践中都是十分困难的,也是相当片面的。为避免土地性质改革的争议,党国英等部分学者在土地性质改革大讨论之外又提出了土地"使用权物权化"理论,"即将土地使用权改造为一种不受所有权限制、可以进行多种交易和处置的财产权","土地使用权物权化的关键举措,应是让土地使用权永久化"①,正如"英国人在土地所有权上忘记了女王"。② 在当今的物权体系中,只有所有权是符合"长期"、"不受限制"、"财产权"等限定条件且独一无二的权利,如果要重新颠覆传统理论再创设一个和所有权权能相近的新权利,还不如在改造所有权问题上多下功夫;如果说英国人忘记了土地归属于英王所有,那是因为英王本身作为国家的代表已经成为一种象征性的职务,不但不实际拥有土地所有权,而且也不拥有其他实权。用一个已经虚化的权利主体来比较必须要实现权利主体明确化的农民集体来说,显然是不合适的。承包制固然是一项具有变革意义的创举,因为它不但赋予了农民生产的积极性,而且历史性地弱化了土地对人的束缚;但它仍旧没有摆脱功能局限性,其功能指向仅限于自主经营权,而没有触及产权的实质内容,而这样的改革是治标不治本的。对于农民来讲,没有土地的所有权,就失去了最基本的人权。③

因此,应当树立这样的观念——构建科学的农民土地产权制度不是政府对农民的恩赐,而是政府在对内制度管理上的明智之举;在当前集体土地所有权的基础上进行科学合理的改造,不但是为了实现农民的土地权利,更是对人类解放和人权的尊重。

---

① 党国英:《关于土地制度改革若干难题的讨论》,《中国经贸导刊》2010 年第 12 期。
② 党国英:《关于土地制度改革若干难题的讨论》,《中国经贸导刊》2010 年第 12 期。
③ 陶一桃:《论中国土地制度改革》,《中国土地制度改革国际研讨会论文集》,中国财政经济出版社 2009 年版,第 502 页。

（二）取消"二元"户籍制度是对农民土地权利的保护

为配合城乡经济不同的发展战略，1950年政府通过人为地将公民分为"农业户口"和"非农业户口"的方式，在社会管理上推行了"城乡分治、一国两策"的治国方针，使农业户籍身份的公民及其子女在以公民权为基础的各项权利上，与非农业户籍的公民有了显著的区别，因户籍制度连同二元经济结构共同造成了城乡对立的发展局面；1958年《中华人民共和国户口登记条例》出台，国家在"城市与农村、市民与农民之间，树立了一堵不可跨越的制度之墙——户籍墙"①，标志着中国城乡隔离的二元户籍制度正式确立。对设立户籍制度的意义，学者周作翰、张英洪的论述准确且深刻："当代中国城乡隔离的制度有三重意涵，一是通过统购统销和剪刀差等制度安排，掠夺农民的利益；二是通过限制农民进城的户籍制度安排，剥夺农民的迁徙自由权和对幸福生活的追求权；三是通过以户籍制度为基础的一系列制度安排，剥夺农民的平等权、福利权和发展权。"②此后，政府以二元户籍制度为基础出台各项法律法规、政策规章，在政治权利、生活资料供应、粮食供应、就业权利、迁徙权利、劳动及社会保障权、生育制度等几乎所有的社会权利上，形成了城乡有别的二元社会结构，且几乎每项制度构建的出发点都是贯穿了"先城市后农村"的战略意图。

但最值得提出的是，户籍制度从来没有对农民的土地权利进行剥夺，相反，倒是通过户籍墙的制度鸿沟对农民的土地权利进行了保护，其原因在于：

1. 二元户籍制度并没有限制农民的土地权利

将户籍制度认定为"三农"问题的根源或者是重要的原因，都是对户籍制度和那一时代立法结构、立法目的的误读。对农民影响最大的是土地权

---

① 周作翰、张英洪：《城乡二元体制的建立：农民与市民的制度分野》，《湖南师范大学（社会科学学报）》2009年第2期。

② 周作翰、张英洪：《城乡二元体制的建立：农民与市民的制度分野》，《湖南师范大学（社会科学学报）》2009年第2期。

利的剥夺,但土地权利是在社会主义改造过程中,通过集体化运动剥夺的;继而剥夺农民的迁徙、就业权利的过程是由合作社和公社化运动实现的;单纯从制度设计的角度,户籍制度没有体现出对农民土地权利的剥夺,只区分了商品粮供应的公民主体,并通过这种方式在当时社会管控体系中限制了农民向城市的流动。

学者周作翰、张英洪的观点并非如此,他们提出建国后的城乡分割制度安排是形成二元社会结构的原因,并进一步认为:"二元社会结构是当代中国不同于任何发展中国家的显著特征,是有中国特色的'三农'问题的要害和根源。"[1]二元户籍制度及社会结构确实出现了很多问题,但将其归结为"三农"问题的根源,很显然是不对的,正如温铁军所说:"看中国农村问题不妨稍微看得复杂一点,不要以为都是制度惹的祸,其实首先是资源约束条件下,有很多的制约无法突破"[2];如果假设在二元户籍及社会结构制度设计之初,党中央和政府将全部的资金和力量投入到农业领域而不是工业建设,为农民提供超国民待遇的话,"三农"问题是不是应当不复存在,取而代之的是不是"三工"问题或"城市"问题? 因此,造成农民土地权利的缺失并不是某一项制度形成的,而是国家在特定的经济条件下不得不做出的战略选择。在农民土地权利变革的过程中,户籍制度仅在其中起到了限制农民流动的作用,对农民的土地权利没有任何影响。

2.二元户籍制度对农民土地权利提供了现实的保护

户籍制度对于公民来说是一把双刃剑,在从"劝阻"、"防止",再到果断"制止"农民进入城市的同时,也排除了城市人口流动到农村的可能性,这就为日后合作社和公社化的实行提供了所需的社会基础。在这个分割的社会结构中,城市居民在制度上放弃对农村土地要求,享受城市居民的社会保障,通过支付对价来分享农业劳动所得;农村居民放弃对社会保障的要求,通过自我生产满足日常所需,虽占有的资源和财富很少,但无需为就业发

---

① 周作翰、张英洪:《解决"三农"问题的根本:破除二元社会结构》,《当代世界与社会主义(双月刊)》2004 年第 3 期。

② 温铁军:《"三农"问题并不是简单的制度问题》,《经济展望》2005 年第 12 期。

愁,因为农民的子女天生就注定了还是农民。这一制度在当时并没有什么优越性可言,但随着土地成为最重要的财富和经济发展的最终平台,土地日益显露的财富性特征吸引着城市居民和资本的聚集,如果不能从制度上加以限制,农民不但无法参与公平农业竞争,甚至有可能完全失去土地。从法律上讲,城市居民和资本因为身份的限制而不能直接进入到农村社会的制度屏障,恰恰就是原本用来限制农民流动的户籍制度。除了资本撬动权力通过征地权改变农地权属的行为,就在当前的土地制度下,农民对集体土地的处分在法律规定上还是有相当的自主权的。所以说,户籍制度在拒绝城市资本入侵农村土地的方面对农民和农村起到了支持和保护作用。

3. 二元户籍制度具有历史合理性

当前的户籍制度是由公权力主体,在特殊时期主导并实施的一种不合理的区别对待,从制度内容上看是将本来统一的公民权利一分为二,并且形成了对一个阶级的制度歧视。这种区别对待通过国家权力的确认,以制度的形态固定并存在下来的,被灌输并体现了公权力主体在特殊时期所秉承的制度价值理念和主导社会发展方向的主观意志。必须承认,在特殊时期,只有将国家资源集中用于工业发展,才能解决国家面对的国际、国内的问题,将农业发展置于次要位置是因为资源客观局限性和国家发展环境而作出的两难选择。根据马克思唯物主义理论,正是由于当时的经济基础十分薄弱,我国才不得不选择了这样一种割裂性的社会模式,这是历史发展必然经过的一个过程,西方国家认为这样的过程是国家资本的一种"原始积累",但特别值得说明的是,这一选择和斯大林对于苏联农民的赤裸裸的剥削有着本质的区别。国家代表人民行使国家权力,但其获得法律上的授权只能说明其权力来源的正当性,而不能说明权力内容的正当性。因此,国家关于户籍制度的法律法规在今天看来确有不妥之处,这是由历史的局限性和唯物主义的客观性决定的,在当时国家具备了"集中力量办大事"的条件,也只有优先发展工业,才能有反哺农业并用现代化改造农业的可能性。

马克思认为,世间万事万物一直都处于变化中,没有事物是静止不变的。对于一个国家来说,同样也是出于发展变化的,即便是这个国家有意停止前进的脚步,整个时代和外部环境也是在不断发展的。因此,当国家进入到一个新的发展阶段,户籍制度的局限性就要求必须对其进行符合时代特征的改革,要以发展的眼光看待一个制度在特定时期的历史价值并分析在未来时期可能产生的价值变化,更不能单纯地予以一味继承,毕竟让某一个阶级始终作为国家发展的代价承受者不符合社会主义国家的性质和奋斗目标。而在今天,用发展的眼光、辩证地审视户籍制度本身的规定,其中关于农民集体是集体土地唯一权利人的规定,对农民土地权利的保护仍旧具有现实意义。

(三)赋予农民平等的"宪法权利"以解决"三农"问题

无论从社会地位、占有的资源、经济发展水平还是相关权利的行使方面,农民较城市居民都有着不小的差距。根据 2014 年 1 月 20 日国家统计局发布的 2013 年经济数据中,全国居民收入基尼系数为 0.473,表示收入差距较大;全年城镇居民人均可支配收入为 26955 元,农村居民人均纯收入8896 元的统计结果,再次暴露出农村问题的严重性。[1] 为解决"三农"问题,以张英洪为代表的学者提出:"为农民说话,关键是要给农民以《宪法》关怀,赋予农民一切平等的《宪法》权利,这是中国农民走出几千年来'兴亡百姓苦'历史性怪圈的必然选择"[2],也就是说,他们认为通过赋予农民平等的《宪法》权利,是解决农民问题的一个出路,但从如下几个方面考虑,这一理论仍有可商榷之处:

首先,《宪法》规定并未剥夺农民平等的公民权利。列宁曾经指出:"宪法的实质在于:国家的一切基本法律和关于选举代表机关的选举权以及代表机关的权限等等的法律,都体现了阶级斗争中各种力量的实际对比关系。"[3]不但如此,在政治力量的对比中,还存在和同一阶级内部的不同阶

---

① 《2013 年全国基尼系数为 0.473 达到近十年最低》,新华网,http://www.js.xinhuanet.com/2014-01-20/c_119045665.htm,2014 年 1 月 20 日。

② 张英洪:《张英洪自选集(2000—2011)》,九州出版社 2012 年版,第 144 页。

③ 《列宁全集》第 17 卷,人民出版社 1988 年版,第 320 页。

层、政治集团之间的力量对比,我国农民作为政权构成的基础,在政治舞台上有着举足轻重的影响和作用,因此农民享有的权利和负担的义务与全体公民一样是对等的,无论是在政治权利、经济权利还是社会经济权利等方面,都没有在《宪法》中表现出任何的歧视。

特别值得提出的是,《宪法》并没有刻意将农民"身份化",没有将农民固定在土地上的立法理念——在《宪法》第一章第一条第一款:中华人民共和国是工人阶级领导的、以工农联盟为基础的人民民主专政的社会主义国家,这其中所规定的"农"是指农民阶级,是将农民作为一种政治力量,是相对于工人阶级而言,是有一定的身份性和成员性特征;在《宪法》序言中:"社会主义的建设事业必须依靠工人、农民和知识分子,团结一切可以团结的力量",以及第一章第十九条第三款:"国家发展各种教育设施,扫除文盲,对工人、农民、国家工作人员和其他劳动者进行政治、文化、科学、技术、业务的教育,鼓励自学成才",上述条款中提到的农民,是指以农业生产为职业的劳动者,也就是一种"职业"。纵观《宪法》文本,人民、公民、劳动者、农民等不同的表述在不同的语境中发挥着特定的作用,有着不同的内涵和范畴,农民也在《宪法》规定的政治、经济、社会等各种关系中体现着多重意义,但最终是"融入集合性的概念(人民)与个体性的概念(公民)之中,是在两种形态的相互关系中存在的",[①]也就是无论作为阶级整体还是单独个体,农民都是受到《宪法》保护的普通公民,在法律地位和权利保护上同城市居民没有差别。

其次,《宪法》保护农民权利的法律规范不具有可操作性。《宪法》是国家的根本大法,其所规定的内容都是国家最根本、最重要的问题;在法律效力上,《宪法》拥有凌驾于其他法律之上的最高效力;在修改程序上,《宪法》比其他的法律更加严格,这些都说明《宪法》所规定的内容在国家社会生活中是处于一个多么重要的位置。但社会生活是不断变化的,在党中央的领

---

① 韩大元:《中国宪法文本上"农民"条款的规范分析:以农民报考国家公务员权利为例》,《北方法学》2007 年第 1 期。

导下,社会始终在向一个公平、完善、和谐的方向发展,这是一个动态的运动过程。《宪法》作为国家的根本大法不可能经常修改,要保持《宪法》的稳定,其内容在制定上必须要有一定的前瞻性,也就是说《宪法》应当是规划了社会生活理想的应然状态,而不是实然状态的总结和集合。具体到《宪法》保护农民土地权利的方面,因其总括性、前瞻性和概括性,对于现实生活中出现的具体问题没有规定解决的直接办法,也没有必要设计具体措施——《宪法》只需规定正确的方向和最高准则即可,其他的问题应当交由下位阶的法律、法规等去解决。目前农民的政治、经济、文化等一系列权利都处于欠公平的状态,这是因为下位阶法律在制定具体规则的时候违背了《宪法》的精神,而不是《宪法》本身的规定出了问题。

法律规则一般有三个具体的要素:假定条件、行为模式和法律后果,法律之所以让人感受到"不怒自威"的压力,正是规定了对行为模式的限制和具有惩治性的法律后果,而这正是《宪法》规范所缺乏的内容。因此,将《宪法》作为直接裁判依据的提法本身就是伪科学的。《宪法》如有必要对其某些规定进行调整,就必须要启动最为复杂、严格的修宪程序,为了保证法律的权威性和稳定性,修宪的周期也必定较长。《宪法》修改完成之后,下位阶法律、法规根据《宪法》确定的精神调整自身的规范,又是一个复杂的立法过程;而最终将法律细化到能够具体实施的状态,这个过程是既复杂又漫长的。因此,运用不具有可操作性的《宪法》对农民的具体权利进行保护,是不切实际的。

最后,《宪法》对农民权利的保护依赖于其所保护的核心价值。《宪法》是公民权利的保证书,这是《宪法》的核心价值。法国《人权宣言》宣布,凡权利无保障和分权未确立的社会就没有《宪法》;列宁认为:"宪法就是一张写着人民权利的纸"[①],无论是资本主义《宪法》还是社会主义《宪法》,在保证公民权利的方面都是相同的。《宪法》是国家各项生活的总括性规定,但无论是哪一方面的规定,其基本内容仍然可以分为两大块:即国

---

① 《列宁全集》第12卷,人民出版社1987年版,第50页。

家权力的正确行使和公民权利的有效保障。① 在两者之中,公民权利的保障是居于主要地位的,也就是说国家权力的行使必须率先保障公民的权利和自由,所有下位阶的法律和国家机关的权力行使也必须服从这一原则。

当前,《宪法》已经认可了农民集体对集体土地的所有权,这其实就是授权农民集体在权力运行允许的框架内可以自由行使权利,而能够限制权利行使的应当仅限于国家的整体发展战略、公序良俗和禁止权利滥用等基本原则。但行政权力有着扩张的天性,如果没有良好的权力控制机制,行政权力就会通过立法层面开始将触角延伸到农民集体的所有权方面,通过虚化所有权主体、控制基层自治组织、增加审批环节和剥夺最终决定权等方式,行政权力已经在立法和事实上控制农民集体的所有权,并形成了一个完整的体系。这不是修改几部法律、更换几个地方政府领导就能改变的现状,可以说在农民土地权利方面,国家权力还没有被"关进笼子里"。当前,新一届政府在《中共中央关于全面推进依法治国若干重大问题的决定》明确提出,"坚持依法治国首先要坚持依宪治国,坚持依法执政首先要坚持依宪执政",②这就是要求"全国各族人民、一切国家机关和武装力量、各政党和各社会团体、各企业事业组织,都必须以《宪法》为根本的活动准则,并且负有维护《宪法》尊严、保证《宪法》实施的职责。一切违反《宪法》的行为都必须予以追究和纠正"。③ 因此,要解决当前农民土地权利的被侵犯和被剥夺,就更应当充分发挥《宪法》的最高权威性,撤销和纠正违宪违法的法律法规,并在立法、执法和司法上全面限制政府权力的恣意妄为,尊重民事主体的权利尊严和自由,才是实现农民土地权利改革的正确方向。

---

① 周叶中:《宪法学》,高等教育出版社 2005 年版,第 38 页。

② 《中共中央关于全面推进依法治国若干重大问题的决定》,新华网,http://news.xin-huanet.com/2014-10/28/c_1113015330_6.htm,2014 年 10 月 28 日。

③ 《中共中央关于全面推进依法治国若干重大问题的决定》,新华网,http://news.xin-huanet.com/2014-10/28/c_1113015330_6.htm,2014 年 10 月 28 日。

二、世界其他国家在农业改革过程中
农民权利实现的情况研究

世界各国非常重视农业改革和农民权利的保护,都在结合本国实际积极探索农业发展的道路,西方大部分国家由于起步较早、国内外环境较好等因素,实现了农业的现代化和农民的各项土地权利,积累了有益的经验;也有一些国家在改革中步伐过大、造成了理论和实际脱节,反而给国家农业造成了不可挽回的损失。致使改革成功或失败的原因是多样化的,既不能照抄照搬也不能盲目否定,而以批判性的态度来审视这些改革过程,提出有助于我国农业改革的具体措施,才是横向比较研究的最重要意义。

(一)成功的农业改革促使农民权利的实现

美国、日本和法国,分别作为传统资本主义国家、土地私有制国家、亚洲小农经济与私有化和现代资本主义较好结合的国家范例,为农业改革和农民权利实现提供了有益的成功经验。

1. 美国的重要农业政策和改革

美国作为当今世界上农业生产力发展水平较高的国家之一,以 2.4% 的农业人口生产了世界食物产量的 20%,特别是在 20 世纪 80 年代左右其粮食产量就已经占到了世界粮食出口的一半。这样的成就归结于农地私有制激发了农场主的逐利热情,美国政府重视对农业的发展和科技的支持,全面、高度的机械化生产以及国内外市场经济对农业的刺激作用等。但生产的社会性和私人占有之间的矛盾始终决定了农业生产也必将经历资本主义性质经济危机的考验,美国政府应对 20 世纪 40 年代末期至 80 年代的两次重大农业经济危机措施乏力,迫使其通过设立美国商品信贷公司对剩余农产品价格进行干预和强制缩减生产相结合的方式,对农业生产进行对内的侧重经济方面的宏观调控,这在一定程度上限制了农场主自由经营和融资的权利;对外,美国政府通过持续扩大出口和农业补贴的方式支持农业争夺国际市场。这些方法虽然起到了一定的作用,但因关贸总协定乌拉圭回合谈判协议的达成,促使美国通过了《1996年联邦农业完善和改革法》,标志着美国农业进入到一个新的时代。

在这部法律中,美国首先提出通过《农业市场过渡法》,通过取消长期以来的农产品补贴计划,将农场主完全推向世界市场,自己承担市场风险;其次,通过"生产灵活性合同补贴",给予农场主在不改变农业用地用途的情况下自行调整种植计划,同时允许农场主根据市场情况申请将部分耕地作为保护地进行休耕或适当的环境保护,作为全国性的农地储备政策,将获得美国政府的补贴;强化农产品抵押和无追索权贷款的办法,并继续增强出口计划。

这部法律通过改变美国农场主的现有权利,对美国和世界农业发展带来的巨大的影响:首先,农场主的经营自主权被再次放大,通过和世界市场的接轨,大农场主为实现资本利益的最大化必将根据市场的需要和趋势进行农业生产,同时通过提升国土规划的公众参与度,其经营自主权受到国内法的约束将降低到最低。其次,通过取消农产品价格支持,表面上看使中小农场主失去了政府价格保护的权利,实则给予了农业生产者以更平等竞争的权利和机会,通过市场规则实现优胜劣汰将进一步推动美国农业的扩大化发展。再次,融资自由权。美国为农业生产融资建立了以政府为主导,以市场为基础,多主体分工协调、相互配合的投资融资机制,形成了政府投入、农业商业信贷、农场主自身投入和社会组织投入相结合的不同资金来源,将信贷金融与农业生产有效地结合起来,将资本转化为农业发展的动脉,提升了农场主的个体竞争力。最后,更自由的价格制定权。新农业政策将刺激美国农业在新时期的在发展,美国农场主将通过降低成本、扩大种植面积、提升科技含量、形成行业协会等多种方式成为"世界农民",不但可以直接和其他国家的政府在农业方面进行谈判,甚至对一国的政策产生深远影响。可以说,美国农业改革在丰富了美国农业生产者权利的同时,也为其权利的实现打造了更加广阔的平台。

2. 日本的农业现代化进程

日本的农业现代化进程开始于二战之后。日本政府于1948年颁布《农业改良助长方案》，1951年开始执行《农地扩大和改良十年计划》，1952年制定《主要农作物种子和土壤保护法》，并以政府为主导投入大量资金进入土地改良工程；最重要的举措是废除了半封建的寄生地主制和租佃制，让广大农民享有了农地的私人所有权；加之减税、财政援助、劳动力转移和推行机械化等方式，为日本的农业现代化进程创造了有利的条件。以1961年制定的《农业基本法》为标志，日本的农业在良种化、化学化、农田水利化和农业机械化等方面都有了较快的发展，在20世纪80年代后期日本已经成为世界上农业机械化程度较高的国家之一。在整个日本农业现代化的过程中，呈现出了与欧美国家相对不同的发展进程，体现了独特的发展特点：

首先，尊重国情，择机适度发展。日本政府在工业不能为农业提供大量劳动机械并因全国实行小农经济、土地零碎化不利于大型农业机械使用的情况下，并没有直接效仿欧美的发展模式，而是采取符合当时国情和自然条件的、循序渐进的水利化、良种改良等基本措施，待时机成熟后才推进机械化开展，做到了既没有盲目跟风，又没有浪费时机的理性发展。

其次，因地制宜，开展小农经济与农业现代化的结合。日本的国情使其无法走欧美发达国家农业发展的"先扩大规模，再实现现代化"的道路，而是因地制宜在小农经营的基础上重点发展小型农业机具机械化；日本政府并没有盲目推行规模经营或者土地国有制度，而是充分尊重了农民的私人土地所有权和个体经营权，采用了制度引导与科技改良相结合的方式，吸引农民自觉自愿地加入到农业现代化进程中。

再次，提升农业基础地位，促进农业与工业的协调发展。日本农业现代化的高潮期和工业现代化的高潮期基本重合，得益于日本政府对工农发展的战略同步，一方面农民的职业自由给工业发展提供了大量的剩余劳动力，另一方面，工业为农业生产了大量物美价廉、优质高效的农业机械，在继续继承传统的精耕细作的基础上将提高土地单产和农业效率结合起来，是实现农业现代化的重要原因。

最后,高度的农业自治权。日本的农业协同组合(简称"农协"),在生产资料、技术服务等个体经营的短板方面对农业劳动者提供有效帮助,并建立农协自己的加工场所、技术开发和培训基地,通过开展农业职业教育的方式提升农民的劳动水平和素质。"农协"作为代表农民利益的组织,在发展农村经济、改善农民生活、提高农民的交易地位、推进农民现代化建设等方面,做出了极大的贡献。[①]

3. 法国的农业生产关系变革

法国是欧洲大陆传统的农业国,也是欧洲发达国家中保持小农经济最久的国家之一,其农业现代化进程在战后取得了飞速的发展,和其他发达国家相似,法国也经历了一个通过技术革新、推广机械化、提高农业生产技术和单位产量,同时转移大量农业剩余劳动力的过程;但法国的农业生产也有其独特的特点,一是农业生活结构因地制宜的变化,也即有传统的粮食生产,向畜牧业、饲料粮、经济作物和园艺作物方向发展,通过这样的改革,法国畜牧业和水果产业迅速跻身世界前列。但是深刻影响法国农业生产、社会关系和农业劳动者权利的,是法国家庭农场的改革和土地集中政策。

法国农业的传统生产主体是家庭农场,二战后,法国政府为实现农业生产的现代化和专业化,采用经济补贴与政策引导相结合的方式,引导大农场主接收小农场主放弃的土地以形成规模较大的专业农场。当然,规模农场的顺利形成必然和国家合理的整体政策有着紧密的联系,首先,法国政府以市场价格收购小农场土地并出售或租赁给中型农场以促进其规模扩大,在收购的过程中特别保护了原农场主的土地收益权;其次,保障离地农户的生存权,引导原农业劳动者进入到第二、第三产业并给予培训和相关费用,规定只有接受职业教育并获得证书的劳动者才能获得农业补贴并从事农业劳动,同时给 60 岁以上的老人发放终身养老金,消除了从事农业生产的老年劳动者的后顾之忧,将农民这一职业变成了可享受的实在利益,这也是土地

---

① 陈春燕、王巍:《发达国家农民现代化模式的借鉴》,《长春理工大学学报(社会科学版)》2010 年第 4 期。

集中政策能够深入推行的重要原因;最后,稳定农业生产者的土地所有权。法国政府在土地权利继承方面做了特别的规定,不允许将土地分给多个子女共同继承以防止土地分散,同时也保障农场主租地的稳定性和长期性,稳定了土地的经营和投入,保证了农业生产的连续性和稳定性。与此相适应的,法国农场主也形成了具有本国特色的合作社制度,并且形成了合作社和家庭农场既相互独立又相互结合的双层结构;在这一结构下,合作社根据农业的发展和市场的变化,组建了流通合作社、生产性合作社、服务合作社和信贷合作社;不但如此,合作社随着其职能和涉及领域的拓展,正向更高级的形式过渡,在部分地区已经出现了"地区联盟""合作社集团"等高级经济组织。

(二)农业改革失败导致农民权利的缺失

俄罗斯、印度和巴西都不是现代社会中的发达国家,农业改革虽然取得了一定的成就,但横向比较起来不但暴露出不少问题,而且侵犯了农民的部分土地权利,是不应当忽略的制度教训。

1. 俄罗斯土地改革中不可忽视的教训

作为我国的近邻,俄罗斯的土地制度变化和权利变更的过程极具代表性,深刻反映出土地制度从来就不是单纯的法律问题,而是更多复杂政治问题协商的产物。在代表社会主义生产关系的苏联解体后,叶利钦认为:"必须真正放弃苏共对权力的垄断,将权力转给人民和苏维埃。采取根本措施扩大工业企业的实际权利,在农村实行多种形式的所有制"①,这是俄罗斯土地改革的启动信号,并给这次土地改革的启动染上了政治色彩。1990年的《俄罗斯苏维埃联邦社会主义共和国农业(农场)法》和《俄罗斯苏维埃联邦社会主义共和国土地改革法》,彻底改变了苏联时期执行的土地国有政策,在现代俄罗斯首次实现了土地的个人私有;1993年,时任联邦总统的叶利钦以行政命令的方式通过《关于在俄罗斯调整土地关系和发展土地改革

---

① 鲍里斯·叶利钦:《叶利钦自传》,朱启会、何韫译,东方出版社1991年版,第246页。

的命令》(1767 号)再次肯定了土地私有化的合法性,明确了公民作为土地所有权人的权利内容,并在其《宪法》第 36 条予以规定;1996 年叶利钦通过《关于实现公民宪法土地权利的命令》再次扩大了土地所有权人的权利。

这一阶段的土地改革是因意识形态转轨并进行的初步尝试,因此在改革特征上首先表现为自上而下的公权力意志的强制灌输,大量的行政命令和政府文件虽然构成了俄罗斯改革的基础,但由于整体思路不明确、配套制度不健全,只是完成了所有权在立法层面上的变迁;因土地测绘、整理等具体工作没有落实,农民即便是在法律公布之后还是按照原有的劳动方式利用土地,土地流转市场也没有能够实现,最终土地的流转和融资权利都固定在了法律条文上;作为土地权利重要保障之一的《俄联邦民法典》所坚持的"只有法律规定的才是允许的"民法原则束缚了土地权利人的手脚,在长期政治高压下的农民和基层管理者对上层政治和法律发生的突变完全没有准备。这一阶段的俄罗斯土地制度虽然开始了土地私有化的大框架,但由于政治因素的作用大于法律和社会因素,因此农民的权利和改革的结果一样,极具不稳定性。

以 2001 年俄联邦土地法典的生效为标志,俄罗斯开始了第二阶段的土地制度改革。通过颁布土地法典和《俄罗斯联邦农用土地流转法》,俄罗斯构建并激活了一直被束之高阁的农民土地权利,解决了所有权人对土地占有、使用、收益和处分的权利。随着 2004 年以后陆续出台的关于土地类型转换、规划等部分法典的出台,俄罗斯为其社会转型阶段土地权利的重构画上了句号。在这一阶段中,特别是土地法典的审议过程中,体现了俄罗斯内部政治力量的斗争过程,但处于社会底层的农民却没有参与和发言权;在私有化实现之后,俄罗斯农民并没有从土地私有中获得任何实在权利和好处——"俄罗斯私有化的直接结果是,虽然到 2003 年已有将近 60%的农地被私有化,却只有 5%是真正为个人所有"[1]。由于土地权利未能真正落到

---

① [以]Z·莱尔曼、[俄]N·沙盖达:《俄罗斯土地改革及农地市场发育状况》,西爱琴摘自美国农业经济学年会报告《俄罗斯土地改革与农地市场发展(2005)》,国外社会科学2006 年第 6 期。

实处,最终俄罗斯还有大量的集体农庄和国营农场保持着原有的生产方式和状态,其现代化程度全面下降,生产从集约走向粗放,丧失了原来集中力量办大事的能力,最终改革的成果只是实现了土地私有化的立法主线。可见,无视社会发展规律和传统文化、忽视完善法律体系的构成,单靠国家权力单方面的强制推进,是不能促进土地制度变革一蹴而就的成功的。普京时代是俄罗斯对土地制度改革和农民权利的落实的"补漏"时代,因此俄罗斯土地制度构建还必将经历不断改革的阵痛。

2. 印度农业改革及土地权利的改造

印度作为南亚大陆原本土地最肥沃的国家,在独立之前因在政治上作为英国的殖民地而在生产关系上一直作为英国工业的原料供应地,印度一直实行封建主义生产关系,农民不享有任何土地权利,只作为佃农被视为农业生产的工具。印度独立之后继续实行土地私有制,但殖民地和封建的烙印十分严重,落后的社会结构导致土地集中问题格外突出,农民毫无任何土地权利。为了缓解严重的社会压力、农民阶级的反抗情绪和稳定全国政权的需要,印度政府发起了"废除中间人地主"、"租佃改革"和"土地持有最高限额"等土地改革,但由于改革目的本身就不是旨在赋予农民相关的土地权利,且又因政治体制落后、邦联制政体导致的地方矛盾及发展不平衡、利益阶层反抗势力过大和人口无节制快速增长等原因,使整个改革只在一定程度上激发了农民的劳作热情,没有改变封建半封建的生产关系,农民的土地权利在立法上就没有得到保障;印度长期奉行的等级制度使农民在印度社会中没有任何政治地位,在如此落后的社会体制下,农民根本毫无权利可言。

印度政府在独立后相当长的一段时期内一直忽视农业的投资政策,降低了农业的基础地位和作用,滞后了国家整体发展;但印度政府在20世纪60年代末70年代初意识到了农业问题的严重性,开始重点关注农业投资和实施"农村发展计划"。在农业资本的投入中,资本的来源不仅限于国家投资,私人投资也发挥了重要作用——完成了大量小型农业基建投资,有效缓解了国家资金压力;在"农村发展计划中",印度政府将农村基层组织改组为性质明确的政府最底层管理组织,建立了包括信贷、销售、农业生产等三种形式的合作社,政府在资金和政策上予以大力投入和倾斜。上述改革手段在发展农村经济、促进农民增收等方面起到了重要的作用,也在一定程度上促进了印度农村资本主义经济关系的发展。

从总体上讲,印度的土地制度改革也是其国内政治力量斗争的结果,由于印度国内资本主义实力有限,还无法和封建地主生产关系决裂,又因中央政府权力薄弱而无法有效抗衡地主势力的阻挠,最终导致农村两极分化日趋严重。在印度的经济发展中,土地也一样显现出愈加明显的财富性,而引得资本大量涌入,剥夺农民本就不稳定的租佃权,并最终导致大量农民失去租佃土地的机会和权利,沦为流民。由此可见,科学的政治体系和先进的政治形态对于土地制度和农民的土地权利的实现都是具有极为重要的意义的。

3. 巴西的土地利用及农民权利现状

作为正在崛起的发展中国家并同为"金砖国家"的巴西,其农业在当今世界上也处于一个举足轻重的位置,是多种农、林、牧产品的主要出口国。但土地资源丰富、自然资源多样并看似农业繁荣的巴西,仍旧存在着重要的制度问题。巴西是典型的土地私有制国家,但土地资源分配十分不均,占全国人口3.5%的地主持有56%的可耕地,40%的穷苦农民只占有1%的土地,这种世界罕见的土地高度集中造就了巴西大庄园主农业和小农经济并存的农业格局。作为农业直接劳动者的普通农民来说,急需土地耕作以维持生存,但大农场主占有着绝大部分的土地,即使任其荒芜也很少向农民租赁,因此农民就只能作为佃农被农场主雇佣劳作,基本上没有任何土地权利;即便庄园主将土地租赁给农民,进行的也是时间较短的短期租赁,通常不签订合同,农民的土地使用权当然也不能受到保障。这样的情况造成巴西虽然资源相对丰富,但农业现代化水平较低,大量农村人口仍旧生活困难。

(三)各国在现代化农业改革中呈现的经验教训

上述几个国家通过自身的农业制度改革,或取得了本国农业现代化的成功和土地权利的实现,或还要继续在改革的道路上徘徊,无论是在国家发展水平、地理位置、国家政体和性质以及农业发展特点方面,都十分具有代表性。通过对上述国家在新时期的农业改革进行总结就不难发现,无论改革成败,总有一些经验是可以借鉴的。

1. 农业与政治的关系,既相对独立又互相影响

政治对外表现为一国的国体和政体。由于老牌资本主义国家社会生产率较高、农业科技水平先进,而且一般实行土地私有制度,因此有些学者盲目地认为私有制是发展农业的法宝。但根据上文的分析和论述可知,私有制仅作为一种生产资料的占有制度,并不能从根本上对农业生产产生决定性影响,俄罗斯从公有制转为私有制的例子就很好地说明了这一点;巴西、印度同样作为土地私有制国家,并没有实现和美国等西方老牌资本主义国家一样的农业成功。从这个角度上说,农业的发展和土地性质并没有必然的联系。

农业的发展方向和农民的土地权利实现水平都归属于国家对内政策的一部分,而国家对内政策往往是国家内部几种政治势力相互斗争、相互妥协的结果,特别对于新兴国家和处于社会整体改革的国家来说,国家政策对农业的影响是非常明显的;而在美国这样政治稳定的资本主义国家,当农业劳动者成为拥有相当政治话语权的利益集团,也通常都会利用政治优势为本利益集团争取政策支持。此外,科学完备的政治管理体制对农业生产也有一定程度的影响,国家政令畅通、规划符合实际、改革方法科学、不同政治力量以国家整体利益为协商基础等,都能推动本国农业的现代化,而最为重要的是保证了农民作为国家公民的基本权利。而通过对上述国家农业发展情况的比较,巴西、印度、俄罗斯的实例直接打碎了部分学者的"私有制万能论"——很好地证明了私有制仅是一种生产资料的占有制度,不能从根本上对农业产生决定性影响——农业的发展和土地性质并没有必然的联系。

2. 科学的农业发展体系是农业进步的配套组成

凡是在农业上成功的国家,都不是通过一项或几项制度改革就实现了农业的进步,都是将农业作为重要的国家发展战略,以完善、配套、科学的体

系促进农业进步和权利落实的。在这个体系中,理性政府的构建是整个农业制度改革的核心,因为政府的构成都是社会精英、拥有广泛的社会资源,应当比普通民众拥有更理性、更科学的认识和决策能力,因此自上而下的改革比自下而上的革命更容易在保证社会稳定的情况下促进农业进步。

通过前文的研究可知,成功的农业体系不能仅仅局限于满足本国需求,必须要有长远的战略眼光,这就要求整个农业发展体系的构建需要有前瞻性、整体性和科学性。就如同美国农业一样,对土地强调科学种植、对农具强调现代化设计、对农场主强调要成为"世界农民",美国的农场主早就不满足于在本国农业市场中博弈,更加重视在国际市场上的影响力。因为站得高,所以看得远,所以就能更好地应对农业市场的变化,当然也就有了有效的风险管理防控机制。相对于美国农业来说,多数发展中国家都还处于"查缺补漏"的阶段,在国际市场上当然不占任何优势。

3. 农业改革的实质在于保护人的基本权利

农业是人类生活资料的来源,无论科技发展到什么地步,吃饭、生存始终是人的第一要务。发展农业就是保护一个国家的生命线,这样的理念为世界各国所承认,因此,无论是土地资源丰富的美国、巴西,还是相对缺乏的日本、印度,各国政府都将最大限度地利用土地作为一项重要任务,而农业发展的最终目的就是实现全体人民的生存权。

从另一个角度上讲,发展农业同时也要保护农民的各项权利:在产权清晰的国家,如美国、日本等农业发达国家,农民的产权是通过国家法律保障的,在法制薄弱的俄罗斯或巴西等国,是通过行政命令推进对农民权利保护的;在土地使用权方面,农业发达国家已将使用权细化为多种可转让的权利进行分配,形成了一个完备的权利体系,并由农民享有完全的自由经营权;在农业融资方面,在政府主导与金融市场结合的框架下,建立了一套高效的融资系统,为农民的经营发展提供了保障;特别是在生存权方面,以法国最为完备,不但为离地农民提供持续的职业教育和岗位培训,更为老年农业劳动者发放终身津贴,真正实现了"老有所养"。

在上述农地权利以外,农业发展最应当保护的是农民的发展权。随着科技的进步和农产品数量的增加,生存问题在多数地区得到了解决,但农业和农民的发展问题却在各国表现不同。同为欧洲国家的法国和俄罗斯就走上了完全不同的道路——在小农经济向现代农业转轨的过程中,法国政府在尊重农民权利和习惯的基础上通过市场购买的方式完成了小农经济向大农场主经济的转轨,并支持农民自发形成的双层管理结构;反观俄罗斯的农民,在完全不知市场竞争和土地私有为何物的情况下,就被政府强行推到了土地私有轨道上,农业生产能力下降、生产水平倒退、整个农业出现了危机。这说明,尊重农民的生活习惯,结合本国实际情况因地制宜地开展土地改革、重视农民的发展权,对农业的现代化是有推动作用的。

4. 重视农业的基础地位是各国政策的共同点

农业对于一个国家的政治、经济和社会发展起到了重要的基础作用,对于农业发展的重视程度,随着世界经济的发展而有竞争规模和激烈程度扩大的趋势;凡不重视农业生产的国家,农业必将成为滞后社会发展的短板。因此,为了寻求农业发展的现代化,世界各国在很多领域都达成了高度的默契:

首先,上述所有国家都重视本国农民之间形成的合作关系或合作社,而且相互合作的程度越高,涉及的范围越广,对于农业发展的促进作用越明显,甚至形成了以合作社经济为基础的规模化企业。

其次,农业与工业相比是相对更加脆弱的产业,自身发展水平具有先天的滞后性,无论是哪个国家的农业至今都无法完全脱离"看天吃饭"的自然规律的制约——根据美国农场局联盟资深经济学家 Terry Francl 所说,2005年的卡特里娜飓风,"按保守的估计,给美国农作物及牲畜造成的直接损失达 10 亿美元。另外,由于水路运输中断及不断上涨的油价,飓风带给美国农业的间接损失也将达到 10 亿美元。"①但即使自然条件再艰苦,世界各国都努力通过科技进步弥补大自然给农业带来的制约,如地域狭小的日本因

---

① 驻美国使馆经商参处:《美农场局联盟预测卡特里娜飓风给美农业造成的直接损失达 10 亿美元》,中华人民共和国驻美大使馆经济商务参赞处,http://us.mofcom.gov.cn/aarticle/jmxw/200509/20050900436577.html,2005 年 9 月 14 日。

地制宜地进行小型农具的规模化、地域广袤的美国则是大型农具的天下;日本通过施肥和改良品种增加产量,而印度则要和土地退化等资源被破坏的现象作斗争。这些政策的核心都要求工业发展对本国农业进行积极的反哺和拉动,将工业在技术领域的突出优势转化为农业生产的动力和保障,以此来弥补各国自然资源的缺陷。

再次,农业融资、贷款和劳动力就业的自由选择,也是推动农业发展的有效措施。农业劳动者本身并不拥有大量的社会财富,就需要建立完善的融资渠道和贷款途径,积极引进广泛的投资主体注资农业,这样才能推动农业的发展,如巴西为解决农业改革中资金缺乏的问题,甚至允许跨国公司等外国投资主体投资本国农业以弥补本国经济和技术的不足,取得了良好的效果。从事农业的劳动人口多未必就能达到好的预期,这一经验已经被农业发达国家的实践予以证实了,发达国家中农业生产者逐步减少已成为普遍现象,美国农业人口比例为2.4%、加拿大为2.8%、法国为3.2%、英国为1.9%、德国为2.8%、日本为3%左右①,法国甚至采用国家引导主动转移劳动力的方式降低农业从业人口数量,这些国家的目的就是通过推行农业现代化、机械化,以提升城市化进程,最终为工业提供充足的劳动力。当然,劳动者人身自由、就业能力和公平社会保障是能够实现劳动力无障碍流动的基本前提。

最后,有效保护农民的土地权利是各农业发达国家最突出的共性。欧美发达国家的农业权利体系是建立在所有权理论基础之上的,不管是国家所有土地还是私人所有土地,所有权及其附属权能都在没有滥用的情况下受到法律的尊重和保护。在现代市场经济框架下,农业劳动者对土地的占有、使用、收益和处分权利被最大限度地受到尊重,发达国家对农业的干涉仅限于在对内管理权限的整体规划和建议权,以美国为例,农产品的定价权甚至直接由农场主自我掌握,这并不是赋予农场主滥用垄断权利而对其他非农业劳动者不公平的体现,而是美国政府相信所有的市场参与主体均有

---

① 李清华:《对农民工问题的战略思考》,《中国发展观察》2010年第6期。

理性的判断能力并能够服从市场经济的一般规律——由于农产品市场是开放的、充满竞争的,如果农场主们恶意提高价格,那么购买人将会自动转向价格公平的进口商品,失去市场份额对农场主们来说无疑是最致命的。因此,所有的经济行为都将趋向于公平的基本原则。政府只需运用权力构建规则公平的市场经济,当交易市场建立以后,权力便应该从这些领域中退出,这也就是保护土地权利的另一个途径——权力的控制和理性政府的形成——当政府将关注的焦点集中于制定规则的方式是否合法、规则是否公平、有效等问题的时候,政府自然就把自己当成了在经济互动中的普通主体,对于农民权利的保护和对政府权力的控制当然也就成了顺理成章的事了。

三、农民土地权利实现的整体思路
与关联制度重构

中国共产党是代表全体人民利益的政党,是人民权利的捍卫者。无论是战火纷飞的战争年代,还是在快速发展的和平时期,中国共产党都坚持将人民利益高于一切作为所有政策的出发点,也正是在这样的政策指引下,我国才能取得民主革命和社会主义建设的成就。在这其中,土地政策能够准确反映我党的执政理念和治国目标。通过对经典著作的研习,马列主义经典作家关于农业是社会基础地位的论述,土地国有和合作社对农村经济的促进作用,以及城乡统筹是促进农村经济发展的趋势等相关论述,成为我党农村政策的重要理论基础;毛泽东进一步确立了农业是国民经济基础的思想,强调在社会主义建设中要特别注意保护农民的利益,继承了农业合作化思想并在实践中实现了农业的社会主义改造,通过提出农业机械化思想为我国农业发展指明了方向;作为党的第二代领导核心的邓小平将农业、农村和农民问题提升到党的工作和国家发展战略的首位,首次提出了科技兴农的概念,结合我国农业生产的实际创新性地提出了"实行家庭联产承包责任制"和"实行集约化经营"两个飞跃的构想,并通过具体的改革在实践中充分调动农民的积极性,提升了农民的主体地位;以江泽民为核心的党的第三代领导集体,在"三农"问题的路线方针和政策上始终坚持农业、农村工作的战略地位不动摇,通过确立农村地区社会主义市场经济体制积极推进农业和农村现代化建设,通过促进小城镇、乡镇企业的建设和发展促进工农和城乡关系的协调发展,而作为还权于民的最突出表现,则是扩大基层民主、健全村党组织领导的活力和村民的自治机制;以胡锦涛为核心的党中央在农村问题上,提出以科学发展观作为重要的指导思想统摄全局,以统筹兼顾为原则,以人为本、推进各项工作全面协调可持续发展的战略,解决因农村各项问题的落后引起的社会发展不和谐,成为十七大提出的解决"三农"问题的重要的理论基础和指导思想;十八大将农村工作视为党的工作的重中之重,以习近平为核心的中央领导集体着眼于农民增收、制度改革、城乡一体化发展等多个方面,旨在努力构建新型社会关系。

(一)土地制度改革需确定的指导思想

新时期,我国仍旧面临农村问题的巨大压力,农业人口不断膨胀、世界农业格局在发生着持续性变化,构建符合市场经济规律的现代农业体系是摆在我党面前的重要任务。要实现成功改革,就必须要首先树立新型指导思想。

1. 尊重历史和国情,以党的基本政策作为研究的出发点

2014 年,新一届中央领导集体召开中央农村工作会议,习近平从我国经济社会长远发展大局出发,对推进农村改革发展的战略性和方向性重大问题做了明确要求;李克强就具体推进农村现代化、履行政府职务等重点任务做出了具体部署。会议讨论并通过了《中共中央、国务院关于全面深化农村改革加快推进农业现代化的若干意见(讨论稿)》,并由国务院以中央 2014 年一号文件的形式下发,确定了新时期中央对农业工作的战略部署:在农业生产方面,完善国家粮食安全保障体系、强化农业支持保护制度、建立农业可持续发展的长效机制;在制度创新方面,深化农村土地制度改革、构建新型农业经营体系、改善乡村治理机制;在社会发展方面,加快农村金

融制度创新、健全城乡发展一体化改革机制。

从我党土地政策发展变化来看,已经形成了以保护农民对土地的占有、科学合理发展农村经济、推进农村各项工作以促进全社会发展的、层层深入的、具有中国发展特色的"纵贯线";中国共产党以执政党的高瞻远瞩,将"三农"问题作为影响国家进步的历史性问题予以高度重视,在 2004 年至 2014 年间连续十一年发布以"三农"问题为核心的中央一号文件,体现了科学执政、执政为民的先进理念,凝聚了党内外先进的理论思想,承担了作为国家复兴中坚力量所应承担的历史责任;在我国处于社会转型期的关键时刻,党中央的农业发展政策在弥补了法律滞后性应对新时期各项问题出现空白的同时,又是立法不可或缺的重要指导;更重要的是,党中央政策的制定来源于社会各界的精英,具有代表性和广泛的群众基础,期待每年的一号文件已经成为全体人民对新时期社会发展方向判断的一种习惯。

因此,要破解"三农"问题,要实现农民权利,要推进社会整体进步,始终不能脱离对党中央政策的研究和理解,否则,就可能脱离了全社会发展的基本框架,一旦突破了这个框架,所有的研究也就脱离了中国发展的现实,成为无水之源、无本之木;而党的政策在具体实施方面留有相当的研究空间,学界应集中于就如何细化实现党的方针政策进行研究,才有利于实现国家整体进步与农民群体发展并行。以此为前提的研究才是当今学界应当背负的有意义的责任。

2. 以重构农民和国家的关系为制度构建的重要目标

新中国成立以前,农村就是国家权力与基层权利相互角逐、交互影响、又相互协作的空间。在这一领域内,国家通过动用权力整合松散的农民社会并汲取基础建设的资源,农民通过基层权利维持本身相对封闭的社会空间和秩序并对抗权力的入侵以继续生存,王朝的更迭和时代的变迁折射出农民和国家关系的巧妙与复杂。

学者黄振华通过对国内外国家与农民关系理论进行研究后认为,国家的政治治理结构、权力控制程度、基层民主水平和基层实际治理模式都是影响国家和农民关系的因素,在四个研究视角中,"不论哪一视角,国家权力都不同程度地扮演了农民权利和利益的侵犯者、压制者甚至掠夺者的角色，国家与农民的关系主要表现为控制与抵制、汲取与抗争的对立性关系"①；由于对国家或政府权力作用的深度研究不够深入，"国家权力在这些研究中被作为前提条件出现，或者作为一个模糊混沌的庞然大物来对待。基层干部作为国家权力的代表，经常以一副可憎的面目形象出现在分析中，他们的行为模式是作为研究前提而非研究对象存在的。这样一来，国家和农民的关系的研究很容易陷入一种压迫——反抗或者权力博弈的简单模式之中。"②

然而在新形势下，国家和农民的关系并不仅是这种对抗性互动，更多的是大量良性的合作：学者杨弘认为在国家与社会的四种形态中，"弱国家—弱社会"、"弱国家—强社会"、"强国家—弱社会"均不是理想的国家与社会关系形态，只有"强国家—强社会"这种模式，即"由于国家与社会之间彼此具备平等协作、互利互惠的基础和条件，使国家与社会之间可能形成一种良性互动、共同进步的局面，符合人类未来社会实现'善治'目标的愿望，因而成为处理国家与社会关系的一种理想模式"。③ 自 2004 年起国家对"三农"问题做出重大举措起，社会生产关系逐步适应社会生产力发展的内在要求，满足了基层民众对民主的渴望和诉求，而使国家和农民的关系正逐步向良性发展。

农民政治情感和心理的转化也深刻影响着国家和农民之间的关系。受儒家政治文化、农耕文化和中国传统政治结构的制约，中国传统农民在政治情感上缺乏参与的主体意识，表现为对皇权、父权等代表个体的崇拜和服从，缺乏对整个国家公共管理制度的信赖和参与，在政治地位上处于权力的从属和依附。近代社会格局在外部力量的冲击下促使农民政治心理产生了

①　黄振华：《国家与农民关系的四个视角》，《中国农业大学学报（社会科学版）》2014 年第 3 期。

②　周飞舟：《从汲取型政权到"悬浮型"政权——税费改革对国家与农民关系之影响》，《社会学研究》2006 年第 3 期。

③　杨弘、胡永保：《建国以来我国农村基层治理中国家与社会关系的演变及启示》，《理论学刊》2012 年第 7 期。

剧烈震荡,从被动、麻木的心理状态中催生了爱国、民主和自由的情感,特别是在新型思想主义的指引下,农民将自己与新型政治主体紧密结合起来,开始反抗旧时传统注定的"命运";这一阶段,农民和国家的关系受到社会发展进程的影响,呈现出在革命阶段的紧密结合和经济发展中抵触冷漠的交替结合,不过最值得庆幸的是农民的政治心理和对国家命运的情感已经从过去的麻木和疏离中转变出来,他们开始关注并参与到国家命运的进程中,并从自我意识上将自己与国家命运开始紧密相连,而这一关键的转变,正是由中国共产党在半个世纪内做到的。现代以来,以家庭联产承包责任制为突破口的农村经济基础格局的变化剧烈影响着作为上层建筑的农民的政治情感,宿命意识、平均主义、保守主义淡化,公民意识、民主意识和法治意识增强,可以说经过国家现代化发展的带动,农民的价值观更趋于理性,农民实现了从臣民向公民的角色转换。

在政权构建、社会形态和政治情感等多种因素的作用下,农民和国家之间的关系都将最终通过农民对国家政权认同及两者的互动得以体现——在政治地位的改造上,由于提升了阶级地位并满足了农民心理的需求与归属感,农民对新政权完全认同并奉献了全部忠诚;不符合农民意愿的社会运动和自然灾害迫使农民在政治和生存间选择了后者,农民在这一时期以冷漠和怀疑的态度消极抵制着政权掀起的政治运动,继而进行的人民公社运动损害了农民的切身利益和基本权利,成为农民认同国家行为的障碍;随着经济制度的调整和权利的恢复,农民和国家的关系进入到又一个春天,但始终处于弱势地位的农民所享受的利益和拥有的权利与城市居民的差距不断加大,"三农"问题的凸显再次让农民的政治认同感降低;在取消农业税之后,国家各项政策开始向农村倾斜,在获得了实在的经济利益的前提下,农民各项权利有所张扬,和国家的关系再次回暖。

不难看出,虽然影响农民和国家关系的因素很多,但核心问题在于农民权利是否得到了尊重和保护,利益能否实现。纵观我国古代、近代和现代的历史,凡是农民和国家关系处于"蜜月期"时,不仅农民收获了利益,而且国家社会稳定、农业进步、社会发展处于上升期,反之则各项事业均处于停顿和倒退的状态,这就说明作为中国最重要组成部分的农民在国家发展历程中所起到的作用是决定性的。因此,国家制度体系的构建应当特别重视国家和农民关系的维护、重视农民利益的保护机制、重视农民的利益表达机制,以良好的权利互动促进农村工作的开展。

3. 正确理解土地制度对经济增长的推动作用

土地是人类文明发展的基础,土地制度从来都是经济发展的核心动力。从古至今,我国的商鞅变法、英国的圈地运动、日本的明治维新、美国的西进运动,土地制度的变革在促使国家经济迅速富强的过程中都起到了重要的推动作用;土地承包经营制度激发了农民的劳动热情,调动并激活了农业生产要素,在满足生存权的前提下向工业输送了大量的原材料和劳动力,乡镇企业和农村工业化成为这一时期国民经济成长的主要力量,这些因素直接推动了国家经济走出低谷;自20世纪90年代末至今,中国经济保持高度增长所依靠的高度工业化和快速城市化两大引擎,都是以土地制度的不断变革作为"发动机"的。

即便土地制度变革在国家经济发展中曾经起到决定性的作用,但土地经济中最为根本的农业生产因其占据大量自然资源、生产周期长、所需劳动力多、需持续投入且受客观自然条件影响较大等特点,天然地成为一种低收益、高风险的产业;一方面,农业既要不断提高社会生产力以积累农产品养活从事其他产业的劳动者,另一方面,农业劳动生产率提高到能生产出超越其他劳动者所需的产品时,农业劳动力开始自动转向生产价值更高的产业,这就形成了农业剩余劳动力的流动;在农产品能够满足社会需求时,农业不会成为社会生产力发展关注的对象,当农业因受到战争、自然灾害的影响而不能提供足量产品时,才能再次受到社会的关注。市场经济作为以市场资源为基本配置手段的经济形态,对农业的基础地位也产生了一定影响,由于农业的高成本、低利润的特点,难以对具有逐利性的资金、生产资料和劳动力配置产生吸引力,而这些生产因素的离开就会直接导致农业投入降低、科技水平发展缓慢并难以形成现代化生产模式。

随着农业政策的稳定、严控的耕地面积和科技水平的提升,我国已摆脱了农产品短缺的危机;新的土地使用政策则给经济增长找到了新的途径,结合着国家城市化发展战略,土地成为提升国家经济水平不可或缺的重要资料——学者刘守英等对 2002 年至 2010 年土地供应量、土地出让金及土地抵押贷款与固定资产投资和宏观经济波动的关系进行研究后认为,土地各项资源的投入水平与经济增长呈正比浮动的关系,形成了地方经济"以地谋发展"的战略,形成了"土地—财政—金融"联动的供地融资和发展机制。① 这说明,完善、务实、科学的土地制度无论在什么时候都是国家经济发展不可缺少的因素。

土地制度的内容并不局限于土地资源的分配和利用,还深刻影响着依靠土地生存的农民的切身利益:农民土地权利的维护和实现是土地制度改革最为重要的方面,然而在经济发展优先的大环境下,地方政府反而忽视了其保护农民权利的基本职能,好像只有强大的拆迁队伍才是推动经济发展的保障;他们没有看到的是以生命为代价的反抗、失地农民的流离和人民对党和政府的误解和失望,是无论经济发展到什么地步都无法挽回的;一旦作为生产环节最重要的人失去了激情与活力,社会各项经济发展必将遭受严重挫折。因此,在重视土地制度对生产发展起到促进作用的同时,也应当认识到土地制度所涵盖的对农民权利保护的内容。

4."权利—权力"框架的构建是现代土地制度的基本框架

对于新的土地法律体系的改革,众多学者提出了"国有化""私有化""改良说"等多种理论模型,而之所以产生如此多理论冲突的根本原因就是学者们对于土地权利的最终归属产生争议。当今的学界处于一个"百家争鸣"的时代,学者们可以提出各种改进土地制度的学说并予以论证,然而在激烈的争议中,学者们的主流研究视角更集中于如何高效、规模化利用土地,如何完成国家的农业战略,如何实现农业的现代化。这些站在为全民族谋福利的高度上进行论证而得到的新的理论,却忽视了一直处于默默奉献

---

① 刘守英、周飞舟、邵挺:《土地制度改革与转变发展方式》,中国发展出版社 2012 年版,第 168—172 页。

和被剥夺的农民群体,而恰恰是这一群体失去权利保障的人们的隐忍和放弃,才将学者们的论证变成现实。既然土地改革要使全民受惠,那为什么在众多学说中却鲜有将"农民的权利"作为改革思路的出发点呢?

《宪法》,是国家发展方向的指引,是公民权利的保证书;《宪法》,从来没有规定哪一个阶层在新社会里,还必须要忍受权利被剥夺和侵犯;《宪法》,以特有的"权利—权力"框架,为我国各项制度改革指明方向。这里特别强调的是,人民的权利是社会改革的最终目的,农民的权利是土地制度重构的核心内容。在学术争议与讨论中当然欢迎"百花齐放",但最基本的前提条件是这朵"花"必须根植于"权利—权力"的土壤中,才能开得鲜艳、开得长久。

(二)推动农业发展需进行的视角转变

十八大报告提出,加快完善城乡发展一体化体制机制,着力在城乡规划、基础设施、公共服务等方面推进一体化,促进城乡要素平等交换和公共资源均衡配置,形成以工促农、以城带乡、工农互惠、城乡一体化的新型工农、城乡关系。这是新时期我国城乡关系、工农关系发展战略的基本方向,其中应率先完成如下战略关系的调整:

1.将工业优先发展转为工农业协同发展

自古职业分化以来,农业和工业的关系就一直在对立、统一中不断交织,从中国古代的"重农抑商""士农工商",到近代中国的民族工业复兴,再到新中国的优先发展重工业战略,农业和工业似乎从来都是一枚硬币的两面,纵然并存但始终对立。这样的社会发展遗产一直影响着我国经济发展模式的确定,特别是我国处于社会主义初级阶段,国家经济基础薄弱,面对内忧外患必须要发展重工业而自立,也没有大量资本可以同时投入农业;加之工业产值较大,在经济发展中更易出成果,在短期内提升财政收入的能力更加明显,因此从中央到地方都将工业优先发展及现代化视为工作的重心。在社会发展初期,这样的战略选择是必须的也是无奈的,但国家在进入到社会经济全面发展时期的时候,这样的战略选择会造成国家产业发展的不平衡:首先,农业和工业在本质上是不可分离的。农业是工业的原料和劳动力的来源,是工业发展的基础,同时也是工业消费品的市场和购买者;如果农业被无限轻视以至于退化停滞,农民既不会再用工业产品(化肥、农机等)投入到农业建设,也没有能力消费工业产品,那工业将成为"无水之源"。其次,工业发展水平促进了农业发展速度。传统的农业耕作方式,完全依靠农民的传统经验和精耕细作,对农业具有决定性意义的始终是"老天爷",这种情况在今天部分工业并不发达的地区仍旧存在,而工业发展较好的东部农田则普遍使用了现代化的农耕机械和高效的农药和肥料等。正是工业的科技化带动了我国农业生产在短时间内登上了一个台阶。最后,互相隔离的发展模式使工农业都在相互消耗对方的发展成果。处于低俗、原始发展方式的农业必将要求将大量劳动力固定在土地上,无力购买工业的创新科技,也就无法提供大量廉价的工业资源,这将直接导致工业原材料价格的上涨、劳动力成本的增加、工业产品最终价格的全面上扬,而农民就更不会购买高价的工业产品;为了降低产品成本,企业可能会通过降低工艺和用低质原材料的方式生产,这对环境的污染极大,而环境污染对农业生产又造成了恶劣的影响,这就形成了工、农业不和谐发展的恶性循环。

要克服这种恶性循环,就必须要坚持农业与工业协调发展的战略思想,党的十八大正式提出了"促进工业化、信息化、城镇化、农业现代化同步发展"的新时期发展战略。西方发达国家在工农业协调发展方面已经获得了部分有益的经验,特别是在工业反哺农业领域创新设立了"工程农业"这一全新的领域,为工农业的结合发展起到了示范和借鉴作用;我国学者也在本国经济发展的基础上,提出了工农业生产方式趋同、实现资源统一配置和财政支持合理构建的多种思路,是实现党中央在新世纪战略目标的有益尝试。正如学者吕新雨在考察西方资本主义社会农业现代化之后得出这样的结论:"农业革命本身只有成为工业革命的一部分的时候才能获得彼此的成功,他们是需要相互促进的,彼此的分离也是彼此的失败。西方现代化的发生都是在城市与乡村的互动关系中完成的,是城市与乡村的彼此决定、塑造和完成,而后发现代化国家的问题恰恰在于彼此的断裂与脱钩。"①

2. 重构社会生产要素的配置规律

因为资本经营天然具有逐利性,这就导致在社会资源的配置上,资本都首先向工业领域倾斜,如工厂企业一般选择交通便利、地理位置好的交通枢纽附近建厂、工业企业一般选择生产利润较高的生活资料而较少关注农业器具的改革,科学人才也都集中在现代化都市而远离农村,特别是大量资本不愿意投入到利润增长率低的农村等。这些目前难以克服的资源配置不公平,在现代农业发展进程中都起到了反作用——良好的农田被侵占、交通不便导致农产品运输价格提高、科技水平不高难以提升产量和抵抗灾害、没有足够的资本实现农业现代化和科技化。

农业现代化的实现不是喊上一两句口号就能实现的,这需要几代人的不懈努力,更需要政府的正确引导和全社会的积极参与。这其中,核心在于发挥政府的领导力和协调力,要求政府在调整社会管理思路基础上,将农业发展和其他产业发展协同考虑,如在征地方面,做到科学规划、实现农地的集约化和规模化;在社会资源引导方面,加强科技支农力度,引导科技企业转向农业科技开发并给予一定的政策支持;在人才培养和流动上予以科学引导,吸引大量优秀人才加入到现代农业生产的队伍中;改革制度弊端,消除对农业支持和农民保障的歧视政策等,彻底改革社会资源优先配置于工业生产的思维惯性,将有限的社会资源以科学、合理的方式在农业和工业之间进行配置。

3. 转土地"国家"所有观念为"公民"所有思想

无论在什么时代、无论是哪个国家,都特别注意土地制度构建,其中土地的所有权是备受关注的焦点。通过判断一个国家土地所有权的归属主体,一般就能够大概判断出该国的国体和政体,甚至是经济发展的基本模式:如老牌资本主义国家普遍采用土地私人所有为主,经济发展模式以市场经济、自由经济为主,即便是英国这样在法律中明确宣布土地归属"英王所

---

① 吕新雨:《乡村与革命》,华东师范大学出版社 2012 年版,第 259—260 页。

有"的国家,其土地的实际产权仍旧控制在私人手中;社会主义国家和新兴独立的民族国家,一般施行的是土地公有制,即由国家代表公民代为行使土地所有权,经济发展正在由计划经济向市场经济过度。

我国是个传统的中央集权国家,国家权力的强大不仅在事实上深入到国民生活中,而且在思想领域产生了数千年独特的政治文化并传承至今,即便在权力来自于权利的今天,大多数公民仍旧畏惧且崇拜国家权力。这种政治运行模式就注定了在数千年的历史长河中,我国不存在土地私人所有的传统基础;在新中国成立初期短暂施行的农民土地私有制,在整个国家的发展历史上仅是昙花一现;作为旗帜鲜明的社会主义国家,我国更不可能施行土地私有制,这与党和国家的战略目标、基本任务都是背道而驰的。因此,我国的土地制度一直是国有、公有。但在含义的理解上,很显然当前很多地方政府领导都出现了巨大的理念偏差。

《宪法》序言中明确表述:"中国人民掌握了国家的权力,成为国家的主人",这说明全体人民才是这个国家的最高领导者,是这个国家的主人;《宪法》第六条区分了全民所有者和劳动群众所有者,《宪法》第七条又对"全民"的概念做出了明确的解答:"国有经济,即社会主义全民所有制经济,是国民经济中的主导力量……"《宪法》第二条、第三条规定国家的一切权力属于人民,人民通过各级代表大会、国家机构管理国家事务。通过上述表述,《宪法》的规定清晰地传递出这样一个理念,即全民和集体是国家财产的所有者,任何主体都没有超越这二者的权利;政府不能代替国家、人民和集体成为财产的拥有者,它只是人民权利的代行机构。但在实践中,地方政府和官员都将自己视为一方土地的所有人,这是没有完全理解国家、人民、集体、政府之间关系的体现,是对《宪法》规定人民权利的误读。

因此,要实现对土地的合法利用,获得最广大人民的支持,消除民众的对抗情绪,保证人民和集体的土地权利,地方政府和官员们就应当认清楚自己作为公仆和土地权利代行者的地位,不要僭越人民的权利,不要觊觎他人利益,守好自己的本分,转变思想真正成为人民权利的守护者。

（三）实现农民的土地权利是法治社会的价值目标

要在新时期实现国家利益、集体利益和个人利益的平衡协调发展，就要明确哪些权利是民事权利，民事权利的具体特征是什么，为何应当受到保护等问题，这就涉及对法律所需保护价值目标的判断和选择。

1. 民事权利蕴含着对权利正当性的探索

权利形成的历史，就是人类从蒙昧走向文明的过程——对于权利，罗马人将正义同法学结合起来，力图以法律，即政治组织的强力系统运用，来支持凡是正当的或正义的事情，①这是探索权利的萌芽状态；自然学派认为自然权利来自于自然法，来源于人的理性，是一种"自然权利"或"天赋人权"的观念；18世纪末开始，黑格尔指出，权利并非是多数人或所有人的意志之合，而是渊源于意志内在的普遍性，是普遍意志的客观化②；英国功利主义法学家边沁则认为，"权利是法律之子……自然权利是无父之子"③；马克思则认为，"权利受到社会的经济结构以及由经济结构所制约的社会的文化的发展的限制；权利只不过是社会经济关系的一种法律形式，权利的来源只能是人类社会本身，而不可能是超自然的力量。"④可以说，对于权利的争论和认识贯穿着整个西方文明的历史。古代中国的权和利的组成，与近现代意义差别甚大；近代以来，美国传教士丁韪良首次使用"权利"以对应西方"right"一词，他所提到的"中国人的精神"其实是对应的我国古代程朱理学的"天理"观，虽然是一种古代思想家们以自然现象为基础而提出的唯心主义思想，但被视为一种人类正当欲求的起源，说明权利的思想基础是自然公理的公正性。

---

① ［美］罗·庞德：《通过法律的社会控制：法律的任务》，商务印书馆1984年版，第44页。

② 林喆：《权利的法哲学——黑格尔法权哲学研究》，山东人民出版社1999年版，第249页。

③ 张文显：《当代西方法哲学》，吉林大学出版社1987年版，第125页。

④ 韩冬雪：《论马克思主义的权利观》，《吉林大学社会科学学报》2001年第1期。

2. 民法规范是对民事权利的立法确认

伴随人类活动的高度社会化,利益不再仅限于满足人类生物需求的单纯物质,更进一步通过满足各自需要的交换过程形成了不以个人意志为转移的利益关系;由于人类逐利性的本能,为了避免人类在利益纷争中自我毁灭,法律应运而生,这种用于平衡利益关系的普遍社会约束力成了民事权利孕育诞生的土壤;法律不可能对所有的利益进行保护,"法的利益只有当它是利益的法时才能说话"①,法律存在的目的是对现有的利益进行选择性的保护,经过法律加以选择保护的利益就成为法益。符合民法理念的法益经过立法程序认定后就上升为民事权利;其余部分没有被通过民法认定的法益,也对社会生活产生着重要影响,成为游离于法律体系之外的实质上的应然性民事权利。于是,有学者认为法益和民事权利的关系本身就是微妙的,"民事权利在实质上是实然状态的法益,而法益则是应然状态的民事权利。"②民事权利的诞生经历了"利益—法益—民事权利"的演变过程,表达了人类的生物本能、社会利益选择和国家利益认定之间相互交融、影响和作用的过程,而在这其中发挥了最为重要作用的,则是旨在维护个体权利与社会利益平衡的民事法律。没有民法支持的民事权利是不存在的。

3. 实现农民土地权利从应然向实然过渡是法治社会的目标

民事法律虽然是对法益实现保护最有效的工具,但其本质仍旧是法,符合法的一般属性。一般来说,民事法律对法益的保护是比较宽泛的,而部分由于特定原因而暂时没有被民法确认的法益,其正当性、共同利益性和存在的合理性并不因为一国法律的否定和遗漏而减损其价值,反而会因符合全人类的共同认知和理性选择而在人类文明历史中恒久存在。当一国的政治、经济和社会发展水平达到一定的高度或法律保护价值发生变化时,对这些遗漏法益的确认就成为一国法律修改的动力,不断发展的社会形势和公民对民事权利的渴望就成为民法进步的外在推力。将应然的法益转变为实

---

① 《马克思恩格斯全集》第 1 卷,人民出版社 1995 年版,第 178 页。
② 吴文嫔:《论民事权利的诞生》,《郑州大学学报(哲学社会科学版)》2008 年第 4 期。

然的民事权利,对于目前民事权利缺失的农民来说是法治进步所体现的制度关爱。

我国《宪法》总括性地规定了人民的基本权利,其中绝大部分通过相应部门法的制定和实施已经得以实现,但却有极少部分的权利因为国家发展客观情况和立法者的主观选择等原因没有得以认可,而成为尚未得以实现的应然性权利,其中农民的政治权利、经济权利、受教育权、职业选择权、迁徙权等基本权利在实践中就打了折扣,成为二元社会制度缺乏公平的有力佐证。2014 年 12 月 3 日,习近平在我国首个《宪法》日做出重要批示:"……坚持依法治国首先要坚持依宪治国,坚持依法执政首先要坚持依宪执政。要坚持党的领导、人民当家作主、依法治国有机统一,坚定不移走中国特色社会主义法治道路,坚决维护《宪法》法律权威。要以设立国家《宪法》日为契机,深入开展《宪法》宣传教育,大力弘扬《宪法》精神,切实增强《宪法》意识,推动全面贯彻实施《宪法》,更好发挥《宪法》在全面建成小康社会、全面深化改革、全面推进依法治国中的重大作用。"①党中央已指明我国法制在新时期的发展方向,对照着农民土地权利的实现问题,《宪法》所涵盖的内容和标准即成为改革的基础和准绳。

(四)实现农民土地权利的关联制度重构

本书前述对几项农民主要土地权利的重构是立足在当前形势下和社会关系基础之上,对现有农民权利结构的调整,虽然对农民相应的权利现状起到改良作用,但由于涉及改革的深度和广度有限而尚不能实现解放农民的终极目标;想要改变农民权利身份化的现状,就必须要对多个关联制度进行调整,从而在整体上形成改革农民权利的综合机制,才能实现解放农民的最终目标。

1. 改革税收体制,引导地方政府关注工商业发展

1994 年实施的分税制结束了中央与地方财政包干的局面,这不仅是一

---

① 《习近平在首个国家宪法日作出重要指示》,新浪网,http://news.sina.com.cn/c/2014-12-03/192231240980.shtml,2014 年 12 月 3 日。

项税收制度的改革,更重要的是中央权力对地方权力进行的集权化改革。这种集中财力的做法给地方政府的收入行为带来了两个压力效应:一是迫使地方政府将弥补财政缺口的方法转向地方税体系,然而这种做法不足以满足日益增长的地方事权支出的需求,于是催生出第二种压力效应——地方政府力图做大预算外收入,即以土地出让金为主的土地收入。

一般来讲,地方政府增加的土地收入主要用于补充财政支出和土地征用成本,或是通过成立政府下属的建设公司以便于从银行融资,而这种行为就是地方政府屡试不爽地将土地财政和土地金融相联系的办法;同时政府将储备土地几乎全部用于住宅和商业经营目的,不但扩大了出让收入,而且通过资本的不断投入增加了税收收入,形成了"土地出让—引资建设—银行贷款—征收土地"的动态循环发展过程,土地、财政、金融借贷成了推动地方财政充盈和城市化进程的新的"三驾马车"。然而这种城市化与西方国家的发展历程是迥然不同的,以房地产建设为推动力的城市化没有形成繁荣的外向型经济模式,没有把以工业生产和消费转化为城市运转的主体,最重要的是没有将农村人口改造为城市化劳动力,事实上所形成的城市化是一种低水平的、原始的、表象化的土地城市化,即大量的农村人口被迁入了原有土地而寄生在盖满新房的"城市"。

要改变这种不合理的发展模式,祛除地方政府身上的"商人习气",最重要的是要制定合法、合理、有效的税收体系。由于我国中央和地方税务体制的形成始终没有明确的法律规定,因此中央的行政命令就直接决定了地方政府的财政命运,这显然是草率的。因此,要改革分税制,首先就要制定合理的税收分配机制,保证中央的宏观调控职能、保证地方的促进经济发展作用;其次,应当通过合理划分税收种类和收入,刺激地方政府关注工商业经济发展所带来的税收收益,而不是单纯地以制造好看的地方财政报表为目的;最后,应加大转移支付力度,及时弥补在地方事权不减的情况下缩减财权的困境,形成对内管理的公平机制。

税收改革中一个较为重要的问题就是转移支付。转移支付是世界上多数国家维护中央权威、限制地方权力、构建集权政府采用的有效手段,这一目的通过分税制在我国行政管理体系中得以实现。但当前中央转移支付存在缺乏法律依据、支付比例过低、监督机制不健全、基层转移支付制度构建不健全等情况，不能满足地方处理事权的需要，这也是促使地方开发收入来源的原因。因此，应当根据国际经验，在设立转移支付法的基础上采用多种支付形式并存的方式提高支付水平；构建"一事、一权、一财政"的科学的事权、财权划分体系，让地方政府从繁重的财政支付和事权管理费用上解放出来，将注意力专注于经济发展，才是税收改革的主要目的。

2. 推动户籍制度改革，实现人口城市化

西方国家的城市化进程是由工业化发展带动的，产业结构和就业结构的转换促使农业人口转变为产业工人，才导致农业国过渡为工业国，城市化和工业化是具有高度关联性的。而我国的城市化进程并不与产业结构调整相挂钩，工业没有发展到预期的高度，虽然工业产值已接近于中等发达国家的水平，但就业结构的转换却相当缓慢，也就是说很多农民虽然能够离开土地，但工业并没有足够吸纳劳动力的能力，农民本身也不具备进入工业产业工作的能力，只能无奈地被排斥在社会发展的边缘，从事简单的重复性劳动，这样的群体在当今中国被称为"农民工"。农民工，在职业分工上是工非农，在权利保障上非工是农，是中国现代化进程中从事行业最多、地域分布最广、劳动强度较大、权利保障极低的一个矛盾群体，而体现在这一群体上的矛盾性的根源之一，就来自于户籍制度。

从计划经济时代开始执行到2014年7月前的户籍制度，表面上是对农民迁徙自由、身份选择和职业从事的限制，其实是国家对内管理的无奈选择，因为政策制定时的社会生产力和经济发展水平不足以让国家承担起对所有公民的社会保障责任；在国家实施改革开放战略使各项事业迅速发展起来以后，地方保护主义、GDP指标要求和对内管理水平的落后，使地方政府和领导始终将目光聚焦于财政的钱包反而不愿意承担农民的保障，在主观上放任农民在土地上缓慢发展。从"不能"到"不愿"，是户籍制度改革缓慢的重要原因。由于户籍的限制，广大农民，特别是失地农民、进城农民工无法获得全面、平等的社会保障；人口转换滞后是社会财富增长的反动力，其代价是当城市居民对房地产的购买力饱和而农民又无力购买的时候,房地产有价无市的状态将迫使开发商资金链断裂、导致银行坏账产生,依靠房地产增长而带来的 GDP 增长将如同泡沫一般破裂,这种畸形的发展模式将给国家带来巨大的危害。不仅如此,在一个社会主义国家,一个群体享受着完善的社会保障,另一个群体仍旧挣扎在温饱边缘,这是绝对不符合我党的治国宗旨的。

与时俱进、顺势而为,2014 年 7 月,国务院出台了《关于进一步推进户籍制度改革的意见》(以下简称《意见》),该《意见》通过"全面放开建制镇和小城市落户限制"、"有序放开中等城市落户限制"、"合理确定大城市落户条件"和"严格控制特大城市人口规模"等措施,共同构成了新时期的户口迁移政策,逐步落实了《宪法》赋予农民的迁徙权利;而该意见最终的目的在于通过"建立城乡统一的户口登记制度"以"建立居住证制度",这意味着在中国存在千年的"农民"这一称呼,将随着该《意见》的贯彻而彻底成为历史,身份的歧视将从此消失;不但如此,通过居住证制度的实施,对于每个公民来说都有在居住地享受平等公共服务的权利,用以区分身份和权利的"本地居民""外来务工人员"称谓也将不复存在,公平地享受国家发展所带来的利益将作为一项实在的权利为每个共和国的公民所享有。当前春运、民工潮、民工荒等问题的产生,究其本质是人民追求幸福生活的体现,向"北、上、广"这样的大城市流动的人口来自于各个地区、阶层和行业,而追求的则都是良好的生活条件、更多的就业机会和更优越的受教育权利等,追求幸福是促进社会前进的动力——如果政府将全部的精力投入到发展经济与社会保障、公平分配社会资源,按照《意见》当中提出的"扩大基本公共服务覆盖面""加强基本公共服务财力保障",对户籍管理方式变堵塞为疏导、变管理为服务,使人们在祖国任何地方都能享受到相似的社会资源,人口就不会再盲目集中流动。

本次户籍制度改革仅有的遗憾在于未规定户籍的退出和变更机制。对于某些在经济和社会资源分配上享有特权的主体,如明星、富商等来说,占有优越的户籍成了他们过多地占有社会资源的有利途径,他们一边享受着作为某地居民的社会保障,但并不经常在户籍地生活而不能对户籍地提供相应的税收支持,这对于户籍地其他的居民来说很显然是不公平的。立法者应当设立可进可出的户籍制度,对不承担相应义务的居民应当根据实际情况强制移转其户籍,以达到社会管理的公平。

3.重构农村基层经济组织职能和现行农村生产组织关系

家庭承包经营责任制经营已经成为我国农村的基本经济制度,是我国现行农村生产的主要形式,并在《宪法》第八条予以正式规定,其最大的特点就是"统分结合、双层经营","统"是指土地、大型水利设施等主要生产资料归集体所有,由集体统一行使管理权和经营权以完成农民个体不能完成的社会服务任务,"分"则明确赋予了以家庭为单位的农民对承包土地的自主经营权。在我国农业社会生产生活中,农民自治组织实际扮演着双重角色:一方面是政府下派的各项生产、税收任务、承包合同签订等社会事务的实际管理者,另一方面又是本区域内普通的农业生产的劳动者。随着税费改革的调整,特别是取消农业税之后,集体组织的财权因收入缩减而进一步紧张,很多地方都出现难以维持正常事权支出的情况;由于村委会领导在社会管理中因掌握着一定的权力而能获得一部分既得利益,因此刺激他们向基层政府寻求支持并甘心成为基层政府管理的代言人;由于失去为自己利益代言的主导者,农村社会将形成更加松散的、有分无统的社会关系,这样的结构导致农村基层自治能力萎缩、家庭主导地位进一步突出、社会公共事业无法开展,农村整体经济发展水平陷入了停顿状态,反而是家庭成为农村经济推动的主力;更难想象在户籍改革农村户口取消后,集体组织的号召力进一步减弱的情况下,现行的双层体制应当如何维持。但小农经济的固有弊病与我国发展现代农业是完全相悖的,同时缺乏有效的统筹兼顾也不可能形成有竞争力的规模经营,将无法与未来高度市场化、国际化的外国农业竞争。

在巨大的改革浪潮面前,人心思变,更多的农民必然顺势加入到城市化的队伍,传统的乡土联系将被打破,土地的流转和地上"三权分置"将实现人地关系在情感层面的剥离和在权利制度上的再结合,也就是新一代农村居民的构成将以"权合"替代"人合"。土地使用权在资本关系中就是权利人的有形资产,因此农村新型的经济组织完全可以根据现代企业制度和合作制的原则,建立一个自主经营、共同管理、权责清晰的、只专注于经济生产的合作组织,并以此成为全国建立统一农业经营组织的基础。

习近平早在担任浙江省委书记时就提出以农民专业合作社为基础、供销合作社为依托、农村信用合作社为后盾的,建立三位一体的"大农协"战略思想①;结合地方政府的职能改革,习近平提出了"要加快政府管理体制改革,尽快建立对农业生产资料经营、农业生产、农产品流通、农产品国际贸易进行统一管理的政府管理体制,对农产品生产、流通、进出口贸易和农业要素、农村消费品、农村工业品的市场供求,及时实施有效的宏观调控"②的"大农政"思想,并认为只有"大农协""大农政"同时推进、比翼齐飞,才是对农村体制系统性重构的战略思路。这一理念,已在 2013 年的中央农村工作会议上得到了体现,成为新时期农业发展和改革的指导思想。

4. 创设农业的资格准入和退出机制,促使农民"职业化"

2013 年中央农村工作会议明确提出:"让农业成为有奔头的产业,让农民成为体面的职业,……要把加快培育新型农业经营主体作为一项重大战略,以吸引年轻人务农、培育职业农民为重点,建立专门政策机制,构建职业农民队伍,为农业现代化建设和农业持续健康发展提供坚实的人力基础和保障"③,会议当中提到的培养职业农民是社会管理领域的一项重大变革,是官方对农民职业化改革的最新信号。虽然构建职业农民队伍的提法在政策制定领域较之前是迈出了一大步,但在理论研究领域尚有可进一步深入研究的空间,即将农民改造为和工商业、手工业等一样的全社会性的职业。

从中国工人阶级的形成来看,一方面是受到外国和民族资本壮大并带来的工业生产模式将传统中国人的生活改造得更加孤立化,从而形成了人

---

① 陈林:《习近平的"三农"战略思想》,《农村农业农民(上半月)》2014 年第 1 期。
② 陈林:《习近平的"三农"战略思想》,《农村农业农民(上半月)》2014 年第 1 期。
③ 《中央农村工作会议在北京举行》,新华网,http://news.xinhuanet.com/politics/2013-12/24/c_118693228.htm,2013 年 23 月 24 日。

口的流动和人地关系的剥离;另一方面,则是集体劳作的工作模式促使不同的人群通过特殊的联系重新组合为一种新的群体形态。在工业生产生活中,地缘和血缘关系被工厂中的师徒关系逐渐改变,每个从事工厂工作的个体为实现个体生存必须不断调整生活的技巧和方式,获得了一种与传统农民生产生活方式以及精神世界都截然不同的身份认同,归结起来就是思想的转变、社会结构的变化、资本的运行、身份的自由和人与人关系的独立,促使工人阶级的形成和职业化的实现。虽然工人是依靠资本关系生存的,但在工人内部的职业选择上已经实现了个体意志的自由,这是一种双向的选择机制,也是工人职业的生存特点。农民职业化改革完全可以参照工人职业化的过程,通过加大农民职业培养力度、发展专业农场、建立农业产业公司等措施构建农业的职业化转型的制度和现实基础。其中的核心,是设立农民职业的准入和退出机制。当前与这一机制相配套的户籍改革制度已经出台,为社会主体和资本投资农业提供了契机,农村的传统的生产关系和方式将通过资本的介入而按现代企业模式重构,这给更多怀有梦想的城市实践者到农村创业创造了条件,为城乡主体互换奠定了制度基础,其连带结果是农业准入机制将引导资本推动农业产业化形成,农业的退出机制将引导农民脱离土地进入到其他产业可以尽快实现人口城市化,尊重个体的尊严和生存选择,推动全社会对每个公民各项权利的平等实现。只有如此,农民的含义才能从根本上得以转变,农民才能够成为一种可供从事的职业,而不是让人轻视的身份。

5. 构建全国性农业组织,实现新时期农业的大战略

在思索中国农业的发展方向问题上,早在20世纪90年代,习近平在宁德工作期间出版的《摆脱贫困》一书中就已经涉及了小农业向大农业转化涉及的观念的转变:"第一,过去讲以粮为纲,现在讲粮食是基础的基础,从字面上理解,好像都强调粮食生产的特殊位置,但实质上过去讲的粮食只是狭隘地理解为就是水稻、小麦、玉米等禾本科作物。现在讲的粮食即食物,大粮食观念替代了以粮为纲的旧观念。第二,过去也讲农林牧副渔全面发展,但不是讲究它们之间互相联系,相互促进,追求的只是单体的经济效益。

现在讲综合发展,则是要提倡适度规模经营,注重生态效益、经济效益和社会效益的统一,把农业作为一个系统工程来抓,发挥总体效益。新农业效益观替代了单体经济效益观。第三,过去的小农业满足于自给自足,现在的大农业则要面向市场,追求农业生产的商品率,农业商品观念替代了自给自足的小农经济观念。"①从独立到整体、从单一向全面、从封闭到开放,这个当时的理想已经成为新时期我国农业发展的战略思想,一个"大"字,指明了农业的未来,为政府改革和学界研究确立了方向。

我国农业数千年来一直受小农经济影响,在大农业的道路上发展缓慢,家庭承包制由于政府的干预和农民集体的缺位,没有实现预期的统分结合的经营方式,导致行业独立、各户分散、难以形成规模经营、科技推广有限。反观世界各农业强国,几乎都是政府以行政管理者的身份退出农业经营范畴,取而代之的是组织科学、功能完备、独立程度较高的农业行业组织。这些组织的共同特点都是在全国领域内统摄农业的基本经营、引领科技创新、协调跨行业合作、代替农民个体与政府协商,甚至代表国家农业部门直接参与世界合作谈判,俨然成为独立于政府管辖的经济主体,如美国的大豆协会就一度给我国大豆出口造成不小的麻烦,日本的农业协会就是全民参与、组织结构严密、功能庞大的社会法人组织,在战后推动日本农业发展做出了巨大贡献。

农业已经进入到资本化阶段,家庭经营的模式将随着人口城市化、户籍改革、土地流通、规模整合、土地"三权分置"等因素,必然促使我国农业由分散经营向规模发展转化,这就要求农业经营者能有"大"的胸怀,顺势而为:在主体构建上,要建立全国性规模的农业合作法人组织,有独立且不受制于政府财政的经济来源;在行业分布上,要建立各农业类型的全国性组织,形成行业生产的有序发展;在功能结构上,要形成集科学研究、融资合作、产品加工、农业发展服务等多个服务平台,为农业生产者提供全方位的

---

① 习近平:《走一条发展大农业的路子》,中国农业新闻网,http://www.farmer.com.cn/xwpd/rdjj1/201411/t20141114_994838.htm,2014年11月14日。

指导和服务;在权力博弈中,必须能够代表一方农业经营者与国家权力进行有力的合作与对抗,保障农业经营个体的合法权益。

对于政府来说,"大农业战略"首先要求政府全面退出对农业经营的直接干预和管理——在农田管理上政府不如农民、在农业经营上政府不是商人、在农业合作上政府不是主体——政府有自己的应尽的义务和责任,那就是合理制度的构建和合法权利的保护;其次,政府应着眼于全国各项事业的协调发展,政府的精力和当前的形势决定了政府不可能也不应当再次制定某一行业优先发展的战略思路,从历史的经验看,工农业如同国家发展的轨道,哪一条都不能削弱;最后,国家应当充当农业的"服务生",协助农业组织在如政府间协作、地区金融合作、推动科技发展、培养农业后备人才等方面发挥作用,这些都超出了农业组织的能力,却是政府作为主权者的能力范畴。

中央农村工作会议要求将解决"三农"问题作为全党工作的重中之重,这是一个农业即将再次迎来发展的大时代;中央要求"我们的饭碗应该主要装中国粮",阐明了掌握粮食安全主动对掌控经济发展大局和国家稳定的重要作用,这是农业长远发展的大任务;"坚持以我为主,立足国内、确保产能、适度进口、科技支撑",这是农业发展方向和结构调整的大战略。要实现这些高瞻远瞩的目标,就必须要摒弃"船小好掉头"的落后观念,同时要转变对土地作用的传统认知——着力将低水平保障性的土地耕作发展为高水平主导性的农业规模生产,要建立具有中国特色的现代农业、农企、农资发展机制,打造中国农业的"辽宁舰",这是新时期农业的大核心。

结　　语

通过变革税收制度,促使地方政府改"以地谋利"为关注提升产业发展所得税收;通过"可进可退"的户籍制度,实现人口城市化来消除土地政策的负面效应;通过构建新的"资本型"农村结构,来实现农村组织的科学化改造;通过设置农业准入和退出机制,实现农民的职业化转变;通过建立全国性的农业合作组织,推动"大农业、大农政"的形成。这每一项改革的方案都是环环相扣、前后呼应、紧密配合的,而"核心是要解决好人的问题,通过富裕农民、提高农民、扶持农民,让农业经营有效益,让农业成为有奔头的产业,让农业成为体面的职业,让农村成为安居乐业的美丽家园。"[1]这一表述是新时期中央领导集体向全体农民传递出的最温情、最实在的庄重承诺,也是我国各行各业都应当予以重视的工作核心。

作为学术人,我们欢迎各种学术观点发表意见、积极争论,是因为我们坚信"真理越辩越明";作为学术人,我们并不愿见到过度的偏激观点,因为不愿被某些忘记肩负责任的妄言扰乱研究的思路。站在制度设计的角度,我们所擅长的是懂得如何在尊重现行法律秩序下,以《宪法》精神为指引,构建"权利—权力"的框架,为我国土地法律制度的革新和发展提出负责的

---

① 《中央农村工作会议在北京举行》,新华网,http://news.xinhuanet.com/politics/2013-12/24/c_118693228.htm,2013 年 23 月 24 日。

思考。

　　农民作为我国当前较为特殊且主要的一个群体,权利实现的道路还有待进一步拓宽,但党的十八届四中全会通过的《中共中央关于全面推进依法治国若干重大问题的决定》,再次强调了人民的主体地位和法律的平等理念,要求政府率先依法行政、司法机关公正司法,总目标是要全面推进法治社会建设。

参 考 文 献

一、经典文献：

[1]马克思:《资本论》第 1 卷,上海三联书店 2009 年版。

[2]《马克思恩格斯选集》第 3 卷,人民出版社 1995 年版。

[3]《马克思恩格斯全集》第 26 卷,人民出版社 1974 年版。

[4]《马克思恩格斯全集》第 2 卷,人民出版社 2005 年版。

[5]马克思:《资本论》第 1 卷,人民出版社 1975 年版。

[6]《马克思恩格斯全集》第 4 卷,人民出版社 1958 年版。

[7]《马克思恩格斯全集》第 30 卷,人民出版社 1975 年版。

[8]《马克思恩格斯全集》第 25 卷,人民出版社 1974 年版。

[9]马克思:《资本论》第 3 卷,人民出版社 1975 年版。

[10]《马克思恩格斯全集》第 46 卷(上),人民出版社 1979 年版。

[11]《列宁全集》第 4 卷,人民出版社 1988 年版。

[12]《列宁全集》第 29 卷,人民出版社 1985 年版。

[13]《列宁全集》第 16 卷,人民出版社 1985 年版。

[14]《列宁全集》第 35 卷,人民出版社 1985 年版。

[15]《列宁全集》第 37 卷,人民出版社 1985 年版。

[16]《孙中山全集》第 1 卷,中华书局 1981 年版。

[17]《孙中山全集》第 5 卷,中华书局 1985 年版。

[18]《孙中山全集》第 9 卷,中华书局 1986 年版。

[19]《孙中山全集》第 10 卷,中华书局 1981 年版。

[20]《马克思恩格斯全集》第 23 卷,人民出版社 2003 年版。

[21]《马克思恩格斯全集》第 1 卷,人民出版社 1995 年版。

[22]恩格斯:《反杜林论》,人民出版社 1999 年版。

[23]薄一波:《若干重大决策与事件的回顾》,中共中央党校出版社 1993 年版。

[24]《毛泽东选集》第 1—4 卷,人民出版社 1991 年版。

[25]《毛泽东选集》第 5 卷,人民出版社 1977 年版。

[26]《邓小平文选》1—3 卷,人民出版社 1993—1994 年版。

[27]中共中央文献研究室:《江泽民论有中国特色社会主义(专题摘编)》,中央文献出版社 2002 年版。

[28]中共中央文献研究室编:《建国以来重要文献选编》,中央文献出版社 1992 年版。

[29]中共中央文献研究室编:《建国以来重要文献选编》,中央文献出版社 1995 年版。

[30]胡锦涛:《高举中国特色社会主义伟大旗帜　为夺取全面建设小康社会新胜利而奋斗——在中国共产党第十七次全国代表大会上的报告》,人民出版社 2007 年版。

[31]《中国共产党第十八次全国代表大会报告》,人民出版社 2012 年版。

[32]《中共中央关于全面深化改革若干重大问题的决定》,人民出版社 2013 年版。

二、学术著作:

[1]吴次芳、靳相木:《中国土地制度改革三十年》,科学出版社 2009 年版。

[2]北京大学法学院人权与人道法研究中心:《中国农民权利状况考

察》,北京大学法学院人权与人道法研究中心,2009 年。

[3]赵德起:《中国农村土地产权制度效率的经济学分析》,经济科学出版社 2010 年版。

[4]中国(海南)改革发展研究院土地政策研究课题组:《中国农村土地制度的变革与创新》,南海出版公司 1999 年版。

[5]梁亚荣:《土地承包经营权保护制度的完善:基于海南、江苏等省的调查研究》,法律出版社 2011 年版。

[6]陈小君:《后农业税时代农地法制运行实证研究》,中国政法大学出版社 2009 年版。

[7]杨一介:《中国农地权基本问题——中国集体农地权利体系的形成与扩展》,中国海关出版社 2003 年版。

[8]刘俊:《中国土地法理论研究》,法律出版社 2006 年版。

[9]杨春福:《权利法哲学研究导论》,南京大学出版社 2012 年版。

[10]王效贤、刘海亮:《物权法总则与所有权制度》,知识产权出版社 2006 年版。

[11]王卫国:《中国土地权利研究》,中国政法大学出版社 2003 年版。

[12]解玉娟:《中国农村土地权利制度专题研究》,西南财经大学出版社 2009 年版。

[13]汪军民:《中国农地制度的立法基础与路径选择》,中国政法大学出版社 2011 年版。

[14]叶国文:《土地政策的政治逻辑》,天津人民出版社 2008 年版。

[15]孙宪忠:《德国当代物权法》,法律出版社 1997 年版。

[16]孙宪忠:《中国物权法总论》,法律出版社 2009 年版。

[17]刘书楷:《土地经济学》,地质出版社 2000 年版。

[18]梁慧星:《中国物权法草案建议稿》,社会科学文献出版社 2000 年版。

[19]叶剑平:《中国农村土地产权制度研究》,中国农业出版社 2000 年版。

[20]赵达文:《土地征收与补偿之研究》,台湾成文出版公司1982年版。

[21]王卫国:《中国土地权利研究》,中国政法大学出版社1997年版。

[22]孟勤国:《物权二元结构论——中国物权制度的理论重构》,人民法院出版社2004年版。

[23]徐国栋:《绿色民法典草案》,社会科学文献出版社2004年版。

[24]张新宝:《中国侵权行为法》,中国社会科学出版社1998年版。

[25]漆多俊:《经济法基础理论》,武汉大学出版社2003年版。

[26]罗豪才:《行政法论丛》,律出版社2004年版。

[27]吕世伦:《法的真善美:法美学初探》,法律出版社2004年版。

[28]张俊浩:《民法学原理》,中国政法大学出版社1991年版。

[29]王文革:《城市土地市场供应法律制度研究》,法律出版社2005年版。

[30]姚辉:《民法的精神》,法律出版社1999年版。

[31]陈小君:《农村土地法律制度研究》,中国政法大学出版社2004年版。

[32]李延荣:《土地租赁法律制度研究》,中国人民大学出版社2004年版。

[33]王利明:《物权法研究》,中国人民大学出版社2002年版。

[34]刘凯湘:《民法学》,中国法制出版社2004年版。

[35]高富平、黄武双:《房地产法新论》,中国法制出版社2000年版。

[36]何勤华:《外国民商法导论》,复旦大学出版社2000年版。

[37]沈开举:《行政补偿法研究》,法律出版社2004年版。

[38]程锐雄:《民法总则新论》,三民书局1982年版。

[39]单飞跃:《需要国家干预:经济法视域的解读》,法律出版社2005年版。

[40]王太高:《行政补偿制度研究》,北京大学出版社2004年版。

[41]谢在全:《物权法论》,中国政法大学出版社1999年版。

［42］姚辉:《民法的劲射》,法律出版社 1999 年版。

［43］费孝通:《江村经济——中国农民的生活》,商务印书馆 2001 年版。

［44］梁慧星:《中国物权法草案建议稿——条文、说明、理由与参考立法例》,社会科学文献出版社 2000 年版。

［45］伊田:《法国物权法》,法律出版社 1998 年版。

［46］沈开举:《行政补偿法研究》,法律出版社 2004 年版。

［47］柯武刚:《制度经济学》,商务印书馆 2000 年版。

［48］马新彦:《美国财产与判例研究》,法律出版社 2001 年版。

［49］梅夏英:《财产权构造基础分析》,人民法院出版社 2002 年版。

［50］屈介民:《专家民事责任论》,湖南人民出版社 1998 年版。

［51］龙卫球:《民法总论》,中国法制出版社 2002 年版。

［52］沈守愚:《土地法学通论》,中国大地出版社 2002 年版。

［53］苏永钦:《走入新世界的私法自治》,中国政法大学出版社 2002 年版。

三、期刊论文:

［1］徐勇:《政权下乡:现代国家对乡土社会的整合》,《贵州社会科学》2007 年第 11 期。

［2］张厚安:《乡政村治——中国特色的农村政治模式》,《政策》1996 年第 8 期。

［3］袁方成:《提升与扩展:20 世纪 90 年代以来当代海外中国农村研究述评》,《中国农村观察》2008 年第 2 期。

［4］宋林飞:《我国现代化进程中的风险及其防范》,《社会科学战线》2000 年第 6 期。

［5］唐皇凤:《以社会建设促进社会稳定:中国的战略抉择》,《科学社会主义》2013 年第 4 期。

［6］郑法:《农村改革与公共权力的划分》,《战略与管理》2000 年第

4 期。

[7]徐勇:《县政、乡派、村治:乡村治理的结构性转换》,《江苏社会科学》2002 年第 2 期。

[8]娄进波:《德国民法典的发展及其评述》,《中外法学》1994 年第 2 期。

[9]马新彦:《罗马法所有权理论的当代发展》,《法学研究》2006 年第 1 期。

[10]梅夏英:《当代财产法的发展及财产权利体系的重塑》,《中国社会科学》1999 年第 1 期。

[11]汤德森:《列宁关于农村社会经济改造的思想》,《社会主义研究》2002 年第 5 期。

[12]陈世伟、尤琳:《国家与农民的关系:基于执政党土地政策变迁的历史考察》,《社会主义研究》2012 年第 4 期。

[13]刘玲:《人民公社难以为继的原因》,《毛泽东思想研究》2010 年第 3 期。

[14]陈小君等:《农地流转与农地产权的法律问题——来自全国 4 省 8 县(市、区)的调查报告》,《华中师范大学学报(人文社会科学版)》2010 年第 2 期。

[15]尹田:《物权主体论纲》,《现代法学》2006 年第 2 期。

[16]张新民、蒲俊丞:《论我国农村集体土地物权主体的基础性——兼论我国农村集体土地物权研究的方法论取向》,《西南大学学报(社会科学版)》2008 年第 2 期。

[17]张文显:《从义务本位到权利本位是法的发展规律》,《社会科学战线》1990 年第 3 期。

[18]岳意定、刘志仁、张璇:《国外农村土地信托:研究现状及借鉴》,《财经理论与实践》2007 年第 28 期。

[19]胡家强、葛英姿:《关于土地承包经营权若干问题的调查报告》,《调研世界》2008 年第 4 期。

［20］林卿：《试论农地产权制度与生态环境》，《中国土地科学》1996 年第 3 期。

［21］侯玉娟、刘刚：《公平与效率和谐统一论》，《人民论坛》2013 年第 8 期。

［22］吕永强：《家庭保障在我国农村社会保障中的地位和作用研究》，《山西农业大学学报（社会科学版）》2014 年第 1 期。

［23］袁伟：《当代资本主义地租的政治经济学分析》，《天中学刊》2010 年第 25 期。

［24］何俊烨：《我国土地增值收益分配研究综述》，《现代商贸工业》2014 年第 5 期。

［25］姚昭杰：《农村土地征收补偿原则研究》，《特区经济》2010 年第 11 期。

［26］林瑞瑞、朱道林、刘晶、周鑫：《土地增值产生环节及收益分配关系研究》，《中国土地科学》2013 年第 27 期。

［27］温铁军、朱守银：《政府资本原始积累与土地"农转非"》，《管理世界》1996 年第 5 期。

［28］裴小林：《集体土地制：中国乡村发展和渐进转轨的根源》，《经济研究》1996 年第 6 期。

［29］杨光：《我国农村土地承包经营权流转的困境与路径选择》，《东北师范大学学报（哲学社会科学版）》2012 年第 1 期。

［30］鄂玉江：《农村土地制度深化改革模式选择》，《农业经济问题》1993 年第 4 期。

［31］党国英：《关于土地制度改革若干难题的讨论》，《中国经贸导刊》2010 年第 12 期。

［32］陶一桃：《论中国土地制度改革》，《中国土地制度改革国际研讨会论文集》，中国财政经济出版社 2009 年版。

［33］周作翰、张英洪：《城乡二元体制的建立：农民与市民的制度分野》，《湖南师范大学（社会科学学报）》2009 年第 2 期。

［34］温铁军：《三农问题并不是简单的制度问题》，《经济展望》2005 年第 12 期。

［35］陈春燕、王巍：《发达国家农民现代化模式的借鉴》，《长春理工大学学报（社会科学版）》2010 年第 4 期。

［36］李清华：《对农民工问题的战略思考》，《中国发展观察》2010 年第 6 期。

［37］黄振华：《国家与农民关系的四个视角》，《中国农业大学学报（社会科学版）》2014 年第 31 期。

［38］周飞舟：《从汲取型政权到"悬浮型"政权——税费改革对国家与农民关系之影响》，《社会学研究》2006 年第 3 期。

［39］杨弘、胡永保：《建国以来我国农村基层治理中国家与社会关系的演变及启示》，《理论学刊》2012 年第 7 期。

［40］刘守英、周飞舟、邵挺：《土地制度改革与转变发展方式》，《中国合作经济》2011 年第 7 期。

［41］吴文嫔：《论民事权利的诞生》，《郑州大学学报（哲学社会科学版）》2008 年第 4 期。

［42］韩冬雪：《论马克思主义的权利观》，《吉林大学社会科学学报》2001 年第 1 期。

［43］陈林：《习近平的"三农"战略思想》，《农村农业农民（上半月）》2014 年第 1 期。

［44］付夏婕："论英国土地法律制度变迁与经济转型"，中共中央党校博士学位论文，2011 年。

［45］任庆恩："中国农村土地权利制度研究"，南京林业大学博士学位论文，2003 年。

［46］陶云燕："农村土地权利研究"，西南政法大学博士学位论文，2004 年。

［47］张鹏："土地征收下的土地价值及其实现形式：农地价值及产权主体补偿研究"，华中农业大学博士学位论文，2008 年。

[48]刘俊:"中国土地所有权制度重构",西南政法大学博士学位论文,2006年。

四、国外学者研究成果及著作:

[1][日]长野郎:《中国土地制度的研究》,强我译,中国政法大学出版社2004年版。

[2][美]约翰·G.斯晋兰克:《美国财产法精解》(第二版),钟书峰译,北京大学出版社2009年版。

[3][荷]何·皮特:《谁是中国土地的拥有者:制度变迁、产权和社会冲突》,林韵然译,社会科学出版社2008年版。

[4][美]D.盖尔·约翰逊:《经济发展中的农业、农村、农民问题》,林毅夫、赵耀辉译,商务印书馆2005年版。

[5][德]鲍尔·施蒂尔纳:《德国物权法》,张双根译,法律出版社2004年版。

[6][美]塞缪尔·P.享廷顿:《变革社会中的政治秩序》,王冠华、刘为译,上海人民出版社2008年版。

[7][美]罗纳德·德沃金:《认真对待权利》,信春鹰等译,中国大百科全书出版社1996年版。

[8][美]迈克尔·贝勒斯:《法律的原则》,张文显等译,中国大百科全书出版社1996年版。

[9][法]卢梭:《社会契约论》,何兆武译,商务印书馆2003年版。

[10][英]彼得·斯坦、约翰·香德:《西方社会的法律价值》,王献平译,中国法制出版社2004年版。

[11][日]关谷俊作:《日本农地制度》,金洪云译,三联书店2004年版。

[12][美]詹姆斯·布坎南:《宪法秩序的经济学与伦理学》,朱泱等译,商务印书馆2008年版。

[13] Sulamith Heins, Potter Jack. *China's Peasants-the Anthropology of a Revolution.* Cambridge University Press, 1990.

［14］Arie Bloed and Pieter Van Dijk（ed.），*Protection of Minority Right*，Hague：Kluwer Law International，1999.

［15］John Rawls，*Political Liberalism*，Columbia University Press，1996.

［16］K Roberts，*Class in Modern*，Britain Palgrave，2001.

［17］Wilfred Beckerman and Joanna Pasek，*Justice，Posterity and the Enviroment*，Oxford University Press，2001.

［18］Jurian Edelenbos.*Institutional Implications of Interactive Governance：Insights from Dutch Practice* ［J］.*Governance：An International Journal of Policy*，Administration，and Institutions，Vol.18，No.1，January，2005.

［19］SherrillShaffer，JasonShogren.*Infinitely repeated contests：How strategic interaction affects the efficiency of governance* ［J］. *Regulation & Governance*，2008，Vol.2（2）.

［20］Victor Bekkers，Jurian Edelenbos，Bram Steijn. *Innovation in the Public Sector：Linking Capacity and Leadership* ［M］.Palgrave Macmillan，2011.

后　记

在论文落笔之际，我丝毫没有感觉到任何轻松和愉快，从初起笔时的信心满怀，到写作过程中的挫折、停顿，再到收尾时的感慨万千，总是感觉还是有话要说，但却又无从下笔；总是后悔在论文撰写期间浪费了那么多的好时光，没能翻阅更多的著作、听取更多的观点和体会更多的思想；总是觉得自己本来应该做得更好，所思、所想能够更"接地气"，具有可操作性，但理论体系总不完善。再次回顾研究的历程，发现更多的是遗憾和感慨。

博士学习和论文创作的过程，对我个人来说是一次最为难得的经历。回想入学教育会上，学校领导没有对我们如何学习叮嘱更多，而是要求我们的研究要具有现实意义，起到对社会的推动作用，承担起国家发展的责任。我想，这是我从一个学生开始向一个有责任的研究者转变的开始。虽然，距离一个真正的学者，我才刚刚起步，不过大学十年间的各位老师已经给我树立了榜样。

我很感谢本科和研究生阶段各位老师给我打下的坚实基础，不但历练了我扎实的基本功，也赋予了我作为一名法科学生应有的严谨精神。然而我更感谢恩师刘彤老师能够把我带进学术研究的殿堂，不仅因为老师在学术上的教诲和指导，而更感谢的是老师温情的交流和陪伴，无论是在有点滴成就的时候，无论是在研究遇到挫折的时候，无论是在论文初步呈现的时候，还是在感受到无声压力的时候，我都能向恩师进行倾诉，得到温情而睿智的回答,这是我前进道路上的不竭动力。所以,我并不想用"攻读"一词形容完成论文并获得博士学位的过程,这个词太过激烈且生硬;读博,反而是一个历练、蜕变和升华的过程,因为这是我们在各位师长的关注下、在家人的陪伴下、在朋友的支持下的"破茧成蝶"的过程,是个美好的经历。

要感谢东北师范大学,这样一个多年陪伴我的地方。小学、中学时代的老师,都是从东北师大走出的,他们在我身上倾注了长辈的关心和老师的责任;高考之后,很多同学加入了东北师大的行列,如今他们都在教育岗位上"为人师表",每当看到他们被学生环绕,一种崇敬之情油然而生,很难想到那是曾经和我一起玩闹的伙伴了;读博之后,很多同窗如张等文博士、杨郁博士、张泽强博士、胡永保博士、王在亮博士等都给予我无私的支持和帮助,我真的不知道该如何表达对他们的感激之情。

在读博期间,我的家人和爱人给予了我默默的关怀和支持。特别是我的爱人,承担起了全部的家务工作,尤其是在新房装修期间,我一次都没有到过现场,都是她一个人在忙碌着。当我看到她疲惫但又幸福的笑容,我真的感到温暖和欣慰。新房装修完毕,博士顺利毕业,这是我们结婚五周年纪念之际互送给对方的最好礼物,这是最温暖的相守和陪伴。如今,书稿修改完成并得以顺利出版,亦是送给刚出生女儿的见面礼。

我的爱人,刘佳,谢谢你!

还有更多的师长、亲朋和好友在我读博期间为我提供了良好的学习、研究条件,这是我顺利完成研究不可缺少的基础,感激之情必当长久存在。

当我还是法学本科学生的时候,我认为成为一名正直的检察官、法官才是实现维护正义、法律公平的最好选择;在研究生期间,通过对法理学的研读,我认为当一个正直敢言的律师,才是维护民事权利、追求公平的最好选择;但如今,我想,作为一个博士,其重要的价值不仅体现在象牙塔内的学术辩论和论文写作,而更应当通过学术研究承担起对国家、对社会的责任,其研究成果应当能够惠及人民,让他人受益,这才是学术的意义。

四年光阴匆匆流过,当时初入学考试的一幕幕仍在眼前,不是每一个人都有机会将自己的想法变成文字展示出来,也不是每一个人都有机会获得博士学位这样的人生殊荣,而如今,我算是幸运的一个。但这份幸运,是来自于已经在学术研究这条道路上辛苦付出的前辈们,每当翻起这些在图书馆中鲜有借阅的书籍,就仿佛看见他们每晚灯火阑珊时仍笔耕不辍的情景。正是这些学者的无私奉献、耐得住寂寞的不断探索,才能让政治更清明、法治更健全、社会更和谐、人民更幸福。这就是知识的力量,也是向学术上的前辈致敬的理由。

研究和写作虽然清苦,但乐趣在于可能会有那么一群人,直接或间接从你的思想中受益,这是对一个学术人的最高褒奖,只是后悔,这四年过得太快了,而且不会再来了。不能再来的还有生命的完结,在本书撰写期间,我最亲爱的祖父溘然长逝,作为农民出身的国家干部、共和国的第一批律师,是他对正义和真理的执着追求激励着我不断在学习的道路上前行,也迫切地希望看到我破茧成蝶的一天。如今,谨以此文向他致以我最深刻的缅怀。

最后,要感谢海南师范大学马克思主义学院的王习明院长、黄忆军书记和马克思主义学院学术委员会的各位老师,在他们的热心帮助和指导下,书稿内容得以更加完善、相关观点更加明确、用词表意更加准确,可以说没有他们的帮助,书稿真的是羞于面世;更要感谢人民出版社的吴继平先生对全书的详细编校和中肯建议,尽责的工作态度和严谨的作风让我十分钦佩。同时,书稿得到海南师范大学马克思主义理论研究和建设工程、海南师范大学马克思主义理论学科博士点建设经费的资助,在此请允许我表达由衷的感谢!

刘英博

2017 年 5 月

责任编辑:吴继平 曹楠楠

装帧设计:周方亚

图书在版编目(CIP)数据

当代中国农民土地权利的实现机制研究/刘英博 著. —北京:人民出版社,
   2017.8

ISBN 978－7－01－017851－6

Ⅰ.①当… Ⅱ.①刘… Ⅲ.①农民-土地所有权-保护-研究-中国-现代-
汉、英 Ⅳ.①F321.1

中国版本图书馆 CIP 数据核字(2017)第 144459 号

当代中国农民土地权利的实现机制研究

DANGDAI ZHONGGUO NONGMIN TUDI QUANLI DE SHIXIAN JIZHI YANJIU

刘英博　著

人民出版社 出版发行

(100706　北京市东城区隆福寺街 99 号)

环球东方(北京)印务有限公司印刷　新华书店经销

2017 年 8 月第 1 版　2017 年 8 月北京第 1 次印刷

开本:710 毫米×1000 毫米 1/16　印张:21

字数:300 千字

ISBN 978－7－01－017851－6　定价:52.00 元

邮购地址 100706　北京市东城区隆福寺街 99 号

人民东方图书销售中心　电话 (010)65250042　65289539